Ganzheitlich Heilen

Buch

THE WORK, Byron Katies geniale Methode der Selbsterkenntnis, ist in idealer Weise geeignet, die Kommunikation in Beziehungen zu verbessern, Probleme zu überwinden und Kooperation und Vertrauen aufzubauen. Sie weist Paaren den Weg zu einer glücklichen Partnerschaft, gegenseitigem Vertrauen und erfüllter Sexualität.

Ein einfaches System von vier Fragen und einer Umkehrung erlaubt es, Urteile über den Partner in wertvolle Selbsterkenntnis umzuwandeln und durch den anderen zur eigenen Wahrheit zu gelangen. Moritz Boerner betrachtet THE WORK als eine Form, seine Liebe zu einem anderen Menschen auszudrücken. In seinem Buch legt er dar, was diese Technik alles zu leisten vermag; Projektionen und Abhängigkeiten können durchschaut werden und es gelingt, einander in zwangsloser, offener Liebe anzunehmen, sogar auch dann, wenn eine Trennung ansteht oder bereits erfolgt ist. Anhand einer Fülle von Fallbeispielen erläutert er, wie regelmäßiges Praktizieren der einfachen Schritte zur Selbsterkenntnis eine wertvolle Bereicherung für jede Beziehung wird.

Autoren

Moritz Boerner, Jahrgang 1945, ist Filmemacher, Seminarleiter, Künstler und Autor von Büchern, Theaterstücken und Computerprogrammen. Byron Katie lernte er auf einem Workshop in München kennen und begleitete sie eine Zeit lang bei ihrer Arbeit. Zu seinen wichtigsten Veröffentlichungen gehören: »Byron Katies THE WORK«; »Weisheit aus dem Unbewussten«, »Die Chance Aids«, »Hypnose und Suggestion« sowie »Das Tao der Trance« sowie das Computerprogramm »MagicWorks«; Filme: »Abenteuer meiner Seele«, »Catch Your Dreams...« u.v.a.

Von Moritz Boerner ist bei Goldmann außerdem lieferbar:
Byron Katies THE WORK (14175)

Als Print-on-Demand-Titel sind lieferbar:
Weisheit aus dem Unbewussten
Das Tao der Trance

MORITZ BOERNER

GEMEINSAM LIEBEN

Der einfache Weg zur erfüllten Beziehung
mit der genialen Methode ›THE WORK‹

GANZHEITLICH HEILEN
GOLDMANN

Umwelthinweis:
Alle bedruckten Materialien dieses Taschenbuches
sind chlorfrei und umweltschonend.
Das Papier enthält Recycling-Anteile.

Originalausgabe November 2001
© 2001 Wilhelm Goldmann Verlag, München
in der Verlagsgruppe Random House GmbH
Umschlaggestaltung: Design Team München
Umschlagabbildung: Tertia Ebert
Satz: Uhl + Massopust, Aalen
Druck: Elsnerdruck, Berlin
Verlagsnummer: 14215
Redaktion: Gerhard Juckoff
WL · Herstellung: WM
Made in Germany
ISBN 3-442-14215-6
www.goldmann-verlag.de

2. Auflage

Inhalt

Einführung 13
Die Liebe wiederentdecken 17
Alles lieben oder nichts 18
Wir alle wollen Liebe 20

1. Die Methode kennen lernen 27
Der Ursprung 27
Irrationale Gedanken 29
Eine schwierige Beziehung – 1. Teil 32
Die anderen sollen sich ändern –
auf welchem Planeten? 39
Was in unserer Macht steht und was nicht 41
Wir sind unbewusst 43
Ein erster Versuch 47
Ein Beispiel 53
Rezepte fürs Glück – die Umkehrungen 56
Unsere Mitmenschen sind unsere Lehrer 59
Eine schwierige Beziehung – 2. Teil 61
Bungee-Springen für die Seele –
die Nummer Sechs 65

2. Die Methode anwenden 69
Der Fragebogen 73

Das Ende des Leidens –
wie man den Fragebogen ausfüllt (1) 74
Der Beginn der Freude –
wie man den Fragebogen ausfüllt (2) 80
Worte sind Magie 85
Das automatische Denken 90
Frappierende Wirkungen 92
Ich brauche einen Mann 105
Ich brauche eine Partnerin 109
Wie die Methode funktioniert –
das ganze Geheimnis 111
Mit dem Partner über den Partner arbeiten 114
Mein Mann entzieht sich seinen Problemen –
Partnerarbeit 1. Teil 114
Wollen wir überhaupt Vollkommenheit? 127
Meine Frau kritisiert mich –
Partnerarbeit 2. Teil 128
Von der Raupe zum Schmetterling 141

3. Beziehungen verbessern 147

Wir sind nicht so wichtig, wie wir glauben 147
Ich bin etwas Besonderes! 148
Ich sollte meinem Partner wichtig sein 153
Ich bin nicht mehr begehrenswert 159
Mit dem Partner eins werden 167
Der Sinn von Liebesbeziehungen 170
Meine Partnerin soll die Methode anwenden 177
Kontrolle – Feind jeder Beziehung 178
Wünsche und Forderungen 185
Mein Mann macht mir immer Vorwürfe 188
Verlustängste 190
Das Ende der Angst 193

Ich bin aggressiv 197
Wie wir die Welt erschaffen 199
Ich möchte zusammen mit meinem Mann
alt werden. 200
Mein Mann sollte mich immer vergöttern 201

4. Sexualität 205
Stephan möchte immer Sex 205
Mein Penis ist zu klein 208
Mein Mann möchte immer wieder Aktfotos
von mir machen 210
Ich bin sexuell nichts wert. 220
Ich ekle mich vor Sperma 220
Männer sind nur auf Sex aus 223

5. In Beziehung zu sich selbst leben 227
Mein Mann hat mich hintergangen 228
Wollen Sie die Wahrheit wirklich wissen? 234
Mein Partner zieht mich herunter 239
Können Sie Nein sagen? 242
Der Baum der Erkenntnis –
wie die Methode wirklich funktioniert 244
Mein Mann starb durch einen Autounfall 246
Ich brauche eine glückliche Beziehung 248

6. Familie 259
Ich sollte mehr Kontakte haben –
ich bin Hausfrau und wertlos 260
Meine Kinder sollten nicht Scheiße sagen 266
Meine Kinder sollten nicht so viel fernsehen. 269
Ich bin eine schlechte Mutter 271
Mit Kindern arbeiten 273

7. Irrationale Denkmuster aufspüren 277
Brauchen wir Denkmuster? 282
Mein Denken steht im Stau 284
Meine Freundin sagt nicht die Wahrheit 286

8. Geld, Beruf, Karriere 290
Respektlose Schüler 290
Die »Worst case«-Technik 295
Der »Worst case«-Fragebogen 297
Kein Geld –
was wäre das Schlimmste, was geschehen kann? 298
Ein ungeliebter Job 304
Meine permanente Jagd nach Geld 309
Muss man wirklich Grenzen setzen? 315
Meine Kollegin sollte mich nicht kritisieren 319
Sexistisches Verhalten in der Firma 322

9. Gesellschaft, Gott und heiße Themen 325
Penner, Betrunkene und Ausgestoßene 326
Massenmörder 328
Eine Gegnerin von Tierversuchen schämt sich für die
Menschheit 330
Barbara Rüttings Nerzmantelschmerz 332
Ich hasse Gott 336
Sei jetzt hier – eine kleine Meditation 341
Mit den Augen des Ganzen schauen 343
Fragen und Antworten 345

Nachwort: Gemeinsam lieben 352

Anhang:
Umkehrungsfinder 356
Glossar 360
Danksagung 362
Index im Buch vorkommender Denkmuster 366

... und ohne den Beobachter zu sehen, das heißt also ohne die Vergangenheit, ohne die Erinnerung, ohne all die gesammelten Hoffnungen und Ängste, die Freude und den Genuss, den Kummer und die Verzweiflung – auf solche Weise zu sehen, ist der Anfang der Liebe.

Jiddu Krishnamurti

Einführung

Der Titel dieses Buches erschien eines Morgens ganz unvermittelt in meinem Kopf. Seit ich ihn weiß und Menschen frage, was sie davon halten, antwortet man mir: »Ein Buch mit einem solchen Titel gibt es sicher schon, muss es schon geben.«

»Gemeinsam lieben«, das ist so sonnenklar das, was wir alle bewusst oder unbewusst wollen, und es ist auch sicherlich unsere Bestimmung, in jeder Hinsicht.

Biologisch gesehen sind wir Säugetiere, die in Familien und Gruppen leben, wir lieben offensichtlich die Gemeinsamkeit. Und wir brauchen Liebe. Während der langen Zeit der Kindheit und Jugend kommen wir nicht ohne sie aus, und das Verlangen nach ihr erlischt nie. Wahrscheinlich kreisen die meisten Bücher, Lieder und Bilder der Welt um dieses Thema, vielleicht haben die meisten Worte, die wir miteinander wechseln, letztlich nur dies eine Ziel, diesen einen Grund: Liebe.

Selbst wenn wir Dinge untersuchen, die scheinbar gar nichts mit Liebe zu tun haben, wie Gesundheit, Geld, Wirtschaft, materieller Besitz, Beruf, Sport, Unterhaltung – wenn wir lange genug fragen, wozu wir das eine oder das andere wollen, dann stoßen wir irgendwann wieder darauf: Wir wollen angenehme Gefühle, Wohlsein, Zufriedenheit, was schließlich der Wunsch nach Einheit und damit Liebe ist.

Machen Sie einmal eine Liste der Dinge, die Sie sich in ihrem

Leben wünschen und fragen Sie dann: Wozu brauche ich das, was erhoffe ich mir dadurch? Fragen Sie immer weiter oder lassen Sie noch besser einen Partner fragen – das letztendliche Ergebnis wird immer sein, dass Sie sich Zufriedenheit, Glück, Wohlgefühl, eben Liebe erhoffen.

Grundsätzlich können wir Menschen uns gegenseitig sehr wohl gute Gefühle vermitteln und sollen dies auch, allerdings ist das Gegenteil nur allzu oft der Fall, wie Sie sicher schon schmerzhaft erfahren haben. Gerade in Partnerschaften, die zu dem Zweck geschlossen wurden, sich gegenseitig Liebe zu geben, kommt es häufig vor, dass das genaue Gegenteil geschieht.

Dieses Buch kann Ihnen helfen, den ursprünglichen Zweck jeder Partnerschaft, jeder Beziehung zu erkennen und wiederherzustellen. Sie brauchen sich oder ihre Lebensumstände hierzu nicht zu ändern – ich stelle Ihnen lediglich eine Technologie vor, die Sie anwenden können, wenn Sie mögen.

Ich selbst habe herausgefunden, dass die Methode bei mir in buchstäblich jeder Situation wirkt, vorausgesetzt natürlich, ich wende sie an. Ich musste hierzu keine komplizierte Haltung einnehmen, keine Theorien pauken, keine neuen Wörter oder Definitionen erlernen. Ich musste nicht meditieren, keine Bücher lesen, keine Kurse besuchen, ich brauchte mir nur vier Fragen einzuprägen und mich daran zu erinnern, dass ich diese in bestimmten Situationen anwenden sollte – und zwar immer dann, wenn mich etwas schmerzte oder ich mich über etwas ärgerte.

Das Letztere fiel mir nicht schwer, denn ich ärgerte mich sehr oft. Ich konnte es sehr gut, denn ich hatte es ein Leben lang geübt. Es war vielleicht das, was ich am besten beherrschte – oder vielmehr, es beherrschte mich.

Ich ärgerte mich über die Art, wie meine ehemalige Frau mit

mir sprach, wie sie unser gemeinsames Kind erzog, wie sie mit ihrem und vor allem meinem Geld umging, über ihre »Hummeln im Hintern«, ihre Eltern, ihre Schwester, darüber, wie sie ihre Arbeitgeber und meine Freunde behandelte, und dann ganz allgemein über Baulärm, Müll, Unzuverlässigkeit, Schreibfehler, Dummheit, Ignoranz, Intoleranz, Werbung, Journalismus, Fernsehen, Unordnung, Wortbruch, Lügen, Schmutz, rüpelhafte Autofahrer, Politiker, Familientreffen, Verwandte, laute Rasenmäher und Laubbläser, lange Schlangen an der Kasse, Hundehaufen, rote Ampeln, Verpackungen aller Art und Aufkleber auf Äpfeln.

Diese Liste ließe sich endlos fortsetzen, und vielleicht können Sie einiges davon nachvollziehen.

Und heute?
Vor einigen Tagen stellte ich fest, dass ich mich gar nicht mehr ärgern konnte, obwohl ich es versuchte. Eine Frau hatte einen Vertrag mit mir geschlossen und nur wenige Tage später so getan, als wären wir nie zusammengetroffen. Sie hatte nicht nur ihr Versprechen nicht erfüllt, sondern mir sogar noch einen frechen Brief geschrieben. Jeder in meiner Umgebung bedauerte mich oder riet mir, mich zu wehren oder einen Anwalt einzuschalten. Ich selbst dachte nur: interessant! Ich konnte dieser Frau nicht böse sein, ich konnte mich nicht ärgern.

Das heißt nun nicht, dass ich mich danach dränge, mit dieser Dame noch einmal zusammenzutreffen oder weitere Verträge mit ihr zu machen oder dass ich sie nicht verklagen könnte, wenn ich das wollte.

Das allgemeine Gefühl in dieser Situation war für mich sehr ungewöhnlich und angenehm: Ich fühlte von innen, wie ich lächelte; ich hörte, wie andere mich drängten, etwas zu unternehmen, ich dachte voller Liebe an meine »Vertragspartnerin« und dass sie sicher ihre Gründe hatte und – ging zur Tagesordnung über.

Ich blieb zufrieden, entspannt, glücklich und dachte nach kurzer Zeit gar nicht mehr an diese Angelegenheit. Und dann erhielt ich einen viel lukrativeren Job von einem anderen Auftraggeber – für den ich gar keine Zeit gehabt hätte, wäre aus der ersten Sache etwas geworden.

Früher wäre das alles ganz anders gelaufen: Ich hätte mich geärgert, ich hätte böse Briefe geschrieben, ich hätte meine Freunde mit meiner Story genervt, auf Einhaltung bestanden – in dieser Zeit wäre mein Blutdruck erheblich gestiegen, ich hätte mich aufgerieben, wäre hierdurch für andere Kunden nicht attraktiv gewesen und hätte eine Zeit des Leidens begonnen, wie so oft in meinem Leben.

Die neue, vorteilhaftere und positivere Verhaltensweise hat sich bei mir ganz von selbst eingeschlichen, ich habe nichts direkt dafür getan. Man kann Ärger nicht bewusst abstellen, man kann Gedanken nicht abstellen, zumindest ich konnte es nie und kann es immer noch nicht.

Ich halte die neue, entspannte und fröhliche Verhaltensweise für eine direkte Folge der Anwendung einer Methode, die in Amerika entwickelt wurde und die sich THE WORK nennt. Wenn ich der Einzige wäre, der derartige Erfolge vorzuweisen hätte, würde ich vielleicht kein Buch darüber schreiben. Da ich aber mit sehr vielen Menschen in Berührung komme, die das Gleiche praktizieren, und da ich selbst Kurse und Seminare über diese Methode gebe, weiß ich von vielen, geradezu wie ein Wunder scheinenden Ergebnissen.

Von diesen Wundern handelt dieses Buch.

Die Liebe wiederentdecken

Dieses Buch kann Ihnen helfen, die Liebe wiederzuentdecken.

Was ist Liebe? Bei meinen Recherchen stieß ich auf viele Definitionen. Eines der Werke versuchte gar alle Aspekte der Liebe unter einen Hut zu bringen: von der Mutterliebe über die Vaterlandsliebe zur körperlichen Liebe und so weiter. Ich denke, man muss da nichts definieren oder erklären, wir alle wissen in unseren Herzen ganz genau, worum es geht: um die Vereinigung mit dem anderen und dadurch auch mit mir selbst oder umgekehrt.

Jeder mag seine eigene Art haben, Liebe zu fühlen, als Freude, als Glück, als Wärme im Herzen oder im ganzen Körper, als Geborgenheit, als Ausdehnung, als Zustimmung, Übereinstimmung, Anziehung, ein Gefühl des Ja, der Unterstützung, der Einheit mit anderen und sich selbst. Wir können es nicht wirklich beschreiben, aber wenn wir es fühlen, wissen wir genau: »Das ist es!« Und wir wissen, dass wir es wollen!

Natürlich denken die meisten von uns, wenn sie das Wort Liebe hören, zuerst an die Liebe zwischen Menschen oder an die Liebe, die nach außen geht.

Aber viele von Ihnen würden mir zustimmen, wenn ich sage, dass wir andere nur lieben können, wenn wir uns selbst lieben.

Doch wie geht das? Wie liebt man sich selbst, während man im Kopf dauernd die kleine Stimme hört, die sagt: »Das machst du falsch, du solltest dies nicht tun und das nicht tun, du bist nichts wert und so weiter«?

Die meisten von uns werden nicht gerade zur Selbstliebe erzogen. Aber wir können sie lernen. Auf diesem Gebiet sehe ich bei mir und meinen Klienten die meisten Erfolge – wenn wir die Technik anwenden.

Was wir da finden, hat eine ganz neue Dimension: Wir stellen fest, dass alles vollkommen ist, wie es ist. Dass die Situation, in der wir gerade sind, uns genau dorthin bringt, wo wir eigentlich hinwollen, dass uns auf lange Sicht nichts geschehen kann, was nicht Liebe ist.

Alles lieben oder nichts

Nach meiner Erfahrung ist es nicht leicht, wenn nicht gar unmöglich, einige ausgewählte Menschen oder gar uns selbst zu lieben, während wir andere Personen, Gegebenheiten oder Dinge ausschließen.

Sie können Ihren Partner nicht so liebevoll behandeln, wie Sie es vielleicht möchten, wenn Sie gerade Ärger mit Ihrem Chef haben, und Sie werden Ihren Kollegen nicht so fröhlich gegenübertreten, wie Sie es könnten, wenn Sie gerade einen Ehestreit hinter sich haben. Wenn wir unsere Lebensumstände nicht lieben, fällt es schwer, gleichzeitig einem uns nahestehenden Menschen unsere ganze Liebe zu geben. Jede Beziehung zu einem Aspekt unserer Welt, uns selbst eingeschlossen, beeinflusst jeden anderen Aspekt unseres Daseins.

Daher wirkt sich die kleinste Änderung in unseren Beziehungen zu einem Teil unserer Welt sofort und unweigerlich auf alles andere aus. Wir verändern buchstäblich die Welt, während wir uns verändern. Und kleine Ursachen können – wie überall – so auch hier große Wirkungen haben! Aber, wie gesagt, mit der hier vorgestellten Technik brauchen Sie aktiv nicht an Ihrem Charakter zu werkeln, es geschieht von allein. Lassen Sie sich überraschen!

Wenn Sie die Methode eine Weile praktizieren, werden Sie herausfinden, dass wir uns, wenn wir andere innerlich kritisieren und ihre Taten verurteilen oder uns in ihre Angelegenheiten mischen, nicht nur auf ungeahnte Weise selbst nicht lieben, sondern im Gegenteil sogar hassen.

Wir möchten uns zum Beispiel gerne auf andere verlassen können, wir wünschen uns Sicherheit, Kontinuität, wir möchten, dass die anderen zu dem stehen, was sie uns versprechen. Aber wie sieht die Wirklichkeit* aus? Oft genug werden wir enttäuscht. Wie verhalten wir uns dann? Sind wir böse? Ärgern wir uns, dass wir mal wieder reingefallen sind, dass uns auch dieser Mensch, wie so viele andere vor ihm, enttäuscht hat? Werden wir mit der Zeit immer misstrauischer, miesepetriger, denken wir zunehmend schlecht von der Menschheit? Ziehen wir uns mehr und mehr zurück, werden wir vorsichtiger, versuchen wir uns zu schützen, indem wir uns erst gar nicht mehr in eine Lage bringen, in der wir enttäuscht werden könnten?

Wie fühlt es sich an, wenn man sich über bestimmte Menschen oder »die anderen« ärgert, wenn man ihnen aus dem Weg geht, Bindungen, Verabredungen, Abhängigkeiten vermeidet?

Als junger Mensch habe ich mich oft gefragt, wieso viele alte Leute so muffig und meist schlecht gelaunt sind – hier ist die Erklärung für dieses Phänomen.

Ich selbst bemühe mich, verlässlich zu sein, meine Versprechungen zu halten – jedoch bei anderen darauf zu dringen, kann sehr anstrengend sein. Bei mir selbst könnten meine Bemühungen vielleicht Erfolg haben, aber in Bezug auf andere werden unsere Erwartungen eben manchmal enttäuscht. Der dringende Wunsch, dass irgendetwas anders sein möge, als es ist, bleibt meist hoffnungslos.

---

* Siehe Glossar

Wir alle wollen Liebe

»Ich will, dass alle mich lieben«, hieß mein Leitmotiv all die Jahre, in denen ich mich für Liebe abrackerte, ohne sie besonders häufig zu bekommen. Ist es nicht grotesk, dass jeder von uns mehr Liebe, Anerkennung und Respekt will, und kaum jemand fähig zu sein scheint, das Gleiche auch zu geben?

Ich suchte die Liebe auf meine Weise, oft in Form von negativer Zuwendung. Ich hatte zum Beispiel herausgefunden, dass mich kein Mensch beachtete, wenn ich jemandem etwas Gutes tat, dass ich aber blitzartig im Mittelpunkt aller Aufmerksamkeit stand, wenn ich eine Dummheit anstellte.

Aber auch das brachte natürlich auf die Dauer nichts als Frust.

Ich schrieb Theaterstücke, stand auf der Bühne, drehte Filme, schrieb Bücher – aber es gab immer jemanden, der meine Sachen nicht mochte. Das Gefühl der Unzufriedenheit blieb. Manche Menschen legen sich in dieser Situation des Mangels, des Wollens, der Unzufriedenheit ein Haustier oder einen Computer zu, kaufen sich Kleider oder Schmuck, umgeben sich mit Materie, versuchen die Leere durch Geld, Arbeit, Essen, Rauchen, Trinken, Sex oder Drogen zu füllen.

Funktioniert auch nur eines dieser Ersatzmittel? Wie ist Ihre Erfahrung?

Die Menschen sollten mich lieben? Tun sie es? **Ist das wahr?** Nein, die Wirklichkeit sieht anders aus. Es ist ein Wunschgedanke, der nicht mit der Realität übereinstimmt.

Und kann ich wirklich wissen, dass es besser für mich wäre, wenn man mich lieben würde? Nein, das kann ich nicht wissen.

Was habe ich davon, wenn ich denke, ich sollte geliebt werden? Wie fühle ich mich? Ich lebe in ständigem Stress. Ich muss mich anstrengen, ich muss mich verbiegen, ich darf niemanden verärgern, ich muss es allen recht machen, ich muss aufpassen, ob da auch wirklich keiner ist, der mich nicht liebt. Ich kämpfe innerlich und vielleicht sogar äußerlich mit jenen, die mich nicht mögen, mich nicht anerkennen, die mir ans Bein pinkeln. Ich schaue ständig nach außen, was machen die anderen, was denken sie jetzt gerade über mich, ja, was *könnten* sie denken. Und wo bin *ich* in dieser Zeit? Nicht bei mir selbst. Ich habe mich selbst zur Marionette, zum Roboter gemacht. Das ist ein sehr schmerzhafter Weg. (Aber ich brauche mich jetzt nicht zu ändern, ich untersuche nur mein Denken, die Art, wie mein Gehirn programmiert ist.)

Wer wäre ich, wenn ich nicht denken würde, die anderen sollten mich lieben?

Ich wäre jemand, der frei ist zu tun, was auch immer er tun möchte. Ich müsste nicht auf die anderen schielen. Ich wäre bei mir selbst, ich würde mein Leben genießen, alles, was sich mir bietet. Ich würde so leben, wie ich es für richtig halte. Ich würde keine faulen Kompromisse mehr eingehen oder gegen mein Gefühl handeln – ich würde stattdessen meiner Intuition folgen und könnte immer sagen: Das will ich, und es macht mich glücklich und frei.

Und die Umkehrungen? *Ich sollte mich lieben!* Genau. Wenn ich das täte, würde ich mir selbst treu sein und alles das tun, was ich gerade eben beschrieben habe. Und es wäre Respekt und Liebe zu mir und den anderen, wenn ich ihnen keine Vorschriften machte, dass sie mich gefälligst zu lieben haben. Und: Ich sollte die *anderen* lieben! Das wäre ein Anfang, einer muss ihn ja machen; und es ist meine Erfahrung, dass man mich umso mehr liebt, je mehr ich die anderen liebe. Alles andere ist Krieg.

Ich bin immer wieder erstaunt zu sehen, dass wir von anderen so viel erwarten, aber selbst nicht bereit sind, das Gleiche zu geben. Und wir merken gar nicht, dass wir selbst es nicht tun, dass wir die anderen durch unser Verhalten etwas lehren, was wir selbst nicht wollen. Es ist lieblos, von anderen Liebe zu verlangen, während sie gerade mit etwas anderem beschäftigt sind, nämlich selber nach Respekt, Liebe, Anerkennung zu suchen.

Das Wunderbare ist: Ich kann den Teufelskreis jederzeit durchbrechen. Sowie ich bemerke, dass man mich nicht liebt, kann ich mein Denkmuster* wieder hinterfragen. Danach fühle ich mich besser, denn es führt mir immer wieder vor Augen, dass nur ich selbst mich wirklich lieben kann, ohne Hintergedanken, ohne eine Gegenleistung, einfach so, bedingungslos.

Ich weiß, dass jeder Schmerz nur dazu da ist, mich zu mir selbst zu führen. Und ein weiteres Medikament wird gleich kostenlos mitgeliefert: Ich kann die anderen lieben und respektieren – ja, ich werde jetzt damit anfangen, denn ich möchte Frieden und Liebe in meinem Leben und keinen Krieg. Und da ich das vielleicht wieder vergessen werde, bin ich dankbar, wenn mich jemand durch seine Missachtung an meinen Weg erinnert. **Ja, ich freue mich geradezu darauf**, denn je öfter und schneller und heftiger ich erinnert werde, umso besser komme ich auf meinem Weg voran.

Könnte es sein, dass die Missachtung der anderen eigentlich Liebe ist? Ihr Verhalten führt mich zu mir selbst, zu Selbsterkenntnis, zu Selbstliebe und dazu, die anderen ebenfalls zu lieben.

* * *

---

* Siehe Glossar

Was ich soeben getan habe, war die schriftliche Anwendung der Fragetechnik*, die ich Ihnen in diesem Buch vorstellen möchte. Die fettgedruckten Sätze waren die vier Fragen und die Umkehrungen, aus denen die Technik besteht. Vielleicht haben Sie bereits beim ersten Lesen etwas von der heilenden Wirkung verspürt?

Es ist zugegebenermaßen schwierig, Gefühle in einem Buch zu übertragen. Die Wirkung der Methode kann man eigentlich nur spüren, wenn man sie selbst anwendet oder zumindest zuschaut oder zuhört, wenn andere das tun. Ein Buch kann daher nur ein Medium sein, Ihnen die Technik nahe zu bringen. Ich hoffe dennoch, dass Sie hier und da etwas von der Kraft der **Vier Fragen** und der **Umkehrungen** spüren werden.

Bevor Sie nun tiefer einsteigen, noch einige Anmerkungen zum Buch und zur Fragetechnik: Das Buch – insbesondere die Abschriften der Sitzungen – braucht nicht in einem Zug gelesen werden. Manchmal ist es besser, nur ein oder zwei von diesen Texten herauszugreifen und es dann wieder zur Seite zu legen. Am Schluss finden Sie eine Auflistung sämtlicher vorkommender Denkmuster – vielleicht suchen Sie sich gezielt die Themen heraus, an denen Sie gerade interessiert sind.

Die Fragen und Antworten sind keine Unterhaltung und kein Disput, es geht nicht um Logik, philosophische Diskussionen oder Ethik und Moral. Die ganze Untersuchung ist eine Art Meditation, bei der der Verstand zwar zunächst eine Frage stellt,

---

* Um Sie nicht mit der ständigen Wiederholung des engl. Namens der Technik von The Work zu ermüden, nenne ich sie abwechselnd Methode, die Fragen, Vier Fragen, die Untersuchung, Technologie, Fragetechnik, die Work, Technik des Hinterfragens etc.

worauf er jedoch schweigen und auf die Antworten des Herzens lauschen sollte.

Wenn die ersten beiden Fragen »Ist es wahr?« und »Kannst du wirklich wissen, dass es wahr ist?« gestellt werden, geht es nicht um Philosophie oder die Richtigkeit von Auffassungen, sondern darum, die **Wirklichkeit** zu fühlen. »Wahrheit« wird nicht im Sinne philosophischer Deutungen verwendet, sondern bezeichnet einfach die »Übereinstimmung eines Satzes mit den Tatsachen« – so auch die Definition von »Wahrheit« im Neuen Brockhaus.

»Ist es wahr?« kann auf vielerlei Arten ausgelegt werden – die von Anhängern strenger Logik möglicherweise als vage und unscharf empfundene Formulierung erlaubt es dem Unbewussten, an die Oberfläche zu treten. Gleichzeitig ist die Frage der größte gemeinsame Nenner einer ganzen Gruppe möglicher Auslegungen. Das Gleiche gilt für die Frage: »Wer wärst du, wenn du das nicht denken würdest?« Auch hier wird das Unbewusste angeregt, nach der eigenen inneren Wahrheit zu suchen. Ich fühle mich an die Techniken Milton Ericksons* erinnert, der ja auch ganz bewusst vage und mehrdeutige Begriffe benutzte, um eine Suche in unbewussten Schichten in Gang zu setzen.**

Wie auch immer Sie zu den Fragen stehen mögen – es steht fest, dass sie therapeutisch wirken und latente Potenziale wecken.

In diesem Buch geht es hauptsächlich um Beziehungen zu anderen Menschen – vornehmlich zu einem Partner, aber auch zu

---

* Amerikanischer Hypnotherapeut († 1980). Auf ihn gehen viele Techniken des NLP (»Neurolinguistisches Programmieren«) zurück.
** Weitere Erläuterungen, wie die Begriffe »Wahrheit« und »Wirklichkeit« in diesem Buch verwendet werden, finden Sie im Kapitel »Wollen Sie die Wahrheit wirklich wissen?« auf Seite 234.

Kindern, Eltern, Freunden und Vorgesetzten. Ich selbst hatte zwar damals schon eine sehr gute Beziehung zu meiner Lebensgefährtin, aber dafür etliche »unerledigte«, frühere Beziehungen, die sich mit ihren unangenehmen Erinnerungen, unausgesprochenen und ausgesprochenen Anklagen, Schuldgefühlen und auch ganz konkreten Auswirkungen immer wieder in mein Leben und Bewusstsein drängten.

Dann lernte ich die Technik des Hinterfragens kennen, von der dieses Buch handelt. Mit ihrer Hilfe untersuchte ich all die schmerzhaften Situationen der Vergangenheit – und bekam endlich die Liebe. Sie war die ganze Zeit dicht vor meiner Nase gewesen, aber ich hatte sie nicht gesehen.

Auch Ihnen wird es vielleicht so gehen.

Es kann sein, dass Sie entsprechende Erkenntnisse bereits haben werden, wenn Sie die Transkripte in diesem Buch lesen, wenn Sie an Sitzungen teilnehmen, Bänder hören oder die Methode selbst anwenden. Aber Erkenntnisse allein nützen nach meiner Erfahrung nichts; da muss es noch ein Geheimnis geben, das ich bisher selbst kaum entschlüsseln konnte. Werden Sie es herausfinden?

– 1 –

Die Methode kennen lernen

Der Ursprung

Der amerikanische Psychotherapeut Albert Ellis schrieb 1962:
»1. Die Ursachen emotionaler Verwirrung und gestörten Verhaltens liegen weniger in früheren oder jetzigen Erlebnissen, als in den irrationalen Gedanken über diese Ereignisse.
2. Ganz gleich, wie sehr uns die auslösenden Ereignisse ursprünglich irritierten, wir bleiben verwirrt, weil wir uns selbst pausenlos mit den irrationalen Gedanken indoktrinieren, die wir in der Vergangenheit geschaffen oder übernommen haben.
3. Auch wenn uns diese zwei Punkte völlig einsichtig sind, wird sich unsere Verwirrung nur vermindern, wenn wir kontinuierlich daran arbeiten, unsere irrationalen Gedanken aufzugeben.«*

Im selben Buch finden sich dann einige Seiten weiter folgende Fragen, die man sich stellen soll, um irrationale Gedanken zu identifizieren:
1. Inwiefern ist dieser Glaube offensichtlich berechtigt?
2. Ist das wirklich wahr?
3. Warum muss es so sein?

---

* Zitiert aus »Doing RET« von J. Yankura von W. Dryden. Springer New York, 1990.

Die Methode kennen lernen

4. *Gibt es eine andere Möglichkeit, darüber zu denken?*
5. *Was habe ich davon, wenn ich in dieser Weise darüber denke?*
6. *Was ist das Schlimmste, was geschehen kann?*
7. *Wäre das wirklich so furchtbar?*

Es ist wirklich faszinierend, dass ganz ähnliche Fragen dreißig Jahre später bei der Amerikanerin Byron Katie* wieder auftauchen:

1. Ist das wahr?
2. Kannst du das wirklich wissen?
3. Was hast du davon, dass du das denkst?
4. Wer wärst du, wenn du das nicht denken würdest?

Auch die sechste Frage nach Ellis erscheint bei Byron Katie in ihren Workshops und in einer abgewandelten Übung.**

Ich weiß nicht, ob Byron Katie jemals mit dieser in Amerika sehr populären Therapieform »RET« (inzwischen »REBT«***) in Berührung kam, aber die Übereinstimmungen sind frappierend. Allerdings scheint mir die ursprüngliche Einfachheit von RET verloren gegangen – vielleicht auch durch die Flut der einschlägigen Publikationen und durch die große Zahl der Therapeuten,

---

  * Näheres über Byron Katie und ihre Biografie finden Sie in »Byron Katies The Work« (Goldmann TB), das ich Ihnen als Ergänzung zu diesem Buch empfehlen möchte. Ein weiteres Buch erscheint im Frühjahr 2002 ebenfalls bei Goldmann: »Lieben was ist.«
 ** Byron Katie: »All war belongs on paper«, The Work Foundation. Manhattan Beach 2000, S. 135 ff.
*** Rational Emotive Behavioral Therapy, vormals RET (= Rational Emotive Therapy)

die das System anwenden –, wohingegen Katies Methode extrem einfach und taufrisch ist.

Ich werde im Verlauf des Buches immer mal wieder auf Ellis und seine Nachfolger zurückkommen, denn die Beschäftigung mit »REBT« zeigt doch, dass sich THE WORK auf wissenschaftlichem Boden bewegt, auch wenn ein klinischer Psychologe der in diesem Buch vorgestellten Technik vorwerfen mag, sie sei eben zu einfach.

Gott sei Dank scheren sich die Menschen nicht um das Urteil der Fachwissenschaftler, wenn die Sache funktioniert. Tausende auf der ganzen Welt können inzwischen bestätigen, dass dies bei der hier vorgestellten Technik eindeutig der Fall ist. Allerdings nur, wenn Sie sie auch anwenden!

Ich kann das nicht oft genug betonen, und ich werde Sie immer mal wieder darauf hinweisen.

Irrationale Gedanken

Albert Ellis hat sogenannte irrationale Gedanken als Hauptursachen emotionaler Verwirrung und gestörten Verhaltens identifiziert. Was sind irrationale Gedanken? Laut Ellis zum Beispiel alle diktatorischen Forderungen, die wir an uns oder andere richten, die die Wörtchen »muss, sollte, brauche, will« enthalten.

Ich muss die Anerkennung meiner Mitmenschen erringen.
Mein Partner sollte mich immer lieben.
Ich brauche Zuneigung und Respekt.
Ich will, dass mein Mann beim Frühstück nicht die Zeitung liest.

Ellis nennt solche Denkmuster nicht ohne Humor »mussturbatorisch«, sie erheben unsere vielleicht tatsächlich wünschenswerten Vorlieben in den Rang zwanghafter Forderungen, die unbedingt erfüllt werden müssen, widrigenfalls wir uns abgelehnt, schlecht, wertlos, klein, mies und unwert fühlen.

Irrational sind sie deshalb, weil die Unbedingtheit, mit der wir diese Denkmuster vertreten, mit der Wirklichkeit wenig zu tun hat, denn wir leben auch weiter, wenn *nicht alle* uns anerkennen, unser Partner uns *nicht immer* liebt; wir sterben keinesfalls, wenn wir *mal keine* Zuneigung erhalten und wir können auch eine gute Ehe mit einem zeitungslesenden Mann führen. Noch gravierender aber ist die Tatsache, dass derartige Denkmuster auch insofern unrealistisch sind, als sich durch sie weder das Verhalten unserer Mitmenschen, das nun einmal *oft unseren eigenen Vorstellungen widerspricht*, noch unser eigenes Verhalten positiv beeinflussen und verändern lässt. Im Gegenteil: Forderungen rufen Widerstand hervor und verstärken das Unerwünschte. Dies wiederum verstärkt unsere negativen Gefühle, und wir befinden uns im Nu in einem Teufelskreis, aus dem es scheinbar kein Entkommen gibt – denn wir *können* Denkmuster nicht einfach loslassen, und wenn wir tausendmal erkannt haben, dass sie uns nichts nutzen, sondern nur schaden.

Die psychologische Therapieform REBT bietet in dieser Situation etliche Strategien an, von denen sich einige bei Byron Katie wiederfinden. Die wichtigste therapeutische Strategie bei Albert Ellis ist die sogenannte Disputation, bei der der Klient überzeugt werden soll, dass seine Denkmuster unrealistisch und diktatorisch sind und sein Leben sabotieren, anstatt es zu verbessern. Sodann wird er ermutigt, sich der alten Gedanken zu entledigen und sich bessere Denkmuster zuzulegen.

Dem entspricht bei THE WORK die so genannte »Untersuchung«, die anhand der bereits vorgestellten Fragen durchgeführt wird. Hier tritt der große Vorteil der beschriebenen Technik zutage: Die Fragen sind weitgehend standardisiert, jeder kann sie sich selbst oder anderen stellen, und es werden keine weiteren Vorkenntnisse verlangt. Geradezu revolutionär erscheint der Ansatz, dass bei dieser Technik der »Klient« das Irrationale seiner Überzeugungen selbst herausfindet und dass er sich durch die sogenannte »Umkehrung« seiner Denkmuster auch die möglicherweise gebotene »Medizin« selber verschreibt. Der »Therapeut« ist hier nur ein Helfer, der die Fragen ausspricht und selbst von dem Prozess nicht unbedingt etwas verstehen muss. Als Helfer kann auch der Klient selbst fungieren, ein Fragebogen, ein Tonband oder sogar ein Computerprogramm, wie ich es auf meiner Website* vorgestellt habe.

Hervorzuheben ist noch, dass wir uns nicht ändern sollen oder brauchen, sondern dass die Untersuchung selbst ausreicht – ein positiver Effekt wird irgendwann eintreten (oder auch manchmal nicht); demgegenüber dringt REBT geradezu darauf, dass der Klient sich ändern möge. Ganz gleich, ob die Strategie von THE WORK nur ein psychologischer Trick ist oder nicht, ich ziehe die Leichtigkeit und das Zwanglose daran vor – sind doch die tatsächlich eintretenden Änderungen oft erstaunlich.

Die Prozedur der »Umkehrung« bei THE WORK ist ebenfalls wesentlich eleganter als der REBT-Ansatz, der den Klienten unnötig unter Druck setzt; sie ist vielleicht der effektivste Baustein der neuen Methode. Diese beruht zwar auf uralter Weisheit – aber soweit ich weiß, haben wir diesen Teil der Untersuchung in seiner praktischen Ausführung ausschließlich der Genialität der Weisheitslehrerin Byron Katie zu verdanken.

Bei den vergleichenden Überlegungen sollte man übrigens bedenken, dass THE WORK sich im Gegensatz zu REBT nicht ausdrücklich an den Therapiesuchenden wendet, sondern **an jeden von uns**, auch wenn er nicht gerade an emotionalen Störun-

---

* http://www.MoritzBoerner.de

gen leidet. Das heißt nicht, dass die Fragetechnik bei ernsthaften psychischen Problemen nicht helfen könnte oder würde, sie ist aber sicherlich nicht hierfür erfunden worden. REBT wurde hingegen vor allem für Menschen entwickelt, die sich selbst nicht mehr helfen können und die demzufolge auch von klinisch erfahrenen und ausgebildeten Ärzten und Psychologen betreut werden sollten.

Damit Sie verfolgen können, wie die Fragetechnik praktiziert wird, füge ich hier das Transkript einer typischen Sitzung ein, wie sie auf meinen Seminaren stattfindet.
Achten Sie darauf, dass die Fragen keineswegs starr nach Muster gestellt werden müssen, sondern dass sie sich der jeweiligen Situation anpassen können. Oft stellt man auch nur eine der Unterfragen des so genannten »Schlüssels zur WORK nach Byron Katie«, der sich auf der vorderen Umschlaginnenseite dieses Buches befindet. Selbst die Reihenfolge der Fragen kann gegebenenfalls verändert werden.

Den Fragebogen nach Byron Katie, den ich vor Beginn meiner Seminare verteile (er befindet sich auf der hinteren Umschlaginnenseite), hatte Kathrin folgendermaßen ausgefüllt:

Eine schwierige Beziehung – 1. Teil

Wen oder was magst du nicht? Wer oder was ärgert dich? Wer oder was macht dich traurig oder enttäuscht dich?

1. Was genau verursacht dir Stress, Kummer oder Schmerz?
   Rolf ist ein verlogener Typ. Er hat für alles eine Erklärung und schiebt jegliche Verantwortung letztlich immer auf mich ab.

2. Wie sollte er sich ändern? Was hat er deiner Meinung nach gefälligst zu tun?
Rolf sollte ehrlich sein und das auch leben, was er sagt. Wenn er sagt, dass er mich liebt, sollte er auch danach handeln und es mir auch sichtbar und spürbar machen, dass ich es auch erleben kann.
3. Was genau sollte er tun? Welchen Rat hast du für ihn?
Rolf sollte sich für mich entscheiden und klar dazu stehen und es auch nach außen zeigen.
4. Brauchst du etwas von ihm?
Ich brauche von ihm den ersten Platz und dass er mir zeigt, dass ich ihm wichtig bin.
5. Was denkst du über ihn?
Er ist feige und kann sich nicht entscheiden.
6. Was willst du mit dieser Person oder Sache nie wieder erleben?
Ich will nie wieder erleben, dass ich in diese Wut und in diesen Hass komme und dass ich in mir diese Galle spüre.

* * *

Nun werden die typischen Fragen der Methode gestellt – bedenken Sie hierbei bitte, dass ich außerdem Erläuterungen einschiebe und Zwischenfragen stelle, die nicht zur eigentlichen Untersuchung gehören. Ich erlaube mir diese Freiheit, um THE WORK zu demonstrieren, vielleicht aber auch, um mir selbst das eine oder andere klar zu machen, denn – das wird erst nach einiger Zeit der Praxis offensichtlich – ich helfe nicht nur dem »Klienten«, sich zu heilen, sondern ich heile mich selbst ebenso oder sogar mehr.

Eine Anmerkung: Um Fragen und Antworten optisch schneller und besser unterscheidbar zu machen, sind die Antworten in diesem Buch grundsätzlich kursiv gedruckt, und vor den

»Fragen« steht meist mein Name in Kapitälchen, während der Name des Teilnehmers/der Teilnehmerin nur bei der ersten Antwort genannt wird.

MORITZ: Lass es uns untersuchen. Willst du die Wahrheit wirklich wissen?
KATHRIN: *Ich ahne schon so manches – ja.*
MORITZ: Lies noch mal den ersten Satz.
Rolf ist ein verlogener Typ. Er hat für alles eine Erklärung und schiebt jegliche Verantwortung letztlich immer auf mich.
MORITZ: Ist das wahr? Männer sind manchmal so. Sie sind verlogen und schieben die Verantwortung ab. Das ist die Realität! So ist er.
Wenn du die Vorstellung hast, dass er in irgendeiner Form anders sein sollte, gibt es Schmerz.
In wessen Macht steht das, ob er die Verantwortung abschiebt?
In seiner Macht.
MORITZ: Und kannst du wirklich hundertprozentig wissen, dass er die Verantwortung abschiebt?
Ja – das, was ich sehe, empfinde ich halt so.
MORITZ: Und kannst du wissen, dass er es auch wirklich tut? Es kann sein, dass er in Wirklichkeit sehr schwer trägt an dieser Geschichte.
Das stimmt schon auch.
MORITZ: Man kann nie in einen anderen reinschauen. Auch wenn er vielleicht so tut als ob.
Das weiß ich sogar.
MORITZ: Was hast du davon, dass du denkst, er sollte die Verantwortung nicht abschieben, und er tut es doch? Oder es wirkt zumindest so.
Ich habe davon nur Stress in mir und Leid und Kummer und nichts Schönes mehr.

MORITZ: Und das kommt nur von deinem Denkmuster und hat mit ihm gar nichts zu tun. Er ist lediglich so, wie er ist. – Bringt es dir irgendwas, an dem Denkmuster festzuhalten: »Er sollte die Verantwortung nicht abschieben«?
Es bringt mir nichts. Es bringt mir nur Unfreiheit.
MORITZ: Gibt es einen Grund, das loszulassen?
Ja.
MORITZ: Wie wärst du, wenn du nie wieder denken würdest, ein anderer sollte die Verantwortung nicht abschieben?
Tja, dann wäre ich unabhängig.
MORITZ: Das fühlt sich schon anders an. Das kann man sofort sehen auf deinem Gesicht, diesen Unterschied.
Kräftig fühlt sich das an.
MORITZ: Und dreh's um. Er sollte die Verantwortung nicht abschieben?
Ich sollte die Verantwortung nicht abschieben.
MORITZ: Wenn du denkst, er sollte die Verantwortung übernehmen, dann schiebst *du* sie doch ab, oder nicht? Du machst selber nicht das, was du von ihm verlangst.
Ich soll die Verantwortung nicht abschieben, ich soll die Verantwortung übernehmen.
MORITZ: Für dich selbst zum Beispiel. Oder für diese Beziehung oder für diese Situation oder für diesen Mann. Den hast du dir ausgesucht, weil das offensichtlich dein Lehrer ist, der dir zeigt, wie du leben solltest. »Ich soll die Verantwortung nicht abschieben.« Ist das nicht wahrer als das, was du da aufgeschrieben hast? – Er schiebt sie nun mal ab. So sind sie, die Männer – manche Männer.
Ich übernehme für mich die Verantwortung.
MORITZ: Da hast du eine Chance. Es von ihm zu verlangen ist vermutlich hoffnungslos. – Er sollte nicht so verlogen sein, ist das wahr? Ist er verlogen?

Schon.
MORITZ: Und kannst du wirklich wissen, dass er verlogen ist?
Er war verlogen.
MORITZ: Kannst du es hundertprozentig wissen?
Ja, weil er es zugegeben hat.
MORITZ: Man kann nie hundertprozentig wissen, was ein anderer denkt und was in ihm vorgeht – selbst, wenn er es sagt, muss es nicht stimmen. – Was hast du davon, dass du denkst, er sollte nicht verlogen sein, während er es doch ist? Wie lebst du, wenn du gerade merkst, dass er lügt, dass er verlogen ist?
Dann kommt mir immer nur die Galle hoch.
MORITZ: Und er ist einmal verlogen oder zweimal verlogen oder 20-mal verlogen, aber wie oft kommt dir die Galle hoch?
Mehr, als er gelogen hat.
MORITZ: Da siehst du die Funktion von solchen Gefühlen, die uns immer wieder darauf hinweisen, dass die Realität mit unserem schönen Traum nicht übereinstimmt und wir demzufolge falsch liegen mit unserem Denken. Menschen sind nun mal verlogen, manchmal, das kannst du in jedem Krimi, in jedem Theaterstück studieren, und da lieben wir genau das. So sind sie, und wir können es nie hundert Prozent wissen. Aber ist das nicht auf jeden Fall sehr verlogen, wenn wir denken, Männer sollten nicht verlogen sein? Ist das nicht unsere Lüge*? – Wie würdest du sein, wenn du nicht denken würdest, Männer sollten nicht verlogen sein?
Kräftig, mächtig, stark, frei, unabhängig.
MORITZ: Genau. Und das ist doch das, was du wirklich willst. Und dieser Mann hilft dir dabei, es zu werden. Und die Umkehrung?

---

* Siehe Glossar

Ich sollte nicht verlogen sein?
MORITZ: Genau. Besonders über die Tatsache, dass Menschen nicht verlogen sein sollten, wo sie es doch manchmal sind. – Dein nächster Satz.
Rolf sollte ehrlich sein und das auch leben, was er sagt. Wenn er sagt, dass er mich liebt, sollte er auch danach handeln.
MORITZ: Kommt das vor, dass Menschen etwas sagen und dann nicht danach handeln? So sind sie. Blumen blühen und Menschen sagen etwas und handeln dann nicht danach, das ist jedenfalls meine Erfahrung, das ist die Wirklichkeit. Was hast du, wenn du gegen die Wirklichkeit kämpfst?
Einen sinnlosen Kampf.
MORITZ: Sehr unangenehm. Ich beobachte das überall. Schalte den Fernseher ein, höre Politikern zu, sie sagen etwas und dann handeln sie anders. Es ist sehr unangenehm und mühsam, wenn ich das dann mental einfordere. Und sie versprechen etwas nur einmal, aber ich fordere es immer wieder ein und lebe nur noch im Stress. Wie lebst du, wenn du denkst, er sollte jetzt auch danach handeln und zeigen, dass er dich liebt?
Mies.
MORITZ: Nicht besonders liebevoll.
Es ist dann auch nichts möglich.
MORITZ: Wie fühlt sich das an, wenn man von anderen einfordert, was die irgendwann versprochen haben? Besonders, wenn es sich um Liebe handelt!
Das geht nicht.
MORITZ: Wie fühlt sich das an? Wie behandelst du den anderen? DU HAST MIR VERSPROCHEN, DASS DU MICH LIEBST, DU SCHWEIN! UND WAS TUST DU JETZT? – Klingt das nicht grauslich? Und das machen viele von uns so! Also, wer bist du, wenn du nie wieder denkst, Männer sollten danach handeln, was sie versprochen haben?

Da bin ich wieder frei!
MORITZ: Und wenn du es umdrehst?
Ich sollte danach handeln, was ich versprochen habe.
MORITZ: Das ist *deine* Philosophie. »Lebe es vor, vielleicht folgen wir dir dann«, pflegt meine Lehrerin Katie zu sagen. – Oder hältst du dich selber immer daran? Tust du immer das, was du versprichst?
Also ich bemühe mich.
MORITZ: Und er hat sich vielleicht auch bemüht. Aber wenn die Liebe nicht mehr da ist...
Er sollte sich für mich entscheiden und klar dazu stehen und es auch nach außen zeigen.
MORITZ: Er soll sich entscheiden. Tut er's?
Nein.
MORITZ: Wie behandelst du ihn, wenn du denkst, er soll sich entscheiden, und er tut es gerade nicht?
Ich setze ihn unter Druck.
MORITZ: Wie fühlt sich das an?
Das ist ein Zwang, das kann er nicht.
MORITZ: Wie fühlt es sich an, wenn du einen anderen unter Druck setzt und weißt, dass er gar nicht leisten kann, was du verlangst?
Das fühlt sich für mich beschissen an und für ihn wahrscheinlich noch beschissener.
MORITZ: Wieder sehr mühsam und letztendlich hoffnungslos. – Bringt's dir was, zu denken: »Er soll sich entscheiden«?
Nur Unfreiheit und beschissene Gefühle und Jammer.
MORITZ: Das ist die Beschreibung deiner inneren Folterkammer.

* * *

Ich möchte das Transkript hier zunächst abbrechen und einige Erläuterungen zum Konzept der Fragetechnik einfügen.

Die anderen sollen sich ändern?
Auf welchem Planeten?

Haben Sie versucht, Ihren Partner zu ändern? »Hoffnungslos!« oder »Willkommen in der Hölle«, sagt Katie hierzu manchmal! Und was sich beim anderen als unmöglich herausstellt, ist ja auch bei uns selbst leichter gedacht, als getan! Wer je versucht hat, kleine Gewohnheiten zu ändern oder gar an seinem Charakter herumzubasteln, weiß, wovon ich spreche.

Das Wunderbare an der Methode ist, dass sie eigentlich keine bewusste Anstrengung erfordert, sie untersucht nur Ihr Denken, die Konstruktion Ihres Geistes. Tatsache ist, dass Sie ausdrücklich gebeten werden, sich nicht zu ändern. Welch eine Revolution – schreiben Ihnen doch Therapien und Selbsthilfebücher jedweder Art genauestens vor, was Sie zu tun und zu lassen haben. Kein Wunder, dass das meiste dieser Art früher oder später in der Ecke landet und alles wieder so ist, wie es war.

Eine Teilnehmerin meiner Seminare schrieb mir zur Verwendung auf meiner Website:

Galileo Galilei sagt: »Du kannst einen Menschen nichts lehren; du kannst ihm nur helfen, es in sich zu finden.«

Ich habe so viele Therapeuten, Seminarleiter, Berater, Freunde, Bekannte und einen Vater gehabt, die mit ihrem Finger auf mich gezeigt haben und mir sagten »Du solltest..., du müsstest...«, mich mit Rat-Schlägen versorgten und es dabei unter Umständen wirklich gut mit mir meinten. Menschen, die mich etwas lehren wollten.

THE WORK gibt mir meine Verantwortung zurück (und in Wirklichkeit habe ich sie nie abgegeben). Sie stellt Fragen, auf die nur ich eine Antwort geben kann und führt mich so zu mir selbst. Ich bin zutiefst dankbar, dieser Methode begegnet zu sein.

Die Technik verlangt anstatt Änderung jedoch etwas anderes: nämlich, dass Sie sie anwenden. Vergessen Sie das, kann sie keine Wirkung haben. Es ist also wichtig, sie nicht zu vergessen, sie zur rechten Zeit zur Hand zu haben. Aber auch das ist ganz einfach, denn Sie werden genau wissen, wann der richtige Zeitpunkt gekommen ist – nämlich, wenn Sie sich ärgern.

Eine weitere Erschwernis bei der Anwendung geistiger Lehren und Therapien besteht darin, dass Sie sie stets im Kopf behalten müssen, dass Ihnen Abläufe, Körperpositionen, Theorien und oft ganze Gedankengebäude präsent sein müssen – ganz abgesehen davon, dass man vieles nicht in jeder Lebenslage praktizieren kann.

Die Technik THE WORK stellt hier fast keine Ansprüche, man kann einfache Denkmuster zu jeder Zeit aufschreiben und die Vier Fragen dazu stellen. Die Anwendung erlernt man in wenigen Minuten, auswendig beherrscht man sie nach wenigen Tagen, nach einigen Wochen oder Monaten können Sie die Technik buchstäblich »im Schlaf«. (Bei mir selbst geschieht es recht oft, dass ich sie im Traum anwende.) Tatsache ist, dass viele von uns merken, dass es sich um einen natürlichen Mechanismus handelt, der in unserem Denken bereits angelegt ist, den wir in manchen Fällen schon längst einsetzen oder der vielleicht nur aktiviert zu werden braucht.

Dieser Tage beschäftigte ich mich mit dem Urheberrecht, und war sehr erstaunt zu lesen, dass wissenschaftliche Werke nicht geschützt werden können, da sie nicht als eigenständige geistige Schöpfungen angesehen werden. Der Gesetzgeber geht davon aus, dass alles Wissen existiert und nur ans Licht geholt wird. Genau dies ist bei der hier beschriebenen Fragetechnik der Fall, weshalb sie auch nicht urheberrechtlich geschützt werden kann. Das Wissen ist vorhanden, es umgibt uns. Wir brauchen nur die richtigen Fragen stellen, und da sind die Antworten. Ich finde es höchst bemerkenswert, dass sogar ein nüchternes Gesetz die fast esoterisch anmutende Vorstellung von einer Art kollektivem »Meer des Wissens« kennt.

Und ich habe festgestellt, dass ich reichlich aus diesem Meer schöpfe, wenn ich die Methode anwende. Die Teilnehmer meiner Seminare entdecken sehr schnell, dass wir die höchste Weisheit in unserem Herzen finden können. Wir brauchen keine spirituelle oder therapeutische Literatur mehr, die uns sagt, wie wir zu leben und was wir zu tun haben. Wir brauchen keine Lehrer mehr, keine Meister und Gurus, denn wir sind vom ewigen Wissen nicht nur umgeben, wir sind es sogar selbst! Unsere Mitmenschen und unser Alltag lehren uns alles, was wir brauchen. (Dennoch macht es natürlich vielen Menschen Spaß, auch weiterhin Bücher der Weisheit zu lesen, weil sie plötzlich mit ihrem ganzen Sein verstehen und wissen, welche Aussagen der großen Lehrer für sie wahr sind und welche nicht.)

Was in unserer Macht steht und was nicht

»Von den Dingen stehen die einen in unserer Macht, die andern nicht«, schrieb der große Philosoph Epiktet schon vor fast 2000 Jahren in seinem »Handbüchlein der Moral«*.

Und weiter heißt es da:

»In unserer Macht steht unser Denken, unser Tun, unser

---

* Epiktet: »Handbüchlein der Moral«, Kröner-Verlag, Stuttgart, 1984.

Begehren, unsere Abneigung, kurz: alles, was von uns selber kommt. Nicht in unserer Macht steht unser Leib, unsere Habe, unser Ansehen, unsere äußere Stellung – mit einem Wort, alles was nicht von uns selber kommt.«

Byron Katie spricht von den drei Angelegenheiten: meiner, deiner und Gottes Angelegenheit, aber sie meint genau das Gleiche. Wo sie fragt: »Wessen Angelegenheit ist das?«, da könnte man auch die Frage stellen: »In wessen Macht steht das?«

Und sie sagt: »Wenn du dich in fremder Angelegenheit aufhältst, hast du unweigerlich Schmerz.« Natürlich meint sie damit ein gedankliches oder wirkliches Sich-Einmischen, bei dem wir etwas erfolglos mit »Gedankenkraft«, Argumentieren oder Streiten zu ändern versuchen. Liebevolle Hilfe, ein Sichbeschäftigen aus Freude, wirkliches Interesse am anderen und dergleichen sind selbstverständlich möglich oder erwünscht – wie überhaupt Denkmuster, die uns Freude bereiten, nicht untersucht zu werden brauchen.

Epiktet fährt fort: »Hältst du für frei, was seiner Natur nach unfrei ist, und für dein eigen, was fremd ist, so wirst du viele Schwierigkeiten haben, Aufregung und Trauer und wirst mit Gott und allen Menschen hadern«.

Sie können aus dem obigen Transkript der Sitzung mit Kathrin sehr schön ersehen, dass diese sich gedanklich um Dinge kümmert, die nicht in ihrer Macht sind – die Folgen sind also unausweichlich.

Nun sind die Weisheiten des Epiktet und anderer Philosophen schon so lange bekannt, und viele von uns haben das in dieser oder jener Form auch schon woanders gelesen oder gar gepredigt bekommen.

Warum ist es so schwierig oder gar unmöglich, es anzuwenden?

Wir sind unbewusst

Ellis schreibt: »Menschen scheinen mit einer starken Tendenz zur Suggestibilität, Gedankenlosigkeit und übermäßigen Verallgemeinerung geboren zu werden. Das ist wahrscheinlich der Grund, weshalb sie so leicht die destruktiven Überzeugungen von Eltern und anderen übernehmen und sich zu Eigen machen.«*

Von klein auf beobachten wir unsere Eltern. Sie konditionieren uns durch ihr Verhalten uns gegenüber und durch ihr Verhalten miteinander oder gar gegeneinander.

Von klein auf bekommen wir gesagt: »Ein Mann weint nicht! Das gehört sich nicht. Du musst etwas lernen und Geld verdienen. Man muss sich gegenseitig treu sein. Du wirst heiraten und glücklich sein. Du darfst niemals lügen. Man muss das Böse hassen. Die Männer wollen nur Sex.«

Gerade in unserer »Informationsgesellschaft« ist zu beobachten, dass schmerzhafte Denkmuster in Fernsehspielen und Talkshows, in Kinofilmen, Zeitschriften und Büchern gebetsmühlenartig und lustvoll wiederholt werden, so dass junge Menschen mit gebrauchsfertigen Sets von Urteilen und Vorurteilen versorgt werden, die anschließend ihr Leben unnötig komplizieren, da sie so wirklichkeitsfern sind. Der damit verbundene Frust ist allenthalben in unserer Gesellschaft – besonders in den Medien, aber auch wenn Sie durch unsere Städte schlendern – zu spüren.

Ebenso wie beim Einzelnen der Gang zum Arzt erst erfolgt, wenn der Schmerz groß genug ist, so mag eine ganze Gesell-

---

* Albert Ellis: »Grundlagen und Methoden der Rational-Emotiven Verhaltenstherapie«, Pfeiffer, München 1997.

schaft Heilung erst dann suchen, wenn sie genügend leidet. Ich beobachte immer wieder in meinen Seminaren, dass nur bei genügendem Leidensdruck das Interesse an Verbesserung und Veränderung erwacht, wohingegen die halbwegs Zufriedenen gar nicht bei mir auftauchen und wohl stattdessen ganz unschuldig ihren Lüsten (und Frustrationen!) frönen. Und wer wollte ihnen das nehmen wollen?

Die Kathrin aus unserem Beispiel quält sich mit ihren offensichtlich unrealistischen Vorstellungen über die Eigenschaften von Männern. Es sind nicht die Tatsachen, die ihr Schmerz bereiten, sondern die Diskrepanz zwischen dem, was ist, und dem Bild, das sie in ihrem Kopfe hat.
»**Nicht die Dinge selbst beunruhigen die Menschen, sondern die Vorstellungen von den Dingen**«, sagt Epiktet.*
Die unrealistische Vorstellung, dass der rechte Mann nicht »verlogen« sein dürfe, dass er Verantwortung tragen solle, dass er seine Liebe ständig zu zeigen habe und so weiter, stammt offensichtlich aus dem Nähkästchen unserer Eltern und Familien, aus Liebesromanen, Filmen und Fernsehshows. Dass die Wirklichkeit meist anders aussieht, gibt uns Gelegenheit, uns hierüber aufzuregen. Wir bekommen endlose Gesprächsthemen und denken, dass sich die Dinge ändern würden, wenn wir nur lange genug meckern und hadern.
Viele Menschen wollen offensichtlich diesen Zustand beibehalten, und wir lassen sie. Er hat für viele auch die Funktion, nicht bei sich selbst schauen zu müssen, weil dieser Blick ins eigene Innere allzu schmerzhaft wäre. Andere beginnen sich zu fragen, woher ihr Leiden kommt. Wenn sie darauf stoßen, dass nur sie selbst es sind, die sich mit ihren unrealistischen Vorstel-

---

* Epiktet: »Handbüchlein der Moral«, Nr. 5

lungen und überkommenen Denkmustern quälen, dann suchen sie vielleicht nach einer Methode, wie man erreichen kann, dass diese ihre Macht über uns verlieren.

THE WORK scheint hierzu ein geeignetes Mittel zu sein – auch wenn ihre »Erfinderin« behauptet, man könne Denkmuster nicht loslassen, sondern es sei umgekehrt, die Denkmuster müssten uns loslassen.

Es ist tatsächlich eine interessante Theorie, dass wir in einem morphogenetischen Feld leben könnten, in einem Meer von archetypischem Bewusstsein (kollektives Unbewusstes?), das unsere automatischen Denkvorgänge steuert und das uns erst aus seinen Klauen entlassen muss, bevor unser bewusstes Denken und unser Verhalten sich ändern. Für eine solche Theorie spricht, dass das gemeinsame Erleben des Fragens und Antwortens auch kollektiv zu heilen vermag.

Byron Katie betont immer wieder, dass wir alle EINS sind und dass jeder mit jedem und allem verbunden ist. Damit befindet sie sich philosophisch und spirituell in guter Gesellschaft: Der schon mehrfach zitierte Epiktet (ein Vertreter der griechischen Stoiker), Lao-Tse, der Buddhismus und viele andere geistige Richtungen glauben dasselbe.

Und in der Tat, viele erstaunliche Ergebnisse der Methode, aber auch viele Voraussetzungen für ihr Funktionieren sind ganz einfach zu erklären, wenn man annimmt, dass wir alle Teile eines großen Ganzen sind, wie Tröpfchen in einem Ozean. Ich werde später auf dieses Thema noch ausführlicher eingehen.

Die Beschäftigung mit THE WORK zeigte mir jedenfalls, dass die Einsichten, wie sie ja sicher jeder von uns schon einmal hatte, dass das Verstehen der Mechanismen und das Darüber-Lesen uns nicht ändern und keine Befreiung bringen. Auch dieses

Buch fügt dem endlosen Strom der klugen Weisheitslehren nur eine weitere hinzu, ohne dass eine Wirkung in der Gesellschaft oder beim Einzelnen zu erkennen sein wird – falls Sie es nur lesen.

Aber Sie wollen die Methode ja praktizieren – und ich weiß aus Erfahrung, dass eine einzige Sitzung gewaltige Änderungen herbeiführen kann. Warum das so ist, kann ich nicht sagen, ich habe aber eine Theorie dazu entwickelt (siehe Seite 111).

- Wir lernen durch die Methode, uns selbst und die Welt zu lieben.
- Wir können nicht wirklich lieben, wenn wir nicht ALLES lieben.
- Liebe ist der letztendliche Zweck und das Ziel unseres Lebens.
- Es geht in diesem Buch um bedingungslose Liebe.
- Der Begriff »Wahrheit« wird in diesem Buch synonym mit »Wirklichkeit« gebraucht.
- Die Methode untersucht nur unser Denken, wir müssen uns nicht ändern.
- Alles Wissen ist in Ihrem Herzen.
- Denkmuster, die Freude bereiten, müssen nicht untersucht werden.
- In unserer Macht stehen unser Denken, unser Fühlen und unser Handeln. Alles Übrige steht nicht in unserer Macht.
- Wenn wir uns gedanklich mit Dingen beschäftigen, die nicht in unserer Macht stehen, haben wir unweigerlich Schmerz.
- Wir übernehmen viele Denkmuster von unseren Eltern und der Gesellschaft.
- Nur unsere Vorstellungen beunruhigen uns, nicht die Realität.

- Wir können Denkmuster nicht loslassen, sie müssen uns loslassen.
- Die Methode wirkt nur, wenn man sie anwendet.

Ein erster Versuch

Nehmen Sie ein leeres Blatt Papier und schreiben Sie ein Urteil (Denkmuster, Glaubenssatz, Meinung, Behauptung) über einen Ihnen nahestehenden Menschen auf. Denken Sie an etwas, das diese Person anders machen sollte. Seien Sie bewusst kleinlich und unspirituell. Lassen Sie das kleine Kind in Ihnen, das seinen Willen durchsetzen will, sprechen. Was Ihnen an der Person nicht gefällt, kann ruhig auch eine Kleinigkeit sein, falls Ihnen nichts »Großes« einfällt, es spielt für die Untersuchung keine Rolle.

Bilden Sie einen einfachen Satz, beginnend mit Aussagen wie: »Elfriede sollte…., Georg hat gefälligst zu…, Anna muss…, Klaus sollte nicht…«. Stellen Sie nun zu der aufgeschriebenen Behauptung nacheinander die folgenden Fragen:

1. Ist es wahr?
Zusatzfragen:
  Wie ist die Wirklichkeit?
  Wie sind die Fakten?
  Ist es wahr im wörtlichen Sinne?
  Welchen Beweis haben Sie?
  Wessen Angelegenheit ist es?
  In wessen Macht steht es?
  (Wenn Sie 1. mit Nein beantwortet haben, weiter mit Nr.3)

2. Können Sie wirklich wissen, dass es wahr ist?
Zusatzfragen:

Können Sie es wirklich hundertprozentig wissen?

Können Sie wirklich wissen, ob es besser wäre, wenn die Wirklichkeit anders wäre, als sie ist?

Können Sie wissen, ob es **für Sie** besser wäre, wenn die Wirklichkeit anders wäre?

Und auf lange Sicht?

Können Sie wissen, ob es **für andere** besser wäre, wenn die Wirklichkeit anders wäre?

3. Was haben Sie davon, wenn Sie so denken?
Zusatzfragen:

Wie fühlen Sie sich, wenn Sie so denken?

Wie behandeln Sie den anderen, wenn Sie so denken?

Was tun Sie genau? Wie fühlt sich das an?

Wie behandeln Sie sich, wenn Sie so denken?

Was tun Sie genau? Wie fühlt sich das an?

Wie behandeln Sie Ihre Umwelt, wenn Sie so denken?

Was tun Sie genau? Wie fühlt sich das an?

3a. Sehen Sie Gründe, die nicht schmerzvoll sind, an dem Denkmuster festzuhalten?

Haben Sie einen wirklichen Vorteil, wenn Sie an dem Denkmuster festhalten?

3b. Sehen Sie Gründe, das Denkmuster loszulassen?

(…und Sie werden nicht gebeten, es loszulassen!)

4. Wer wären Sie, wenn Sie nicht so denken würden?
Zusatzfragen:

Wie würden Sie sich dann fühlen?

Fühlen Sie es jetzt.

Wie würden Sie die anderen dann behandeln?

Wie würde sich das anfühlen?

Fühlen Sie es jetzt.

Wie würden Sie sich selbst dann behandeln?
Wie würde sich das anfühlen?
Fühlen Sie es jetzt.
Wer wären Sie, wenn Sie ohne Einschränkung akzeptieren würden, was ist?

Schließen Sie bitte die Augen, und sehen Sie die Situation ohne jedes Denkmuster. Was tut er/sie? Was für ein Gesicht macht er/sie? Sehen Sie es wie mit dem Objektiv einer Kamera, ohne jede Beurteilung oder Interpretation. Was nehmen Sie wahr?

Sie werden merken, dass manche der Fragen nicht auf Ihre spezielle Aussage anwendbar sind, lassen Sie sie dann einfach aus und gehen Sie weiter. Die Zusatzfragen vertiefen die Hauptfrage und machen Ihnen vielleicht weitere Aspekte der Sache bewusst.

Die Fragen sind keine Fragen nach intellektueller Erkenntnis, sie sollen Sie stattdessen anregen in Ihr Innerstes zu lauschen und die Antworten Ihres wahren Selbst aufsteigen zu lassen. Es geht nicht um logische Beurteilung oder philosophische Betrachtung, sondern um die Weisheit und Wahrheit Ihres Herzens. Speziell die Frage »Ist es wahr?« zielt darauf ab, die äußere Wirklichkeit mit der inneren Wirklichkeit **intuitiv** zu vergleichen. Also es geht nicht darum, zu prüfen, ob unsere Forderungen, Wünsche und Vorstellungen als solche wahr sind (das sind sie für uns ja immer), sondern wir stellen nur in Frage, inwieweit sie mit der Wirklichkeit übereinstimmen oder ob Hoffnung besteht, diese Übereinstimmung durch innere Wiederholung der Forderung zu erzielen.

Halten Sie also nach jeder Frage inne und fühlen Sie in Ihr Herz. Lassen Sie Ihr Herz antworten. Keine spezielle Antwort ist vorgegeben, nichts wird erwartet. Warten Sie, bis die richtige Antwort in Ihnen aufsteigt. Es ist gut, die Antworten aufzuschreiben, zumindest was diese ersten Übungen betrifft. (Viele, die THE WORK praktizieren, zeichnen die Anwendungen auf und finden das gelegentliche Wieder-Lesen oder -Hören hilfreich und heilend.)

Lesen Sie erst weiter, wenn Sie die Übung gemacht haben.

Folgende Ergebnisse sollten Sie nun erzielt haben:

1. Die erste Frage kann eigentlich nur ehrlich mit **Ja, Nein** oder »**Ich weiß nicht**« beantwortet werden. Alles, was Ihnen sonst dazu einfallen mag, ist Teil der »Geschichte«, die Sie um diese Sache herumbauen. Seien Sie aber bitte nicht beunruhigt, wenn Ihnen das jetzt noch nicht so klar werden mag.

2. Falls Sie die erste Frage mit Ja beantwortet haben, sollte spätestens die zweite Frage mit **Nein** beantwortet worden sein. Ist dies nicht der Fall, dann müssen Sie sich fragen, ob Sie nicht den Allwissenden, den Allmächtigen, den Moralhüter oder den Tyrannen spielen oder spielen wollen. Diese Position ist nach meiner Erfahrung sehr schmerzhaft, denn Sie tragen damit die Last der Welt auf Ihren Schultern. Sie wollen dann mehr wissen als Gott selbst, Sie wissen besser, wie die Welt zu funktionieren hat als die Realität selbst, Sie wollen dem anderen Ihre Position um jeden Preis »aufs Auge drücken«, wenn auch vielleicht nur in Gedanken. Starke, immer wiederkehrende Wunschvorstellungen sind Träume, die nicht nur nicht mit der Wirklichkeit übereinstimmen, sondern diese auch aktiv ändern wollen. Sie verbrauchen Energie, die Ihnen zum Beispiel dort, wo Sie wirklich etwas ändern könnten, fehlen mag.

Die Zusatzfragen zeigen Ihnen vielleicht im einen oder anderen Fall auch, dass es in einer bestimmten Sache zwar für Sie besser scheint, wenn die Wirklichkeit anders wäre, dass das aber auf andere nicht unbedingt zutreffen muss. Wir sind schließlich nicht allein auf der Welt und nicht in jedem Fall geht es nur um *unseren* Vorteil.

3. Bei der dritten Frage haben Sie eine Liste der unerwünschten Ergebnisse erhalten. (Befindet sich Erwünschtes darunter, so prüfen Sie erneut, ob Ihnen das wirklich auf lange Sicht nicht doch Kummer verursacht.)

4. Bei der vierten Frage stellen Sie fest, dass es Ihnen besser ginge, wenn Sie über diese Sache nicht dächten, was sie denken. Die meisten Menschen wissen, dass sie ohne das betreffende Denkmuster freier und entspannter wären.

Denken Sie daran, Sie brauchen oder sollen Ihr Denkmuster nicht aufgeben, das Ganze ist nur ein Spiel, eine Untersuchung. Es mag sein, dass Sie geradezu körperlich spüren werden, wie fest das Denkmuster an Ihnen und in Ihnen haftet. Sie wollen es behalten, Sie glauben, Sie müssen es behalten, weil sonst etwas Schlimmes geschehen wird. Hierauf gehe ich im Abschnitt »Die ›Worst case‹-Technik« (Seite 295) ein, dort finden Sie auch eine spezielle Übung hierzu.

Manche Menschen brechen an dieser Stelle ab, weil sie einfach ihre Position nicht aufgeben wollen und koste es auch ihr Leben; andere versuchen jetzt krampfhaft ihren Glauben loszulassen, was jedoch nicht funktioniert.

Haben Sie Geduld, bei der Methode ist einmal mehr der Weg bereits das Ziel. Erfolge stellen sich unweigerlich ein, wenn Sie beharrlich bleiben und ihre schmerzhaften Denkmuster und Glaubenssätze immer wieder hinterfragen.

Die Fragen sind unabhängig voneinander, das heißt, sie können eigentlich in beliebiger Reihenfolge gefragt werden. (Ich empfehle dennoch die vorgegebene Reihenfolge!) Auch die Antworten müssen keinen Zusammenhang aufweisen, also zum Beispiel ein Ja auf Frage 2 impliziert nicht, dass Sie nicht ganz normal weiterfragen können. Dies ist für den Interviewer wichtig zu bedenken, denn er erwartet manchmal bestimmte Antworten und ist dann irritiert.

Ich habe schon gesagt, dass Ihre Antworten weniger mit dem Verstand als vielmehr mit dem Herzen gegeben werden sollten. Byron Katie selbst betont immer wieder: »Der Verstand fragt, das Herz antwortet.« Man könnte aber auch sagen: Unser Ego fragt und eine höhere Instanz, eine größere Intelligenz in uns antwortet. Lassen Sie sich daher mit den Antworten Zeit, spüren Sie tief in sich hinein, die Untersuchung ist eine Art Meditation.

Byron Katie schreibt in ihrem neuen Buch[*]:

»*Meditieren bedeutet: Stillsein, Empfangen, Verwirklichen.* THE WORK *bedeutet ein Denkmuster aufschreiben, vier Fragen stellen und mit jeder Frage still sein, empfangen, verwirklichen. Vielen gelingt es in der Meditation, die Gedanken zum Schweigen zu bringen. Aber wenn der Alltag uns wieder umfängt, dann melden sich unsere Gedanken und Glaubenssätze wieder laut und schmerzhaft. Die Untersuchung erlaubt es uns, jeden schmerzhaften Gedanken ›ungeschehen zu machen‹, sobald er auftaucht. – Die Welt selbst wird so zu unserem geliebten Meister.*«

Wenn Sie mögen, probieren Sie es nun aus. Wiederholen Sie die Übung mehrere Male, am besten mit weiteren Urteilen über die gleiche Person.

---

[*] »Lieben was ist«, Goldmann, Frühjahr 2002.

Ein Beispiel

Nadja hat mit Klaus das folgende Problem:
Klaus sollte mich und die Kinder nicht so oft anschreien.
Jetzt stellt sie sich die Fragen oder lässt sie sich stellen:

1. Ist es wahr?
Wie ist die Wirklichkeit?

> *Klaus schreit uns an. Meine Vorstellung, dass er es nicht tun sollte, ist unwahr. »Er sollte uns nicht anschreien« ist nur ein Gedanke. Die Wirklichkeit ist das, was wahr ist – meine Vorstellung, wie es sein sollte, existiert nur in meinem Kopf. Sie ist eine Lüge*, ein schöner Traum von einer besseren Welt. Die Antwort lautet: Nein, es ist nicht wahr.*

In wessen Macht steht es, ob er schreit oder nicht?
> *In seiner Macht und nur in seiner Macht.*

2. Können Sie wirklich wissen, dass es wahr ist?
Können Sie wissen, ob es für Sie auf lange Sicht besser wäre, wenn die Realität anders wäre?
> *Nein, das kann ich nicht wissen. Wenn er nicht schreien würde, würde er vielleicht etwas anderes, Schlimmeres machen? Vielleicht ist die Erfahrung für ihn oder uns aus irgendeinem Grund wichtig?*

Können Sie wissen, ob es für andere auf lange Sicht besser wäre, wenn die Wirklichkeit anders wäre?
> *Für Klaus ist es vielleicht besser, wenn er schreit.*

---

* Ich erlaube mir, die Unwahrheit, die Illusion, den Traum (wie Byron Katie) in diesem Buch fast durchgehend »Lüge« zu nennen.

Wessen Angelegenheit ist es?
Es ist Klaus' Angelegenheit.

3. Was haben Sie davon, wenn Sie so denken?

Wie fühlen Sie sich, wenn Sie so denken?
Ich leide und ich werde wütend. Ich fühle mich ausgeliefert.
Wie behandeln Sie den anderen, wenn Sie so denken?
Schlecht. Ich habe wütende, zornige Gefühle ihm gegenüber, die sich sogar in Hass verwandeln. Ich werde rebellisch und denke über ihn, er ist egozentrisch, verkorkst.
Was tun Sie genau? Wie fühlt sich das an?
Ich schreie ihn auch an. Das tut weh. Ich schreie dann auch manchmal mit den Kindern. Hinterher tut es mir leid.
Wie behandeln Sie sich, wenn Sie so denken?
Schlecht. Ich quäle mich. Ich fühle mich unglücklich, weil ich platzen könnte vor Wut.
Was tun Sie genau? Wie fühlt sich das an?
Ich verkrieche und beklage mich. Ich vergehe vor Selbstmitleid.
Wie behandeln Sie Ihre Umwelt, wenn Sie so denken?
Entweder laufe ich auf Zehenspitzen, weil ich Angst habe, etwas falsch zu machen, oder ich bin so wütend, dass niemand etwas mit mir zu tun haben will. Ich bin ebenfalls aggressiv gegen meinen Mann und die Kinder

3a. Sehen Sie Gründe, die nicht schmerzvoll sind, an dem Gedanken festzuhalten?
Nein.
3b. Sehen Sie Gründe, den Gedanken loszulassen?
(... und Sie werden nicht gebeten, ihn loszulassen!)
Ja. Ich wäre dann freier.
Haben Sie einen wirklichen Vorteil, wenn Sie an dem Gedanken festhalten?
Nein.

4. Wer wären Sie, wenn Sie nicht so denken würden?

Wie würden Sie sich dann fühlen?

Entspannt. Es ist nicht mein Problem.

Wie würden Sie die anderen dann behandeln?

Vielleicht liebevoller, verständnisvoller? Ich würde vielleicht auf Ideen kommen, wie ich Klaus helfen kann.

Wie würde sich das anfühlen?

Gut.

Wer wären Sie, wenn Sie ohne Einschränkung akzeptieren würden, was ist?

Ich wäre souverän, verständnisvoll.

Schließen Sie bitte die Augen, und sehen Sie die Person ohne jedes Denkmuster. Was nehmen Sie wahr?

Ich sehe einen sehr lebendigen Mann mit aufgerissenem Mund und höre eine laute Stimme.

Nadja dachte bisher, ihre schlechten Gefühle würden durch Klaus ausgelöst. Die Übung zeigte ihr, dass dies keinesfalls zutraf. Gefühle werden durch unsere eigenen Gedanken erzeugt und nur dadurch. Dies ist für viele von uns nur schwer nachzuvollziehen. Ich selbst habe immer geglaubt, dass Menschen eine Art Aura haben und dass sich ihre Gefühlsschwingungen auf mich übertragen, wenn ich in die Nähe dieser Menschen komme. Buchstäblich jede Anwendung der Methode zeigte mir, dass es stets einen auslösenden Gedanken gab, der anschließend das Gefühl in mir erzeugte. Seit ich die Technik anwende, haben sich viele unangenehme Gefühle einfach verflüchtigt.

Aber beschäftigen wir uns zunächst einmal mit einem weiteren wichtigen Baustein der Methode.

Rezepte fürs Glück – die Umkehrungen

Die Umkehrungen sind vielleicht das Genialste an der Methode, allerdings manchmal auch nicht so einfach zu finden.

Sie können jedes Denkmuster, das der Wirklichkeit nicht entspricht, ins direkte Gegenteil verkehren.

Klaus sollte mich und die Kinder nicht so oft anschreien ist ein schmerzhafter, weil bisher unerfüllter Wunsch, denn (zur Zeit) sieht die Realität folgendermaßen aus:

Klaus schreit mich und die Kinder an.

So ist es, das ist das, was geschieht. Byron Katie geht so weit zu sagen:

Klaus sollte mich und die Kinder anschreien. Woher weiß ich, dass er es tun sollte? Er tut es! Es muss einen Sinn haben, wenn die Realität so ist. Das heißt nicht, dass ich es entschuldige, verteidige oder gutheiße. Es heißt nur: Ich erkenne an, was ist.

Viele Menschen können sich auf keinen Fall mit einem solchen Gedanken anfreunden, sie beharren auf ihren unrealistischen Forderungen und Wünschen und erhalten als Ergebnis den schmerzhaften Kampf mit der Wirklichkeit.

Ich lade Sie ein, zunächst einmal die Wahrheit in Form der Realität willkommen zu heißen und zu prüfen, was man mit einer Haltung des Annehmens erreichen kann. Der **umgekehrte** Gedanke: *Klaus sollte mich und die Kinder anschreien* ist zunächst einfach wahrer als das, was als Forderung oder Wunsch nur in meinen Gedanken existiert, nämlich dass er es nicht tut.

Wir bitten oder befehlen Klaus nicht, er solle schreien, wir wollen ihn keinesfalls ermutigen, es zu tun, wir sollen es auch nicht stumm und klaglos erdulden – wir stellen nur fest: Klaus schreit – also soll es wohl so sein. (Und es muss auch nicht für immer so bleiben!) Das war die direkte Umkehrung und sie ist meist wahrer als die Realität.

Als Nächstes setzen wir probeweise uns selbst ein, und zwar an der Stelle, wo der Name der anderen Person steht:

Ich sollte mich und die Kinder nicht so oft anschreien.

Tue ich es auch manchmal? Dann ist diese Umkehrung insofern wahrer, als es meine Philosophie zu sein scheint, nicht zu schreien. Wenn ich selbst auch tue, was ich beim anderen nicht mag, lehre ich ihn ja genau das, was ich selbst nicht will. Und wenn ich innerlich laut mit mir selbst hadere, schreie ich schließlich **mich** an.

Es könnte auch sein, dass ich mich nicht getraue, laut zu schreien, dass ich es aber innerlich tue. Daher ist auch das wahrer als das ursprüngliche Denkmuster. Klaus schreit – so ist er. Ich kann auf direktem Wege nichts dagegen tun. *Er sollte nicht schreien* ist gelogen, denn er tut es. *Ich sollte nicht innerlich gegen Klaus schreien*, da könnte ich etwas tun. Demzufolge ist diese Umkehrung ebenfalls ein wenig wahrer.

Rein theoretisch könnte die Umkehrung aber auch lauten: *Ich sollte ihn anschreien*, denn es ist durchaus ein Fall denkbar, wo das angebracht wäre! Man muss den Einzelfall prüfen – unser Herz weiß genau, wann eine Umkehrung für uns stimmt, wann sie sich richtig anfühlt.

Die Umkehrungen, die für Sie stimmig sind, kann Ihnen niemand vorschreiben oder abnehmen. Sie müssen immer selbst entscheiden, wann und wie das Umgekehrte wahrer ist als die ursprüngliche Aussage.

Die Umkehrungen müssen nicht generell in Ihrem Leben wahrer sein, zeigen Ihnen aber meist in der speziellen Situation, über die Sie die WORK gemacht haben, eine für Sie wichtige Wahrheit.

Die Umkehrungen müssen nicht gelebt werden, sie sind sehr oft nur Lehren, die Sie aus einer Sache ziehen können, oder eine Art »Medizin«, die Sie sich selbst verschreiben. Vielleicht besteht der einzige Grund, warum wir mit bestimmten Menschen zusammentreffen, warum wir uns bestimmte Menschen (oft unbewusst) suchen, in der Tatsache, dass diese uns durch ihr Verhalten lehren, wie **wir** leben sollten. Unversehens wird der Freund oder der Partner zu unserem Lehrer, der uns zeigt, wo wir uns verbessern könnten.

Wenn wir merken, dass eine Umkehrung wahrer ist als das, was wir bisher glaubten, hat allein dies schon eine heilende Wirkung. Durch unerwartete und überraschende Erkenntnisse entsteht oft ein befreiender, entkrampfender Aha-Effekt.

Oft gibt es noch weitere Umkehrungsmöglichkeiten, im Anhang finden Sie hierzu den »Umkehrungsfinder«. Drehen Sie jetzt bitte erst einmal Ihre eigenen aufgeschriebenen Denkmuster aus der vorherigen Übung um. Probieren Sie es zunächst mit dem Gegenteil – der direkten Umkehrung – und prüfen sie, ob Ihre Aussagen wahrer werden oder zumindest ebenso wahr sind.

Machen Sie das bitte schriftlich.

Setzen Sie anschließend sich selbst ein, wo der Name der Person steht, über die sie das Urteil abgegeben haben, und prüfen Sie abermals.

Machen Sie auch das bitte schriftlich.

Setzen Sie jetzt sich ein, wo der Name der Person steht, und setzen sie die andere Person ein, wo »ich, mich« oder Entsprechendes steht.

Schreiben Sie es auf, prüfen Sie den Wahrheitsgehalt.

Haben Sie neue Erkenntnisse gewonnen? Haben Sie gefunden, dass die Person, über die sie das Urteil abgegeben haben, Ihnen etwas zeigt, Sie etwas lehrt?

Viele Religionen sagen: »Höre auf, über andere zu urteilen. Vergib ihnen, verzeihe, andernfalls wirst du keinen inneren Frieden finden.« Aber wie macht man das? Wie hört man auf, nach außen zu schauen und zu kritisieren? Wie lassen wir fahren, was wir so besonders gut können, was uns »so leicht fällt«? Das Geniale an der Methode ist: Sie benutzt genau das angeblich so schlimme Verurteilen, um ebenjenen Frieden zu finden, den man uns als Ergebnis der entgegengesetzten Bemühungen des Vergebens versprach. Man könnte sagen: THE WORK ist die Anleitung, wie man durch Verurteilen zum Frieden kommt.

Vergebung und Frieden finden, indem man verurteilt? Paradox? Es ist, als zöge man sich wie Münchhausen am eigenen Schopf aus dem Sumpf. Jesus sagt: »Richtet nicht, auf dass ihr nicht gerichtet werdet.« Er könnte es so gemeint haben: »Wenn ihr merkt, dass ihr über andere richtet, so hinterfragt eure Urteile, andernfalls richtet ihr euch unweigerlich selbst.«

Unsere Mitmenschen sind unsere Lehrer

Ich habe früher immer geglaubt, dass ich vom Schicksal an einen bestimmten Platz gestellt wurde und dass ich kämpfen müsste, um an einen anderen Platz zu gelangen. Oder ich träumte von einem anderen Platz, ich imaginierte ihn, um es wahr werden zu lassen. Manchmal hatte ich Erfolg – oft zahlte ich einen hohen Preis. Meist stellte ich fest, dass sich trotz meiner Anstrengungen gewisse Dinge in meinem Leben wiederholten.

Wir haben bestimmte Verhaltensmuster, die uns immer wieder mit der gleichen Art von Menschen konfrontieren, uns immer wieder in die gleiche Art von Umgebung bringen, uns dazu bringen, immer wieder die gleichen Lebensumstände zu erzeugen.

Wir sind, wie wir sind, und wir sind an dem Ort in Zeit und Raum, an den wir gehören. Es hat einen Sinn, dass es so ist: Wir lernen. Die anderen lernen ebenfalls. Sie benutzen hierzu uns, wir benutzen sie. Wir verhalten uns auf eine bestimmte Weise, die diesem Zweck dient. (Ist Ihnen schon einmal aufgefallen, dass sich Ihr Verhalten in einer anderen Umgebung, mit einem anderen Menschen schlagartig ändern kann? Dass Sie in dieser Hinsicht manchmal über sich selbst erstaunt oder erschrocken sind?)

Veränderungen, die Sie willentlich oder mit Gewalt herbeiführen, werden vom »Schicksal« oft rückgängig gemacht, weil Sie dabei versuchen, einen Lernschritt zu überspringen. Frauen, die sich gewaltsam von einem Alkoholiker trennen, geraten meist erneut an einen Alkoholiker – sie scheinen in dieser Hinsicht wie verhext. Ich kannte einen Mann, der wie ein Penner lebte und eine große Erbschaft machte – nach einem Jahr war alles wie vorher, das Geld war vollständig ausgegeben.

Die Anwendung der Methode beschleunigt den Lernprozess oder löst ihn aus – eine Änderung ist unweigerlich die Folge. Wenn Sie nicht wollen, dass sich in Ihrem Leben etwas ändert, verschenken Sie dieses Buch jetzt, denn Ihr Leben wird sich unweigerlich ändern, wenn Ihr Denken sich ändert!

Unser Leben und unsere Umstände sind ein zusammenhängender Organismus. Alles hängt mit allem zusammen, alles reagiert auf alles, alles greift ineinander. Der Zweck ist Lernen, Evolution, Weiterentwicklung, Bewusstwerdung – im Großen wie im Kleinen.

Was nicht gut funktioniert, erzeugt Reibung in Form von Schmerz – benutzen Sie den Schmerz, um zu erkennen, wo der

Fehler liegt. Arbeiten Sie an der Ursache des Schmerzes. Die Art Ihres Denkens ist die Ursache – die Untersuchung ist das Instrument. Sie werden sehr schnell sehen, dass es anschließend (für alle Beteiligten!) besser funktioniert.

Unser Fehler besteht oft darin, dass wir die Ursachen unseres Schmerzes bei anderen suchen und die anderen nicht als vollkommen ansehen. Die anderen sind aber auf ihre Weise vollkommen, zumindest haben wir weder das Recht noch die Pflicht, das anders zu sehen.

Eine schwierige Beziehung – 2. Teil

MORITZ: Wer wärst du, wenn du nie wieder denken würdest, Rolf soll sich entscheiden?
KATHRIN: *Hm. Tja. Eine unabhängige Frau.*
MORITZ: Wunderbar. Drehe es um!
*Also **ich** soll mich entscheiden und es nach außen hin zeigen.*
MORITZ: Lebe es vor, vielleicht folgt er dir. Was du deinem Partner zumutest, könntest du ja erst mal selber probieren. Und wenn sich das als untauglich rausstellt, mach die WORK darüber. Man kann die WORK über alles machen, was Stress verursacht. Manchmal mag man die Umkehrung nicht, und dann fängt man wieder von vorne an und untersucht nunmehr die umgekehrte Aussage. – Dein nächstes Denkmuster?
Ich brauche von ihm den ersten Platz und dass er mir zeigt, dass ich ihm wichtig bin.
MORITZ: Ist das wahr? Hast du den ersten Platz?
Eigentlich schon, ja.
MORITZ: Wo ist dann das Problem?
Dass er es mir nie zeigt.
MORITZ: Ah. Er sollte dir zeigen, dass du den ersten Platz einnimmst?

Ja.
MORITZ: Und das tut er nicht. Das ist die Wirklichkeit. Wessen Angelegenheit ist das, was er zeigt und was er nicht zeigt?
Seine.
MORITZ: Misch dich in fremde Angelegenheiten und du hast Schmerz, unweigerlich. Immer. Ohne Ausnahme.
Kennst du Katies »drei Angelegenheiten«? Wenn ich dagegen bin, dass Katastrophen geschehen, zum Beispiel eine Hungersnot in Biafra, wenn ich denke: »Das sollte nicht sein«, dann mische ich mich in Gottes Angelegenheit.
Wenn ich denke, ein anderer hätte gefälligst zu akzeptieren, wie ich bin, oder mich anzuerkennen oder mir zu sagen, dass er mich liebt, mische ich mich in die Angelegenheiten des anderen. Nur was ich selbst tue, ist meine Angelegenheit. Wenn du jemandem vorschreiben willst, was er zu sein hat, was er zu sagen hat, wie er auszusehen hat, wie er zu handeln hat, hast du immer Schmerz – ob du das über die Vergangenheit denkst oder in der Gegenwart oder ob du das auf die Zukunft projizierst, ob du es laut sagst oder nur im Kopf zu dir selbst sprichst.
Wenn du dieses eherne Gesetz einmal verstanden hast – und man hat das nach einigem Praktizieren der Methode mit seinem ganzen Wesen (!) verstanden –, dann kannst du viele Punkte sehr schnell und einfach abhaken. Fremde Angelegenheit – Schmerz. Wer wäre ich, wenn ich mich da nicht einmischen würde – frei. Wie sich mein Partner mir gegenüber verhält, ist seine Angelegenheit! Das heißt nicht, dass ich zum hilflosen Opfer werde, dass ich mich nicht scheiden lassen kann, dass ich ihn nicht liebevoll bitten kann, mich anders zu behandeln! Aber unbedingt zu erwarten, dass er es dann auch tut, das ist Tyrannei und tut IMMER weh.
Also ich kann mich auch umdrehen und gehen.

MORITZ: Natürlich.
Das habe ich ja auch manchmal gemacht.
MORITZ: Wie oft ändern sich Menschen, weil ich ihnen sage, sie sollen sich ändern? In meiner Erfahrung kommt das nie vor. Ich habe nur eine Chance: Wenn ich mich ändere und die anderen meinen Erfolg sehen, dann ahmen sie mich vielleicht nach. Die andere Möglichkeit ist natürlich, ein Geschäft abzuschließen: »Wenn du dich so und so verhältst, dann kriegst du das und das von mir.« Das ist auch in Ordnung, es ist ein Handel, das muss man nur sehen. – Also wie lebst du mit einem Partner zusammen, bei dem du dauernd denkst, er soll dir zeigen, dass du die Nummer eins bist, und er zeigt es nicht?
Ich lebe gar nicht. Nicht wirklich.
MORITZ: Wie behandelst du ihn?
Wie einen Vollidioten.
MORITZ: Wie behandelst du *dich* letzten Endes, während du mit ihm zusammen bist und denkst, er ist ein Vollidiot?
Auch wie einen Vollidioten.
MORITZ: Und wie ginge es dir, wenn du nicht denken würdest, er soll dir zeigen, dass du die Nummer eins bist?
Dann wäre ich ganz und frei. Dann bin ich frei und in meiner Kraft. Lebendig.
MORITZ: Dreh das mal um: Er soll dir zeigen, dass du die Nummer eins bist?
*Ich soll **mir** zeigen, dass ich die Nummer eins bin!*
MORITZ: Du bist offensichtlich für dich die Nummer eins! Zeig **dir** das! Und der erste Schritt hierzu ist, nicht auf andere zu schauen, sondern auf dich! Damit zeigst du dir sofort, dass du die Nummer eins bist. Bisher hast du ihn zur Nummer eins gemacht, aber nicht im Positiven, denn du hast nur böse auf ihn geschielt. Nur du kannst dir selbst zeigen, dass du die

Nummer eins bist. Und das Witzige ist: Wenn du das wirklich tust, dann kommen plötzlich Leute zu dir, die es dir ebenfalls zeigen. So ist jedenfalls meine persönliche Erfahrung. Ich habe neulich hier ein Seminar gegeben mit einer Ko-Therapeutin, die lief den ganzen Tag mit einem miesen Gesicht rum, und das wurde gegen Abend immer länger. Am Schluss des Seminars machte sie vor allen Leuten die WORK und es stellte sich heraus, dass sie Liebe und Anerkennung wollte, aber niemand war auf die Idee gekommen, ihr das zu geben. Dann gab sie es sich selbst, indem sie die Fragen stellte und durch die Umkehrung herausfand: »Ich soll **mir** Liebe und Anerkennung geben!« *Danach* gingen alle Teilnehmer zu ihr und umarmten sie und lobten sie dafür, wie sie sich eingesetzt hatte. Aber wir taten das freiwillig, weil *wir* es wollten, nicht weil sie es wollte. Andere zwingen zu wollen, ist meist hoffnungslos. – Was denkst du über Rolf?

Er ist feige und kann sich nicht entscheiden.

MORITZ: Er ist feige, drehe es um!

Er ist mutig?

MORITZ: Das könnte auch sein, das kann man nicht wissen. Wenn er es so lange mit dir ausgehalten hat? (Lachen.) Aber setz dich mal ein.

Ich bin feige?

MORITZ: Ist das auch wahr oder wahrer?

Ja, ich bin feige.

MORITZ: Zumindest in dieser Angelegenheit? Ist es nicht feige, dauernd immer nur von den anderen alles Mögliche zu erwarten? – Und weiter!

Ich kann mich nicht entscheiden? Nein das stimmt nicht. Ich habe mich immer wieder entschieden.

MORITZ: Ich sehe, dass du dich in dieser Angelegenheit nicht für *dich* entschieden hast. Dass du lieber im Geist bei ihm ge-

blieben bist und mit ihm gehadert hast, physisch und psychisch, anstatt dir selbst alles zu geben, was du brauchst.
Ja, das stimmt.
MORITZ: Die Umkehrung enthält immer irgendeine Wahrheit. Und jetzt die Nummer Sechs: Was willst du mit dieser Person oder Sache nie wieder erleben?
Ich will nie wieder erleben, dass ich in diese Wut und in diesen Hass komme und dass ich in mir diese Galle spüre.
MORITZ: Könnte es wieder geschehen? Trotz WORK?
Ja.
MORITZ: Wenn es geschehen sollte, willst du es lieber willkommen heißen, oder willst du dich dagegen stemmen?
Ich kann schon damit umgehen.
MORITZ: Das ist die Bereitschaft, ich sehe sie jetzt auch an deinem Lächeln. Also?
Ich bin bereit, wieder zu erleben, dass ich in diese Wut und in diesen Hass komme und dass ich in mir diese Galle spüre...
MORITZ: ... wenn vielleicht auch nur in Gedanken – weil ich dann wieder die Methode anwenden kann. Das kannst du anfügen, denn das ist der Sinn der Nummer Sechs. Und weiter?
Ich freue mich darauf, wieder zu erleben, dass ich in diese Wut und in diesen Hass komme und dass ich in mir diese Galle spüre – weil ich dann wieder die Methode anwenden kann.

Bungee-Springen für die Seele – die Nummer Sechs

Diese spezielle Form der Umkehrung kann man mit jedem Denkmuster machen, denn das Unerwünschte kann jederzeit wieder geschehen, sei es in der Wirklichkeit oder sei es auch nur in unseren Gedanken, indem wir uns die unerwünschte Situation vorstellen.

Man wird uns wieder belügen, betrügen, anschreien, und wir haben die Wahl, ob wir weiter innerlich dagegen kämpfen wollen oder ob wir es willkommen heißen werden, um geistig zu wachsen, uns zu schulen, souveräner zu werden und unseren Weg zu finden.

Natürlich freuen wir uns zunächst nicht wirklich, dass das scheinbar Schlimme, das nicht in unserer Macht steht, wieder geschehen wird. Aber für mich ist die Nummer Sechs wie ein magischer Spruch, der mich in der entscheidenden Situation daran erinnert, dass ich ja die Untersuchung machen kann, wenn mir diese Sache wieder wehtut. Wenn Sie die Methode eine Weile praktizieren, kann es Ihnen passieren, dass Sie fast jede Herausforderung in Form einer unangenehmen Erfahrung annehmen und freudig willkommen heißen werden, weil Sie inzwischen wissen, dass Sie daran wachsen, dass Sie tolle Erkenntnisse über sich selbst gewinnen werden und dass sich Ihre Liebe zu allem, was existiert und geschieht, verstärken wird.

Das Lachen, das in meinen Seminaren meist entsteht, wenn jemand mit fast masochistischer Freude beispielsweise sagt: »Ich bin bereit, wieder zu erleben, dass mein Partner mich anschreit (... wenn auch nur in Gedanken)!«, zeigt mir, dass unser Herz (= das, was wir im tiefsten Wesen sind) ganz einfach liebt, was ist, weil es die Wirklichkeit ist. Unser Herz kennt nur die Wirklichkeit, die Lügen in unseren Köpfen interessieren es nicht. Unser Herz weiß, dass die Seifenopern, die wir in unseren Köpfen abspulen, nur banale Unterhaltung sind, wohingegen es die Realität dankbar umarmt, weil es selbst Teil der Realität ist. Es findet sich selbst in der Wirklichkeit wieder. Im schönen Traum von einer anderen oder scheinbar besseren Welt kann es sich hingegen nicht finden.

Wenn Sie sich jetzt schon bereit fühlen, die Kraft der Nummer Sechs zu testen, dann nehmen Sie Ihre bisher aufgeschriebenen Denkmuster und sagen Sie: »Ich bin bereit wieder zu erleben, dass…, weil ich dann die Methode anwenden kann.« Und: »Ich freue mich darauf, wieder zu erleben, dass…, weil ich dann die Methode anwenden kann.« Falls Ihnen das zu hart erscheint oder Sie wissen, dass diese Sache nie wieder geschehen kann, fügen Sie hinzu: »wenn auch nur in Gedanken!« Denn *denken* könnten Sie ja wieder an das Unerwünschte, oder? Wenn das geschieht, werden Sie den Schmerz spüren und sich an die Technik erinnern.

Es könnte sein, dass Sie im Moment noch der Meinung sind, es sei schon ein wenig pervers, das Unerwünschte zu wollen, weil man dann Anlass hat, eine bittere Medizin schlucken – aber wenn Sie bald herausgefunden haben werden, dass die Medizin sich immer wieder als süßer Honig für Ihre Seele entpuppt, werden Sie vielleicht sogar echte Freude im Angesicht schmerzhafter Situationen empfinden können. Sie müssen solche Situationen nicht absichtlich suchen, aber wenn sie nun mal da sind – ist es Ihre Wahl, sich nun zu freuen, anstatt sich wie bisher zu ärgern.

- Der Verstand fragt, das Herz antwortet. Lassen Sie sich mit den Antworten Zeit.
- Spüren Sie tief in sich hinein, die Untersuchung ist Meditation.
- Was *nicht* Realität ist, ist unwahr, ich nenne es Lüge.
- Ihr Herz spürt die richtige Umkehrung.
- Die Umkehrungen zeigen nicht unbedingt eine generelle Wahrheit in Ihrem Leben, treffen aber häufig in der speziellen Situation den Nagel auf den Kopf.

- Die Umkehrungen müssen nicht gelebt werden.
- Der Schmerz ist der Hinweis, dass etwas mit unserem Denken nicht stimmt und untersucht werden sollte.
- Die anderen sind vollkommen, wie sie sind; die Welt ist vollkommen, wie sie ist.
- Wenn Umkehrungen wehtun, können sie erneut untersucht werden.
- Wenn Sie sich mental in fremde Angelegenheiten mischen, haben Sie wahrscheinlich Schmerz – wenn Sie Schmerz spüren, sind Sie wahrscheinlich in fremden Angelegenheiten.
- Anstatt immer auf andere zu schauen, schauen Sie auf sich selbst!
- Die Nummer Sechs ist der Wecker, der Sie daran erinnern wird, wieder die Technik anzuwenden

– 2 –

Die Methode anwenden

Sie haben nun sämtliche Bausteine der Fragetechnik von THE WORK kennengelernt: Sie haben einen Glaubenssatz gefunden, Sie haben zu diesem Glaubenssatz die Vier Fragen gestellt, Sie haben das Denkmuster umgekehrt und Sie haben vielleicht sogar die Nummer Sechs ausprobiert. Fühlen Sie sich jetzt bereit, die Methode so anzuwenden, wie es viele Menschen seit Jahren auf der ganzen Welt tun? Zu Hause, auf Seminaren, allein oder mit Partner?

Byron Katie hat hierzu einige Fragen entwickelt, die ich fast unverändert übernommen habe. Bedenken Sie bitte, dass der Fragebogen von Byron Katie nur dazu dienen soll, Denkmuster, Glaubenssätze, die miteinander verbunden sind, hervorzuholen. Die eigentliche Methode ist unabhängig vom Fragebogen oder von der Zahl der aufgeschriebenen Sätze. Katie nennt ein zusammenhängendes Geflecht von Denkmustern Story (Geschichte). Es ist keine schlechte Idee, die WORK immer zu einer ganzen Geschichte oder einem bestimmten Teil einer Geschichte zu machen. Der Fragebogen eignet sich gut, um eine verdaubare Portion zu untersuchen – das dauert meist so zwischen einer Viertelstunde und höchstens einer Stunde. Schreiben Sie also nicht zu viele Denkmuster in einen Fragebogen hinein!

Und bitte beachten Sie, dass es **unbedingt nötig** ist, diese

Arbeit schriftlich zu machen! Viele Menschen haben von der Fragetechnik gehört, praktizieren sie einige Male und glauben dann, sie könnten es »im Kopf«. Katie sagt dazu: »Der ausgefüllte Fragebogen ist eine Momentaufnahme des Geistes, deine Gedanken sind auf dem Papier festgehalten und können dir nicht mehr entwischen. Es ist, als ob du das Denken angehalten hast.«

Ich selbst mache auch heute noch jede WORK über Themen, die aus mehr als einem einzelnen Denkmuster bestehen, schriftlich. Wer sich nicht an diese Regel hält, braucht sich über mangelnde Ergebnisse nicht zu wundern.

Auf Katies Fragebogen wird vor dem Ausfüllen außerdem um Folgendes gebeten:

1. Seien Sie bitte nicht höflich oder spirituell, urteilen Sie streng und ungeniert.

Manche Menschen sind so vorsichtig, dass sie nicht schreiben: »Ich ärgere mich, dass mein Mann nicht hilft, das Geschirr abzuräumen!«, sondern: »Ich ärgere mich über mich, dass ich immer wieder brav das Geschirr abräume.« Wir sind so gut erzogen, dass wir es nicht fertig bringen, einmal wirklich »Tacheles« zu reden, nicht einmal im stillen Kämmerlein oder auf geduldigem Papier.

Das anschließende Fragen funktioniert aber um so besser, je ungeschminkter ich schreibe: »Uschi sollte mir den roten Teppich ausrollen und mich auf Knien empfangen!« Das ist lustiger und lässt sich besser untersuchen als »Uschi sollte mich nicht so herablassend behandeln.«

Übertreibung schadet also nichts, im Gegenteil. Das ist ehrlich und das, was der kleine Junge in mir wirklich will.

2. Schreiben Sie bitte nicht über sich selbst (zumindest nicht, wenn Sie die Methode die ersten Male anwenden)!

Auch an diesen Rat mögen viele sich nicht halten. Sie meinen zu wissen, dass nur sie selbst das Problem seien. Das ist grundsätzlich in Ordnung, man kann die Technik sehr gut auch auf sich selbst anwenden, nur leider ist sie dann (zumindest am Anfang) ein wenig schwerer zu handhaben.

Rita schrieb auf einem meiner Seminare ein wenig zaghaft:

Ich bin ärgerlich auf mich, weil ich meiner Mutter so viel Macht einräume. Ich bin ärgerlich auf mich, weil ich dauernd das Gefühl habe, ich muss mich um sie kümmern, dass ich meine Entscheidungen nicht klar für mich treffe, sondern dass ich mich von meiner Mutter beeinflussen lasse.

In diesem Stil hatte sie den ganzen Fragebogen ausgefüllt. Nachdem ich sie gebeten hatte, den Bogen erneut auszufüllen und ungeschminkt über ihre Mutter zu schreiben (ich benutzte die Formulierung: »Lass die Sau raus!«), las sich das so:

Ich bin ärgerlich auf meine Mutter, weil sie sich dauernd in meine Angelegenheiten mischt, weil sie mir heute noch Schuldgefühle macht, weil sie von mir erwartet, dass ich mich um sie kümmere, weil sie morgens um sieben kommt und mir sagt, wie schlecht ich schon immer war und bin, weil sie mich benutzt.

Auf diese Weise war schon das Aufschreiben Therapie, und anschließend hatten wir viel Spaß mit der Bearbeitung dieser Denkmuster. Denn die dritte große Bitte ist:

3. Haben Sie Spaß dabei!

Auch dies wird oft nicht beherzigt. Die schon erwähnte Übertreibung sorgt automatisch für mehr Spaß. Kleinlichkeit, Pingeligkeit, Haare in der Suppe zu finden, kann aber ebenfalls Spaß machen, wenn Sie daran denken, dass die Methode hauptsächlich ein Spiel ist, um sich selbst besser kennen zu lernen. Versetzen Sie sich in die Rolle eines quengeligen Kindes, das seinen Willen durchsetzen will! Schließlich haben Sie nichts zu verlieren.

4. Schreiben Sie kurze, einfache Sätze.
Dieser Rat wird am seltensten befolgt. Ich kann mir das nur mit der ungeheuren Verwirrung in unseren Köpfen erklären. Besonders Anfänger kommen mit der Fragetechnik schwer zurecht, wenn sie Monstersätze zu bearbeiten haben. Ich habe ebenso wie meine Klienten oft Mühe, diese grammatikalisch zu verstehen und zerlege sie dann in »mundgerechte Häppchen«, die ich einzeln mit den Fragen bearbeite. Versuchen Sie also möglichst einfache Sätze zu bilden.

Das soeben erwähnte Beispiel wäre demzufolge noch besser zu bearbeiten, wenn Rita geschrieben hätte:
Meine Mutter sollte sich nicht dauernd in meine Angelegenheiten mischen. Sie sollte mir keine Schuldgefühle machen. Sie sollte nicht von mir erwarten, dass ich mich um sie kümmere. Sie sollte nicht morgens um sieben kommen und mir sagen, wie schlecht ich schon immer war und bin. Sie soll mich nicht benutzen.

Noch leichter lassen sich konkrete Vorkommnisse bearbeiten. Sie werden beim Lesen der Interviews bemerken, dass ich immer wieder um Beispiele aus dem Leben bitte.

Hier der von mir leicht abgewandelte Fragebogen der Byron Katie (als Vorlage zum Vergrößern und Kopieren). Denken Sie bitte stets daran, dass er nur eine Hilfe darstellen soll, um an die eigenen Denkmuster und Glaubenssätze heranzukommen. Er hat mit der Methode selbst nichts zu tun. Nicht alle Punkte müssen ausgefüllt werden. Fällt Ihnen zu einem Punkt mehr ein, als Platz vorhanden ist, schreiben Sie Ihre Vorwürfe und Urteile auf ein weiteres Blatt.

Der Fragebogen

Wen oder was magst du nicht? Wer oder was ärgert dich? Wer oder was macht dich traurig oder enttäuscht dich?
1. Was genau verursacht dir Stress, Kummer oder Schmerz?

_____ *ist, hat, hat mich, hätte nicht*

2. Wie sollten sie sich ändern? Was haben sie gefälligst zu tun?

_____ *sollte, müsste eigentlich, hat zu*

3. Was genau sollten sie tun oder nicht tun, sein, denken oder fühlen? Welchen Rat hast du für sie?

_____ *sollte oder sollte nicht*

4. Brauchst du etwas von ihnen? Was sollen sie dir geben oder für dich tun, damit du glücklich bist?

Ich brauche von _____ *, dass er/sie*

5. Was denkst du über sie? Mache eine Liste.

_____ *ist/sind*

6. Was willst du mit dieser Person oder Sache nie wieder erleben, oder in welche Situation willst du nie wieder geraten?

Ich will nie wieder erleben **oder** *Ich weigere mich, wieder zu erleben, dass*

Das Ende des Leidens – wie man den Fragebogen ausfüllt (1)

Je mehr Sie von den erläuterten Regeln abweichen, um so schwieriger wird die Untersuchung. Also nochmals: Schreiben Sie möglichst nicht über sich selbst, formulieren Sie einfache Sätze, sagen Sie ungeschminkt, was Ihnen gegen den Strich geht, haben Sie Spaß dabei! Wenn Sie ein Problem mit einem Menschen oder einer Situation haben, wird es sich durch Humor nicht verschlimmern, oder?

Schreiben Sie zu jedem Punkt auf, was Ihnen als Antwort einfällt. Nicht alle Punkte müssen ausgefüllt werden – die einzelnen Fragen dienen nur zur Anregung. Wenn Sie Probleme mit dem Ausfüllen haben, lassen Sie sich von den Beispielen in diesem Buch inspirieren.

Und noch zwei Anmerkungen: Ab Frage 2 steht da plötzlich »sie« im Plural. Gemeint ist »er, sie, die Männer, die Frauen, die anderen« und so weiter. Des weiteren haben Frage 2 und Frage 3 eine große Ähnlichkeit miteinander. Denken Sie über den genauen Sinn der Fragen nach, und lassen Sie Frage 3 einfach aus, wenn Ihnen nichts Neues einfällt.

Manchmal spürt man so ein ungewisses Rumoren in sich, kann aber keine rechten Formulierungen hervorbringen.

Auf meinen Seminaren bitte ich die Person, die Augen zu schließen und von ihrem Problem zu erzählen. Dann bitte ich die anderen Teilnehmer, die Hand zu heben, wenn sie ein Denkmuster entdeckt haben. Auch mit meiner Liebsten setze ich gerne diese Methode ein, ich halte sie für die schönste seelische Massage, die man sich gegenseitig geben kann, allerdings nur, wenn sich die Untersuchung der gefundenen Denkmuster anschließt.

Das Gleiche kann man auch schriftlich machen, mit oder ohne Partner.

Auch das Besprechen eines Tonbands oder ein mitgeschnittenes Telefonat wären denkbar. Wenn Sie ein solches Band abhören, entdecken Sie Ihre schmerzhaften Denkmuster sehr viel leichter.

Von einer guten Freundin, die selbst THE WORK anwendet, erhielt ich diesen typischen Ausschnitt aus einem vorwurfsvollen Schreiben an ihren Gemahl. Lesen Sie zunächst nur die linke Spalte und schauen Sie erst **danach** auf die von mir danebengestellten Denkmuster, soweit ich sie identifiziert habe.

»Lieber Klaus. Ich habe mir so viel Mühe gegeben in der letzten Woche, viel mehr, als Du vermutlich sehen konntest. Wenn Du das letzte Schreiben von mir noch einmal zur Hand nehmen würdest, dann könntest Du lesen, worum ich Dich gebeten habe und wovon Du mir aus freien Stücken NICHTS gegeben hast. – Das tat mir weh, es kam nichts von Dir, aber anstatt Dir Vorwürfe zu machen, was ja auch nichts bringt, habe ich bei mir nachgesehen und logischerweise Fehler und Mängel gefunden, die ich dann zu beheben versuchte.	Klaus sollte sehen, wie viel Mühe ich mir gebe. Klaus sollte mein Schreiben nochmals lesen und darauf eingehen. Klaus sollte mir etwas aus freien Stücken geben. (Was?) Klaus sollte mir geben, worum ich ihn bitte. Ich habe Fehler und Mängel, die ich beheben muss. (Welche?) Ich muss meine Fehler und Mängel beheben.

Immer wieder ging ich auf Dich zu. Ich war diejenige, die sich, wie Du wusstest, danach sehnte zu hören: Ich liebe Dich, und ich sagte es Dir, worauf Du es Dir dann auch irgendwie herausgequetscht hast, aber nicht dahinter standest.	Klaus soll mir sagen: »Ich liebe dich« und auch dahinter stehen.
Vorgestern dann habe ich Dir, so vorwurfsfrei wie ich konnte, versucht mitzuteilen, dass es mir nicht gut geht. – Es wurde sofort in Du hast schlechte Laune übersetzt. Du fragtest zwar ganz lieb, ob ich reden möchte, aber unterm Strich schienst Du ganz dankbar, gehen zu können. Dann	Klaus sollte meine Mitteilungen nicht »übersetzen«, er sollte etwas anderes tun. (Was?)
kamst Du wieder mit den Worten: Werner war nicht da und der andere Tisch war voll, und wolltest mir das dann später als Denken an mich verkaufen. Was wäre gewesen, wenn Werner da gewesen wäre, hättest Du dann auch an mich gedacht und wärst genauso schnell zurück gewesen?	Klaus sollte dableiben, damit ich reden kann.

Klaus sollte ehrlicher sein. Klaus sollte an mich denken. |
| Aus meiner Sicht stellt sich das so dar, dass ich mich – | |

wieder einmal – bemühe und bemühe, und solange ich das tue, legst Du die Hände in den Schoß und wartest ab (oder sitzt es aus, was Dir besser gefällt).

Als wir uns einander wieder annäherten, da hast Du um mich »geworben«, warst bemüht. Trotz Stress fandest Du die Zeit für liebe Worte, Komplimente, Blumen und für nächtliche, unbewusste Zuwendungen: Streicheln, Zudecken und Umarmen.

Nichts ist davon mehr übrig. Ich fühle mich an Deiner Seite wieder wie ein Möbelstück, das vielleicht ganz praktisch ist, aber eben nur zum Inventar gehört und von daher nicht sonderlich wichtig ist. – Klaus, ich verstehe das nicht, wenn Du doch weißt, wie gut es mir täte, in den Arm genommen zu werden, gerade dann, wenn ich mich schlecht fühle, warum schaffst Du es dann nicht?

Da drängt sich mir natürlich der Verdacht auf, nämlich dass Du mich im Herzen gar

---

Klaus sollte die Hände nicht in den Schoß legen, während ich mich bemühe und bemühe.

Er sollte die Dinge nicht aussitzen.

Klaus sollte weiter um mich werben, sich um mich bemühen. Klaus sollte mir weiter Komplimente machen, mir Blumen schenken. Klaus sollte mich streicheln, mich nachts zudecken und umarmen. Klaus sollte auch bei Stress Zeit für mich finden.

Ich fühle mich wie ein Möbelstück.

Ich bin nicht wichtig, gehöre zum Inventar.

Klaus sollte wissen, was mir gut tut und es dann auch tun.

Klaus sollte es schaffen, mich in den Arm zu nehmen, besonders, wenn ich mich schlecht fühle.

nicht liebst, denn sonst könntest Du gar nicht so handeln. Es kommt jedenfalls in der Sprache, die ich spreche und verstehe, nicht so an, und ich fühle mich verdammt einsam und verdammt beschissen damit, und ich will mir nicht vorstellen, dass das meine Perspektive für die nächsten dreißig Jahre sein soll.

Klaus, ich liebe DICH, mit allem, was Dich ausmacht, Du weißt, ich habe noch nie einen Mann so geliebt wie Dich, und ich habe es Dir schon einmal gesagt, dass meine Liebe Dir gegenüber von der Bedingungslosigkeit her gesehen in etwa dieselbe ist, wie ich sie unseren Kindern entgegenbringe – aber ich habe das Gefühl, Du nutzt das aus, hockst Dich auf Deinen Thron, und wenn ich dann ein Problem habe, dann bist Du einfach noch nicht so weit.

DU BIST MICHT FÜR MICH DA, WENN ICH DICH BRAUCHE!!!

Du bist komplett oder fast komplett wieder in Dein altes

Klaus liebt mich in seinem Herzen nicht.

Ich weiß genau, wie Klaus handeln würde, wenn er mich liebte. Klaus sollte meine Sprache sprechen und verstehen.

Wegen Klaus fühle ich mich verdammt einsam und beschissen.

Ich liebe Klaus bedingungslos, aber er darf nicht auf seinem Thron hocken.

Er nutzt meine Liebe aus.

Er muss »so weit« sein, wenn ich ein Problem habe.

Klaus sollte da sein, wenn ich ihn brauche.

Klaus darf nicht in seine alten Verhaltensmuster zurückfallen.

| Verhaltensmuster zurückgefallen: nichts-sehend, nichts-verstehend und vor allem nichts-fühlend. | Klaus sieht nichts, versteht nichts, fühlt nichts. |

Können Sie sich mit diesem Brief wenigstens teilweise identifizieren? Ich denke schon. Jeder von uns könnte einen solchen Brief zu gewissen Zeiten seines Lebens mit ähnlichen Worten geschrieben haben. Zugegebenermaßen ist es ein typisch weiblicher Brief, aber die entsprechenden »männlichen« Formulierungen dürften vom Prinzip her nicht viel anders aussehen. Männer neigen zwar nicht dazu, sich ihre Gefühle und ihre Verletztheit einzugestehen, aber innerlich wäre der Unterschied sicher nicht groß.

Ich war erstaunt, als ich feststellte, dass der ganze Brief im Grunde nur aus Denkmustern besteht, von denen die meisten nur schmerzhaft sind. Dazwischen sind Ausdrücke wie *»Das tat mir weh..., ich fühle mich verdammt einsam und verdammt beschissen..., das Schlimme für mich ist...* Auch dies sind wieder Denkmuster, die man genauer untersuchen könnte und sollte – sie sind aber gleichzeitig bereits Antworten auf die 3. Frage »Was habe ich davon?«.

Und der Rest? Ebenfalls Denkmuster, nur von mir nicht herausgezogen, weil sie mir zunächst nicht genügend schmerzhaft schienen.

Denn wir untersuchen mit der Methode möglichst nur die Gedanken, die uns wehtun, die uns am meisten frustrieren. (Theoretisch kann man die Untersuchung auf jeden Gedanken anwenden; ein schönes Beispiel hierfür finden Sie im Kapitel »Der Schatz in der Wüste« meines Buches »Byron Katies THE WORK«*).

---

* Goldmann TB, 1999.

Mit jedem Seminar, das ich gebe, wird mir klarer, dass die Technik um so besser funktioniert, je genauer wir unsere Denkmuster identifizieren. Mit anderen Worten: Je besser der Fragebogen ausgefüllt ist, um so besser ist die Wirkung. Ich bringe deshalb hier ein beispielhaftes Transkript, das zeigt, wie man seine Glaubenssätze aufschreiben kann – nicht zuletzt deshalb, weil es auch einige interessante Einblicke in manche Mechanismen der Partnerwahl zulässt.

Der Beginn der Freude – wie man den Fragebogen ausfüllt (2)

Maja hat mein Buch »Byron Katies THE WORK« gelesen und möchte die Methode gerne anwenden. Sie hat aber noch keinen Fragebogen ausgefüllt. Sie erzählt mir am Telefon:

MAJA: *Ich fühle mich verletzt, verarscht, hintergangen, belogen, verwirrt. Das habe ich mir jetzt aufgeschrieben, um überhaupt mal meine Gefühle zu ordnen.*

MORITZ: Jedes dieser Gefühle geht zurück auf einen Gedanken, den du hast.

Genau. Diese Gedanken habe ich mir auch aufgeschrieben. Die allerschlimmsten Vorkommnisse:

Unsere Ehe war so, dass wir gesagt haben, wir wollen nicht fremdgehen, weil es den anderen zu sehr verletzt. Und dann hat er mich doch betrogen.

Wir hatten besprochen, dass die Kinder bei demjenigen leben, der mehr Zeit hat – er hat sich nicht dran gehalten. Als die Trennung anstand, habe ich gefragt: »Bist du mit dieser Frau schon so eng zusammen, hast du dich schon so verliebt, dass wir sowieso keine Chancen haben – dann brauchen wir auch nicht zum Psychologen gehen?« Er: »Doch

doch, wir haben noch Chancen.« Was war? In Wirklichkeit war es nicht so.

Wir sind in Urlaub gefahren, das war unser letzter Versuch, uns zusammenzuraufen, ich hab gesagt, lass es uns nur machen, wenn es wirklich noch was bringen kann, er hat mich hinterher verarscht – kaum dass wir deutschen Boden betraten, rief er schon seine damalige Freundin an.

Wo ich dann wirklich so eine Art Nervenzusammenbruch hatte – und das war das einzige Mal, dass ich dann keine Lust mehr hatte zum Leben –, da habe ich ihn im Büro angerufen, er möchte doch bitte mal kommen und da hat er seinen Kollegen geschickt.

Dann hatten wir besprochen, dass er zwar das Sorgerecht ohne Gerichtsverfahren für beide Kinder bekommt, dass er aber das jüngere Kind, das lieber zu mir will, auch zu mir gehen lässt, ohne dass ich das Sorgerecht wieder erstreiten muss. Er hat Ja gesagt und Nein gemacht. Ich musste durch drei Instanzen. Das Kind musste zum Fachpsychologen, und es hat zwei Jahre gedauert, bis es zu mir kommen konnte.

Dann sollte ich das Kind mal abholen, und er hat es am Abend vorher entführt.

Wir hatten eine hohe Lebensversicherung, aber ich habe nur den Rückkaufswert gekriegt, zwanzigtausend Mark, obwohl ich das in der Ehezeit mit angespart hatte.

Dann stand ich irgendwann mit einer hohen Miete da, und er stellte seine Zahlungen ein, weil das Kind nach dem Abitur ins Ausland ging. Vorher hatte er gesagt, wir regeln das schon.

Ich habe zu beiden Kindern ein sehr gutes und inniges Verhältnis und überhaupt sehr nette Menschen um mich und sehr gute Freundschaften, und mit niemandem habe ich diese Probleme, nur mit meinem Exmann.

MORITZ: Jeder Mensch hat das Recht, dumm, unverschämt, ungerecht, empfindsam, unhöflich, unwissend, neurotisch und fehlbar zu sein. Und dieses Recht willst du ihm nehmen? Wer hat sich diesen Mann ausgesucht?

Ich. Das habe ich mir schon am meisten zum Vorwurf gemacht. Dass ich nicht meinem allertiefsten Gefühl gefolgt bin. Ich wollte eben Kinder und da war niemand, mit dem ich sie besser hätte kriegen können. Ich wollte eigentlich mehr die Kinder als den Mann.

MORITZ: Die Kinder hast du ja bekommen. Das ist jetzt abgeschlossen.

Du **musst** niemals etwas tun oder lassen. Du **willst** manchmal etwas, weil du dadurch etwas anderes erreichen willst. Du **musstest** diesen Mann nicht heiraten, du **wolltest** ihn heiraten, weil du Kinder wolltest. – Und die Welt dreht sich nicht nur um dich, sondern auch um deinen Mann.

Das äußert sich darin, dass er eben ganz brutal und egoistisch an sich und seine neue Frau, sein Glück und an sein Leben denkt und mein Leben, und mein Glück sind ihm doch völlig wurscht.

MORITZ: Du machst es genauso. Du denkst auch nur brutal an dein eigenes Glück und nicht an seines. Stimmt's?

Mittlerweile ja.

MORITZ: Früher war es von seiner Seite auch anders. Es hat sich jetzt eben so entwickelt. Ihr beide scheint mir gleich zu sein. Wie lautet dein schmerzhaftester Gedanke?

Er sollte sich an seine Versprechungen halten.

MORITZ: Dein Mann soll sich an seine Versprechungen halten. Wie ist die Realität?

Er tut es nicht. Hoffnungslos.

MORITZ: Absolut hoffnungslos. In wessen Macht steht es, ob **du** dich an deine Versprechungen hältst?

In meiner Macht. Und was er tut, steht in seiner Macht?
MORITZ: Absolut schmerzhaft, sich da einzumischen!
Man sollte also Vereinbarungen nur schriftlich machen?
MORITZ: Ich würde mit so jemandem überhaupt keine Vereinbarungen treffen, nachdem ich merke, dass er sich nicht gerne daran hält. Aber sich zu ärgern ist reine Selbstzerstörung.
Ja, das merke ich.
MORITZ: Und wenn ich mich ärgere, halte ich mich nicht an **meine** Versprechungen. Die Versprechung, die ich mir schon als Kind gegeben habe, lautete: Ich möchte glücklich werden in diesem Leben. Aber wenn ich mich in den Angelegenheiten anderer Menschen aufhalte und sie bestrafen möchte, dass sie sich nicht an ihre Versprechungen halten, und mich daher nur noch ärgere, dann breche ich dieses wichtigste Versprechen meines Lebens. Leute wie dein Mann sind da, um uns zu zeigen, wie wir leben sollten. Sie zeigen uns unsere eigene Philosophie. Woher sollen wir wissen, dass es schön ist, sich an Versprechungen zu halten?
Weil es anderen wehtut, es nicht zu tun?
MORITZ: Menschen wie dein Mann zeigen uns genau das, lehren uns das. Dein Mann ist dein Lehrmeister und vielleicht auch der Lehrmeister seiner nächsten Frau. Oder anderer Menschen. Oder deiner Kinder. Wenn ich aber böse auf ihn bin, dann kämpfe ich gegen die Wirklichkeit, gegen die menschliche Natur, und ich nehme diesem Mann das Recht, fehlbar zu sein. Ich nehme ihm damit im Grunde das Recht, Mensch zu sein.

Und so sahen Majas weitere Denkmuster aus:
Mein Exmann hätte nicht fremdgehen sollen.
Er hätte sich an unsere Abmachungen halten sollen.

Er hätte unseren Sohn nicht entführen dürfen.
Er wusste vor unserem letzten Urlaub schon, dass wir keine Chance hatten.
Er hätte seine Freundin nicht schon vom Flughafen aus anrufen sollen.
Er hat mich verarscht.
Er hätte selbst zu mir kommen sollen, als es mir schlecht ging.
Er sollte unseren Sohn gehen lassen.
Er hätte ihn nicht entführen dürfen.
Er hätte nicht Ja sagen und Nein machen dürfen.
Er hätte mich nicht zwingen sollen, vor Gericht zu gehen.
Ich hätte mehr Geld aus der Lebensversicherung bekommen sollen.
Er hätte das mit der Miete regeln sollen.
Er denkt nur an sich. Er ist egoistisch und hat nur sein eigenes Wohl und das seiner Frau im Sinn.

Erlauben Sie mir an dieser Stelle, zu erwähnen, dass ich mich während der Arbeit an diesem Buch fragte, wie es Maja wohl jetzt gehen mochte, denn ich hatte ihr bezüglich der weiteren Denkmuster nur geholfen, diese zu finden, die Methode aber mit ihr zusammen nicht weiter angewendet. Am Telefon erzählte sie mir dann, dass das Problem für sie überhaupt nicht mehr existiere. Nichts davon sei noch ein Thema! Ich war perplex und fragte sie, wie oft sie die Fragetechnik praktiziert habe. Maja meinte, sie habe zwar einige Male die WORK gemacht, aber entscheidend sei für sie gewesen, dass sie erkannt habe, dass sie sich in fremden Machtbereichen aufgehalten habe, und dass sie das jetzt möglichst nicht mehr tue.

Ich hoffe, Sie haben spätestens jetzt genügend Anregungen bekommen, um Ihre Denkmuster zu untersuchen und in den

Genuss der Vorteile der Methode zu kommen. Schreiben Sie bitte wirklich alles genau auf, am besten zusammen mit einem Partner. Lesen Sie erst weiter, wenn Sie THE WORK einige Male angewendet haben.

- Wenden Sie die Methode stets schriftlich an!
- Seien Sie nicht höflich oder spirituell, urteilen Sie streng und ungeniert. Füllen Sie den Fragebogen vom Standpunkt eines quengeligen Kindes aus.
- Schreiben Sie am Anfang bitte noch nicht über sich selbst!
- Haben Sie Spaß dabei!
- Schreiben Sie kurze, einfache Sätze.
- Nicht alle Punkte des Fragebogens müssen ausgefüllt werden.
- Alles, was wir sagen oder denken, sind Denkmuster, die man untersuchen könnte.
- Wir untersuchen mit der Methode zunächst nur, was wehtut.
- Jeder Mensch hat das Recht, dumm, unverschämt, ungerecht, empfindsam, unhöflich, unwissend, neurotisch und fehlbar zu sein.
- Wir **müssen** niemals etwas, wir **wollen** es nur, um etwas anderes zu bekommen. Fragen Sie sich, was dieses andere sein könnte.
- Die anderen zeigen uns stets unsere eigenen Denkmuster.

Worte sind Magie

Ich hoffe, Sie kamen gut mit der Fragetechnik zurecht. Je öfter Sie sie anwenden, desto besser kommen Sie sich und anderen auf die Schliche. Irgendwann werden Sie feststellen und dauernd wissen, dass ALLE Ihre Denkmuster im Grunde Lügen sind. Das kann auch nicht anders sein, denn Gedanken sind nur Symbole für die Wirklichkeit und nicht die Wirklichkeit selbst.

Bei vielen Formulierungen können Sie durch eine genaue Untersuchung Ihrer Sprache schon feststellen, dass Ihre Denkmuster unwahr sind:

Man verarscht mich.
Man trampelt auf mir herum.
Er trampelt auf meinen Gefühlen, auf meinen Nerven herum.
Sie bringt mich zur Weißglut.
Ich könnte vor Wut platzen.
Er treibt mich an den Rand des Wahnsinns
Sie nimmt mir meine Lebensfreude.
Ich hänge im Netz.
Ich ärgere mich tot.
Sie macht mich wahnsinnig.
Er hat mir Zügel angelegt.
Er sitzt auf dem hohen Ross.
Er nimmt mir die Luft zum Atmen.
Ich musste in den sauren Apfel beißen.
Ich sitze im Loch.
Man hat mich ins Messer laufen lassen.
Ich habe mich breitschlagen lassen.
Ich werde untergebuttert.
Ich ersticke in Arbeit.
Man setzt mir die Pistole auf die Brust

Wenn auf meinen Seminaren oder bei Einzelsitzungen solche Formulierungen auftauchen, lasse ich manchmal nicht locker, bis der Mensch merkt, dass nichts davon wörtlich wahr sein kann. Eine Frau sagte zum Beispiel: *Ich habe Tomaten auf den Augen.*

Als ich fragte, ob das wahr sei, ob sie wirklich Tomaten auf den Augen habe, wurde ihr klar, dass sie sich mit diesen Worten selbst in ihre Wut hineinsteigerte, dass sie »rot sah« und dann nichts mehr von ihrer Umwelt wahrnahm.

Lauschen Sie Ihren eigenen Worten nach. Stellen Sie sich bildlich vor, was Sie wörtlich sagen. Prüfen Sie, ob es der Realität entspricht. Jemand, der sagt: »Man trampelt auf mir herum«, legt sich mental auf den Boden und stellt sich vor, dass seine Mitmenschen ihn treten. Das MUSS wehtun! Ihr Gehirn und Ihr Körper verstehen Sie wörtlich und aktivieren die entsprechenden Erregungs-, Abwehr-, Verteidigungs- oder Totstellprogramme!

Und dabei hat der andere doch meist nur ein Wort gebraucht, das uns irgendwie missfällt!

Ist Ihnen bewusst, dass Wörter niemals das sind, was sie beschreiben? Das Wort Stuhl hat mit dem Gegenstand Stuhl nicht das Geringste zu tun. Wir benutzen Wörter als Kürzel, um anderen und uns selbst mitzuteilen, welche Vorstellungen wir in unserem Kopf haben. Wenn wir »Stuhl« sagen, stellen wir uns einen Stuhl vor. Unser Gesprächspartner hat (hoffentlich) eine annähernd gleiche Vorstellung von dem Gegenstand und kann aus dem Kontext unserer weiteren Äußerungen entnehmen, was wir meinen. Ein Möbelverkäufer wird uns Stühle zeigen, ein Arzt wird unseren Ausführungen einen Hinweis auf unsere Erkrankung entnehmen.

Das Wort »Stuhl« ist in seiner Doppelbedeutung ein interessantes Objekt, um zu erkunden, wie wir Gefühle hinzufügen, wenn wir uns seine Bedeutung vergegenwärtigen.

Lassen Sie die beiden Bedeutungen mehrmals in Ihrem Kopf »umschlagen« – das ist das sprachliche Äquivalent zu den berühmten Vexierbildern, auf denen man mal eine alte Frau, mal ein junges Mädchen zu erkennen glaubt. Merken Sie den Unterschied zwischen »Stuhl« und »Stuhl« in dem jeweils entstehenden Gefühl?

Es sind unsere Vorstellungen, die unser Gefühl beeinflussen, denn mit jedem Wort ist ein Erlebnis verbunden, bei dem wir dieses Wort zum ersten Mal hörten oder lernten, es zu gebrauchen. Bei manchen Menschen sind die mit bestimmten Wörtern verbundenen Erlebnisse traumatisch gewesen. (Es könnte zum Beispiel sein, dass jemand als Baby von einem Stuhl gefallen ist und dann für sein ganzes Leben ein unangenehmes Gefühl hat, wenn er das Wort hört.)

Allerdings haben wir im Normalfall bei Gegenständen des Alltags keine besonders starken Gefühle. Wenn wir aber bestimmte negative Emotionen beschreiben wollen und dafür bestimmte Wörter benutzen – und sei es auch nur uns selbst gegenüber –, dann erzeugen oder verstärken wir die damit verbundenen Körpergefühle und -sensationen.

Ein Beispiel: »Ich fühle mich beschissen.« Wir aktivieren mit einem solchen Gedanken die Situation, in der wir dieses Wort gelernt haben: Vielleicht hat unsere Mutter sich einmal ausgeweint und dieses Wort benutzt, oder unser Vater war wütend, als er diese Wendung gebrauchte. Meist benutzen wir die Redensart auch, wenn jemand uns betrogen hat. Insofern kann das mit dem Gedanken verbundene Gefühl beim einen mehr Trauer, beim anderen mehr Wut ausdrücken. Aber der Gedanke »Ich fühle mich beschissen« kann noch viel mehr auslösen.

Das kleine Kind in uns versteht das Wort »beschissen« wörtlich, das heißt, es stellt sich vor, man habe buchstäblich Scheiße auf uns ausgegossen oder ausgekippt. Beachten Sie bitte, dass ein so altes (altgermanisches) und archetypisches Wort wie »Scheiße« auch genetisch oder über das kollektive Unbewusste in uns verankert sein mag.

Es bedeutete nämlich ursprünglich »Ausscheidung« – wann immer wir es in uns aktivieren, trennen wir uns, scheiden uns ab und haben dadurch unweigerlich Schmerz.

Wenn wir unsere reale Situation, von der wir denken, sie sei beschissen, hingegen wie mit dem Objektiv einer Kamera betrachten, so werden wir feststellen, dass wir keinesfalls mit Exkrementen bedeckt sind, sondern dass wir irgendwo gehen, sitzen, stehen oder liegen, atmen und lebendig sind. Etwas ist geschehen, das nicht mit unseren Wünschen übereinstimmt, aber es handelt sich im Grunde um Tatsachen, die man auch ganz unvoreingenommen beschreiben könnte. Das »beschissene« Gefühl fügen wir uns durch unsere Vorstellungen selbst zu. Die beschriebenen Sachverhalte sind natürlich mal wieder nichts Neues, und die Erklärung für das Phänomen hat uns bisher nichts gebracht.

Hier setzt wieder der Segen der Methode ein.

Untersuchen wir einmal das Denkmuster »Ich fühle mich beschissen«.

Ist es wahr? Nein, es ist offensichtlich die Unwahrheit, denn ich nehme keinerlei Exkremente auf meiner Hautoberfläche wahr. **Was habe ich davon, wenn ich das denke?** Ich fühle mich gar nicht gut, »zum Kotzen«, behandle meine Umwelt, meine Mitmenschen und mich selbst schlecht, nehme meine Umwelt und mich selbst nicht mehr richtig wahr. Der Gedanke bringt mir nichts außer Frust. **Wie würde ich reagieren, wenn ich das nicht denken würde?** Ich könnte meine wirkliche Situation betrachten, mich liebevoll behandeln, meine Umwelt und Mitmenschen wahrnehmen wie sie sind, die Situation besser akzeptieren und liebevoll Wege suchen, um sie eventuell zu verbessern. **Umkehrungen** könnten sein: Ich fühle mich *nicht* beschissen, das ist wörtlich auf jeden Fall wahrer. »Mein Denken ist beschissen.« Da ist was dran, denn in meinem Denken übergieße ich mich selbst mit Kot, indem ich mit Hilfe meiner Vorstellungskraft die unangenehmsten Gefühle aktiviere.

Mein Denken hört auch meist nicht auf, Unflat über mich auszugießen, indem es sämtliche ähnlichen Situationen der Vergangenheit aktiviert.

Bitte verteufeln Sie aber nicht Ihr Denken. Es ist unwissend und kindlich. Es tut nur seinen Job. Es ist ein Instrument wie unsere Hände, die wir benutzen können, die wir beliebig schulen können. Leider ist die Schulung des Denkens bisher in unserer Kultur nicht sonderlich verbreitet, weshalb viele von uns irgendwann entdecken, dass sie es bisher völlig wild und »ungezogen« aufwachsen ließen wie ein Kind, das man in der Wildnis aussetzt. Ich spreche hier nicht vom bewussten, folgerichtigen, konstruktiven Denken, sondern von dem unaufhörlichen inneren Dialog, den wir kaum beeinflussen können, weil er scheinbar automatisch abläuft.

Das automatische Denken

Mit der Fragetechnik untersuchen wir zunächst einmal unser Denken. Und zwar nicht das bewusste Denken, mit dessen Hilfe wir unsere Steuererklärung zustande bringen, etwas konstruieren oder eine mathematische Aufgabe lösen, sondern die Gedanken, die uns sozusagen ungewollt zufliegen. Jemand lässt auf der Straße eine Bierdose fallen, wir ärgern uns und denken: »Das sollte sofort bestraft werden.« Unser Partner betrügt uns und wir denken: »Ich werde ihn verlassen!« Ein parkendes Auto versperrt uns den Weg und wir denken: »Den sollte man anzeigen.« Ich nenne das »automatisches Denken« – und nur von diesem spreche ich normalerweise im Zusammenhang mit

THE WORK. Wir denken automatisch das, was die meisten von uns im Kopf haben, was in uns hineinerzogen, -programmiert oder vererbt wurde.

Wir denken zwar automatisch, aber meist hat diese Art von Denken keinerlei Folgen im Handeln, wir grollen oft nur vor uns hin. Das wäre gar nicht so schlimm, wenn nicht fast jeder automatische Gedanke sofort einen Rattenschwanz von gleichartigen oder ähnlichen Gedanken nach sich zöge. Im Fall der Bierdose etwa: »Man sollte viel härter durchgreifen. Diese Jugend ist durch und durch schlecht. Alles wird immer schlimmer. Ist ja auch kein Wunder bei dieser Verrohung in Medien und Gesellschaft. Dieses Land ist verrottet. Der ganze Planet wird verwüstet. Die Menschheit richtet sich selbst zugrunde.«

Kennen Sie solche Gedankenketten? Schalten Sie den Fernseher ein, wenn Sie es bei sich selbst nicht sehen können.

Wie fühlt man sich, wenn man so denkt? Nimmt man dann seine Umgebung wirklich wahr? Ist man gedanklich bei sich selbst und bei seinen Lieben? Behandelt man sich selbst liebevoll, während man schlecht von anderen und der Welt denkt?

Die Methode hält durch das Untersuchen solcher Denkmuster den ständigen Strom der automatischen, in uns hineinprogrammierten Gedanken an und macht sie uns mit ihren schädlichen Folgen bewusst. Wir benutzen das schlechte Gefühl, das durch automatische und negative Gedanken erzeugt wird, um uns daran zu erinnern, dass wir die Untersuchung machen können. Wir können einzelne Gedanken dieser Untersuchung unterziehen – sofort wenn sie auftauchen –, wir können aber auch einen ganzen Fragebogen ausfüllen, um die gleiche Untersuchung anschließend zu machen.

Das heißt, Sie sollten nicht während des Ausfüllens des Fragebogens schon untersuchen und beurteilen, sondern sich zunächst alles unzensiert von der Seele schreiben. Nach einiger

Zeit bekommen Sie Routine und drehen Ihre Denkmuster schon in Gedanken um. Vielleicht glauben Sie dann, Sie müssten die eigentliche Untersuchung gar nicht mehr machen, weil Sie ja schon wissen, dass der andere oder die Welt Ihr Spiegel ist.

Gehen Sie bitte nicht in diese Falle! Die frappierende Wirkung der Fragetechnik beruht nicht auf bewussten Einsichten! Nach meiner Erfahrung mit mir selbst und meinen Klienten bringt es auf Dauer nur etwas, wenn man stur den Bogen ausfüllt, ALLE FRAGEN stellt und dann die Umkehrungen findet. Und das immer wieder, auch wenn Sie die genau gleiche Sache schon mehrmals untersucht haben. Solange Sie Schmerz spüren, wenden Sie die Methode peinlich genau und nach den Regeln an! Nur wenn Sie weiter leiden wollen, lassen Sie es sein!

Frappierende Wirkungen

Hajo ist Rechtsanwalt und lebt seit etlichen Jahren von seiner Frau getrennt. Die Beziehung endete zwar im Streit, aber man hat sich arrangiert. Eine Besuchsregelung für den gemeinsamen Sohn Frederick gibt es nicht, Hajo hat es am liebsten, wenn er anlässlich eines etwaigen Gerichtstermins in der Kreisstadt gelegentlich »vorbeischaut«. Aktueller Anlass für seine Bitte, ihm die Vier Fragen zu stellen, ist die Tatsache, dass seine ehemalige Frau es abgelehnt hatte, ihm einen seiner Meinung nach winzigen Gefallen zu tun, nämlich eine wichtige Urkunde eines Klienten, der zufälligerweise in der Nähe wohnt und anschließend eine dringende Geschäftsreise antreten musste, entgegenzunehmen und für kurze Zeit aufzubewahren.

Hajo erzählt: »Ich habe deswegen einen richtiggehenden Hass auf Irene. Aus organisatorischen und logistischen Gründen war das sehr wichtig für mich. Mir ist klar: Der Vorgang selbst ist ganz unbedeutend und wirkt unschuldig, aber dahinter verbergen sich gewaltige Emotionen. Diese Frau ist einfach neurotisch, total neurotisch. Ich habe mich sieben Jahre meines Lebens um diese Frau und um dieses Kind gekümmert und kann nicht mal erwarten, dass sie einen Briefumschlag mit einem für mich wichtigen Schriftstück verwahrt, bis ich ihn abhole. Sie zögert jedoch keinesfalls, mich am Telefon stundenlang mit ihren diversen rechtlichen Problemen zu beschäftigen – selbstverständlich ohne Honorar! In mir sträubt sich alles, mit ihr jemals wieder zu reden, ihr jemals wieder einen Gefallen zu tun. Ich kann Männer verstehen, die aufgrund solcher Vorkommnisse ihren ehemals geliebten Ehefrauen die Alimente verweigern, indem sie ihre Firmen auf die Freundin überschreiben und zu scheinbaren Sozialhilfeempfängern werden. Ich habe nämlich öfters solche Mandanten. Für mich spricht aus Irenes Verhalten Nichtachtung, Hass, Rache, und ich möchte das eigentlich entsprechend beantworten. Schlimm, dass sich das auf meinen elfjährigen Sohn überträgt: Er begrenzt ein Zusammentreffen auf eine Stunde. Ich fühle mich dadurch missachtet und auf einen Mandanten reduziert, dem man gnädig ein Stündchen gewährt.

Ich habe Lust, den Kontakt endgültig abzubrechen. Diese Frau macht aus einer winzigen Mücke einen Elefanten, wie sie es während unserer Beziehung auch immer getan hat.«

Nachdem ich Hajo gebeten habe, seine schmerzhaften Denkmuster aufzuschreiben, wenden wir gemeinsam die Methode an (die er schon seit einiger Zeit kennt und sehr schätzt).

MORITZ: Willst du die Wahrheit wirklich wissen?
HAJO: *Ja, das will ich.*
MORITZ: Dann lies deinen ersten Satz.

Mein Sohn sollte mich nicht nur eine Stunde »zu sich bestellen«.
MORITZ: Wie ist die Realität?
Er sagt das so.
MORITZ: Und kannst du wirklich wissen, dass er es auch so meint?
Nein, ich kann es nicht wirklich wissen. Ich weiß gar nicht, ob er wirklich weiß, was er da macht. Vielleicht spielt er nur ein Spiel. Vielleicht sagt er das nur, weil er glaubt, dass es seiner Mutter gefallen wird.
MORITZ: Was hast du davon, dass du denkst, er sollte dich nicht »zu sich bestellen«?
Ich fühle mich missachtet, abgelehnt, unwert, als Vater nicht gebraucht, wie ein lästiger Bittsteller behandelt. Ich habe Schmerz, ich spüre Hass, Rachegefühle, ich denke, er kann mich mal, und ich will gar nichts mehr mit ihm zu tun haben. Dieser Hass könnte sich verstärken, je länger ich darüber nachdenke, er könnte dauern bis zum Ende meines Lebens. Und das alles, obwohl ich nicht einmal weiß, ob er das wirklich ernst meint.
MORITZ: Wie wäre die Situation, wenn du nicht denken würdest, er sollte dich nicht »zu sich bestellen«?
Dann würde ich einfach zur Kenntnis nehmen, dass er das gesagt hat, und nichts weiter darüber denken.
MORITZ: Du wärst ein Mann in diesem Sessel, der gerade spricht und atmet. Es ist ja eigentlich gar nichts geschehen. Worte sind gefallen, und du kannst nicht wissen, was sie wirklich bedeuten. – Und die Umkehrung?
Ich sollte meinem Sohn nicht nur eine Stunde widmen. – Ja, ich mache es im Grunde genau wie er, ich komme, wann ich will, widme ihm so viel Zeit, wie ich will, und es kann durchaus sein, dass das dann nur eine Stunde ist. Die Umkehrung ist wahrer.

Moritz: Und du musst das nicht etwa ab jetzt anders machen. Die Umkehrungen müssen nicht gelebt werden. Es reicht, dass du siehst, dass DU es im Grunde bist, der die Zeit begrenzt. Gibt es noch eine Umkehrung? »Ich sollte **mich** nicht nur eine Stunde zu **mir** bestellen«?

Ja, da kann ich was mit anfangen. Ich gönne mir manchmal etwas Gutes nur eine Stunde lang, obwohl ich mir mehr leisten könnte. Freizeit, Fitnesstraining, ich gönne mir allgemein zu wenig Spaß. – Irene sollte mir jederzeit einen kleinen Gefallen tun.

Moritz: Tut sie das? Wie ist die Wirklichkeit?

Sie tut es eindeutig nicht, so ist sie.

Moritz: Und kannst du wissen, dass das für sie nur ein Gefallen ist, den sie dir tun soll?

Nein, es kann sein, dass es ihr eigener seelischer Schmerz ist, der da zutage tritt.

Moritz: Wie reagierst du, wenn du denkst, sie sollte das tun, und du merkst, sie tut es nicht?

Da habe ich auch wieder Hass und Rachegefühle. Wenn sie mich anruft und von mir etwas will, was ja auch oft genug vorkommt, dann möchte ich es ihr am liebsten heimzahlen. »Das werde ich mir merken«, denke ich. »Wenn sie mal in eine Notlage kommt, dann werde ich sie eiskalt abfahren lassen.« Da ist ein Hass in mir, das ist fast unerträglich. Ich könnte sie umbringen.

Moritz: Und das kommt nur von deinem Denkmuster: Sie sollte dir jeden kleinen Gefallen tun.

Na ja, ich spüre auch, dass sich das im Laufe der Zeit angesammelt hat, all die kleinen und großen Verletzungen von früher.

Moritz: Das Wunderbare an der Methode ist, dass wir das einzeln untersuchen können, immer wenn es wieder hochkommt. Das kann aus der Kindheit stammen, aber was nutzt es dir, das zu wissen? Du kannst natürlich endlos Urschreitherapie machen oder so etwas, aber ich finde die Untersuchung wesentlich sanfter und unterhaltsamer. Und es kostet nichts! – Wie würdest du dich verhalten, wenn du *nicht* denken würdest, sie sollte dir den kleinen Gefallen tun?

Ich würde sie einfach sein lassen, wie sie ist. Sie tut halt niemandem gerne einen Gefallen. So ist sie. Ich hingegen tue das schon, weil ich mich dann gerne mag, aber das ist ja meine Angelegenheit. Ich wäre wieder der Mann im Sessel, der ganz ruhig atmet.

MORITZ: Genau, das tust du nämlich nicht, wenn du dich über sie ärgerst, merkst du das?

*Ich würde bei mir bleiben und nicht in Gedanken zu Irene wandern. – Die Umkehrungen: Ich sollte **mir** einen Gefallen tun und ich sollte **Irene** einen Gefallen tun.*

MORITZ: Ist das beides wahrer? Dass du gerne Leuten Gefallen tust, hast du schon gesagt.

Ja, ich könnte ihr den kleinen Gefallen tun, zu akzeptieren, dass sie mir diesen Gefallen nicht tun will. Dann täte ich auch mir einen Gefallen, indem ich mich einfach viel besser fühle.

MORITZ: Wunderbar. Und du könntest ihr auch den kleinen Gefallen tun, sie nicht mehr um kleine Gefallen zu bitten.

Hm. – Irene und Frederick sollten jederzeit bereit sein, mir Hallo zu sagen.

MORITZ: »Auf welchem Planeten«, würde Katie hier sagen! Wie ist die Realität? Kannst du wirklich wissen, dass es für sie besser wäre, wenn sie das täten?

Für sie schon gar nicht. Und für mich vielleicht auch nicht, denn dann würde ich diese WORK ja nicht machen! – Was habe ich davon, wenn ich das denke? Wieder nur Hass, Wut, ich verderbe mir den ganzen Tag, die Woche, den Monat, das Jahr. Und vielleicht mein ganzes Leben. Ich spüre, dass ich das

Potenzial dazu habe. Ich habe schlaflose Nächte wegen dieser Kleinigkeit, obwohl ich genau sehe, dass es nur eine Kleinigkeit ist. Und dann kommt noch hinzu, dass ich mich selbst hasse, weil ich mich mit so einer idiotischen Frau eingelassen habe. Ich verurteile mich pausenlos, dass ich diese Frau jemals angesprochen habe, geheiratet habe, dass ich so blöde war, mit dieser Frau ein Kind zu haben. Da setzt ein Selbsthass ein...

MORITZ: Wie behandelst du diese Familie in Gedanken?

Das sind für mich Neurotiker. Ich denke, sie ist eine abgehalfterte alte Scheißf..., ich könnte sie killen. Ich kille sie in Gedanken. Ich hätte Lust, da jetzt hinzufahren und sie abzuknallen. Ein Hass, ein Hass.

MORITZ: Was würde geschehen, wenn du nicht denken würdest, sie sollte jederzeit bereit sein, dir Hallo zu sagen?

Ich könnte sie so sein lassen, wie sie ist, und einfach auf mich schauen. Mich mit mir beschäftigen, dass ich diesen Hass anschaue. Mir wird im Grunde erst jetzt so richtig bewusst, dass das in mir drin ist. – Ich könnte sie so sein lassen, wie sie ist – das wäre Liebe. Ich kann mir das zwar im Moment nicht so recht vorstellen, aber ich spüre das Potenzial.

MORITZ: Es wäre Liebe. Drehe es mal um.

*Ich sollte jederzeit bereit sein, **mir** Hallo zu sagen. Ja, das wäre Liebe zu mir selbst. Und: Ich sollte jederzeit bereit sein, **ihnen** Hallo zu sagen. Ja, das ist auch wahrer, das wäre auch Liebe. Das tue ich ja nicht, aber ich will es natürlich auch nicht.*

MORITZ: Sie sind genau wie du! Aber du könntest ihnen in Gedanken jederzeit Hallo sagen und dann hättest du deinen inneren Frieden. Jederzeit Hallo sagen ist im Grunde die Metapher für gemeinsames Lieben. Gemeinsam lieben heißt ja nicht, dass man auch dauernd zusammen sein muss.

Wunderbar. Hallo, Hajo! Ich mag dich! Was die anderen machen, ist deren Angelegenheit, und das ist in Ordnung.

MORITZ: In wessen Macht ist es, wann sie Hallo sagen? In deren. Misch dich ein: endloser Hader und Schmerz.

Irene und Frederick sollten mich lieben und sich freuen, wenn ich vorbeikomme, egal wann.

MORITZ: Ist das wahr?

Das ist eine offensichtliche Lüge. Es ist im Gegenteil so, dass sie froh sind, wenn ich wieder verdufte. Irene empfindet mich wie ein lebendes Damoklesschwert, und Frederick ist wohl davon angesteckt.

MORITZ: Das kannst du auch nicht wissen. Aber untersuchen wir erst mal weiter: Was hast du davon, dass du denkst, sie sollten dich lieben und dich jederzeit empfangen?

Mir fällt gerade auf, dass das »egal wann« natürlich auch eine Frechheit von mir ist.

MORITZ: Du hast den Fragebogen ausgefüllt wie ein kleiner Junge, der seinen Willen durchsetzen will, und das ist gut, denn im Grunde denken wir alle so. Die anderen sollen unseren Willen SOFORT erfüllen. Wir werden zwar als Erwachsene realistischer und lernen, solche Wünsche zu verbergen, das heißt aber nicht, dass sie nicht in den Tiefen unseres Gehirns noch immer auf diese Weise existieren.

Wenn sie mir meinen Willen nicht erfüllen, bin ich natürlich stinksauer, fühle mich herabgesetzt, klein, ungeliebt, ausgestoßen, ohne Familie, verfemt, zu Unrecht schlecht behandelt, in meiner Ehre gekränkt, verletzt.

MORITZ: Wie fühlt sich das alles an?

Selbsthass und Hader ohne Ende! Bis an mein Lebensende. Ich hasse sie, wenn sie so sind. Ich hasse Menschen, die mich nicht mögen, die mir ihre Nichtachtung zeigen, ich könnte sie killen, ich könnte sie bis an ihr Lebensende abstrafen und ich freue mich schon auf die Situation, in der sie um Hilfe bitten müssen. Ich werde sagen: »Du Arschloch, du warst nicht mal bereit, diesen Brief für mich aufzuheben, du kannst verrecken vor meiner Tür!« So einer bin ich!

MORITZ: Das bist nicht du, sondern das ist dein Denkmuster! All diese schlimmen Gedanken und die damit verbundenen Gefühle gehören zu deinem Denkmuster! – Wer wärst du, wenn du nicht denken würdest, sie sollten dich lieben und jederzeit empfangen?

Ich ahne tatsächlich, dass das Ganze nur eine Gedankenkonstruktion ist, eine Programmierung in meinem Kopf: Man hat mich zu schätzen und zu lieben. Denn wenn ich die Situation wie eine Kamera betrachte, sehe ich eine Frau, die ihre Meinung gesagt hat. Sie hat ja eigentlich nur kundgetan, dass sie nicht den Postboten für mich spielen will, und sie hat gesagt, dass sie nicht will, dass ich einfach so reinschneie, wenn es mir passt. Ich mache es mit manchen Leuten ganz gerne genau so. Ich sehe jetzt, dass ich ihr dieses Recht nehmen will und sie und mich auf diese Weise dafür abstrafen möchte. Wahnsinn. Ich schäme mich dafür. Aber das Ganze beruht wohl auf der schlimmen Vorgeschichte, die da wieder hochkommt.

MORITZ: Wir untersuchen nur, was im Moment schmerzt. Wer wärst du also, wenn du ihr erlauben würdest, ihre Meinung zu sagen? Sich *nicht* zu freuen, dich vielleicht *nicht* zu lieben?

Ich wäre wieder der Mann im Sessel, der sehen würde, dass diese Frau sie selbst ist. Ich kann ja gar nicht wissen, ob sie mich nicht doch noch liebt! Vielleicht ist ihre schroffe Reaktion gerade der Beweis, dass sie mich liebt. Und dass mein Sohn mich nicht liebt, kann ich auch nicht wissen. Ich wäre der Mann im Sessel, und alles wäre okay, wie es ist.

MORITZ: Und die Umkehrung?

*Ich sollte Irene und Frederick lieben und mich freuen, wenn ich vorbeikomme, egal wann. Ich sollte **mich** lieben und mich freuen, wenn **ich** vorbeikomme, egal wann.*

MORITZ: Da könntest du zumindest etwas tun. Dein ursprüngliches Denkmuster ist eh hoffnungslos. Irene und Frederick sollten sich **nicht** freuen – das ist die Wirklichkeit. Und du kannst nicht mal wissen, ob es wahr ist, dass sie sich nicht freuen.

Bei Irene hatte ich den Verdacht schon öfter, dass sie sich freut, es aber nicht zugeben kann oder will. – Irene sollte mir erlauben, die Dinge auf meine Weise zu tun.

MORITZ: Ha, ha, ha! Wie ist die Realität? Hoffnungslos. Was hast du von diesem Gedanken?

Wieder nur Hass und Frust. Viele Menschen erlauben mir das nicht. Hader. Stress ohne Ende. Ich laufe mit dem Kopf gegen die Wand.

MORITZ: Und kannst du wirklich wissen, dass sie es nicht tut?

Nein. Im Grunde lässt sie mich ja alles tun, wie ich es will, ich mag nur ihre Reaktionen nicht.

MORITZ: Wie würdest du reagieren, wenn du diese Lüge nicht denken würdest? Mach mal die Augen zu und sage mir, was du siehst.

Ich sehe eine Frau, die sich Mühe gibt, die auf ihre Weise tut, was sie tut. Sie ist halt so programmiert. Sie ist im Grunde ein armes Mäuschen, und selbst das ist natürlich schon wieder Quatsch – sie ist einfach so wie ich, denn: Auch ich sollte mir erlauben, die Dinge auf meine Weise zu tun. Das tue ich ja oft auch nicht. Ich bin auch so programmiert, wie ich bin.

MORITZ: Da hast du schon eine der Umkehrungen. Es gibt noch eine!

*Ich sollte **ihr** erlauben, die Dinge auf **ihre** Weise zu tun.*

MORITZ: Das tust du auch nicht, während du es umgekehrt von ihr verlangst.

Das nächste: Irene sollte mich nicht ablehnen. Frederick sollte mich nicht ablehnen.

MORITZ: Dreh es gleich um.

Ich sollte mich nicht ablehnen. Ich sollte Mutter und Sohn nicht ablehnen. Stimmt alles. Im Grunde habe ich eigentlich Mitleid mit Irene, weil sie sich ihr ganzes Leben mit ihrer Art vermiest.

MORITZ: Kannst du das wirklich wissen?

Nein.

MORITZ: Was hast du davon, dass du das denkst?

Auch Kummer. Auch weil sich das auf meinen Sohn überträgt. Es fühlt sich einfach nicht gut an, dorthin zu denken, mir deren Leben vorzustellen. Und ich verurteile mich auch schon wieder selbst, dass ich auf so jemanden reingefallen bin.

MORITZ: Wie behandelst du dich?

Wie einen Arsch, der zu blöde war, sich eine vernünftige Frau zu suchen.

MORITZ: Wie behandelst du sie?

In Gedanken sehr schlecht, wenn ich denke, dass sie sich ihr Leben vermiest. Sie ist ein Untermensch, ein dummes Tier. Unbewusst, eine Pflanze.

MORITZ: Dreh das mal um.

Ich bin ein Untermensch, ein dummes Tier. Unbewusst, eine Pflanze.

MORITZ: Stimmt das auch?

Ja, wenn ich so denke.

MORITZ: Hast du was von diesen Denkmustern?

*Ich kann mich als was Besseres fühlen, aber im Grunde habe ich natürlich Mitleid mit mir selbst, weil **ich mir** mein ganzes Leben auf diese Weise vermiese.*

MORITZ: Das war schon die Umkehrung. Wer wärst du, wenn du das alles nie wieder denken würdest?
Ein Mann im Sessel. Frei. Ich wäre im Hier und Jetzt.
MORITZ: Was hast du unter Frage fünf?
Irene ist eine Giftspritze. Sie ist total neurotisch. Sie macht aus einer Mücke einen Elefanten. »Ich bin eine Giftspritze« – ja, ich spüre, wie ich mich mit all diesen schlimmen Gedanken selbst vergifte und meine Umgebung noch dazu. »Ich bin total neurotisch« – stimmt auch, das sieht man ja an dieser WORK*. Irene ist ja gar nicht hier, weder jetzt noch nachts, wenn ich über sie nachdenke und mich aufrege. Wenn ich mir so viele Gedanken mache um jemanden, der gar nicht da ist, dann sehe ich im Grunde Gespenster. Das ist doch neurotisch, oder?*
MORITZ: Wir sind in dieser Hinsicht alle gleich. Wir üben im Kopf künftige Situationen, um besser überleben zu können. Das ist etwas Wunderbares. Aber wenn sich das verselbstständigt und uns nur Schmerzen bereitet und wir dann unangemessene Verhaltensweisen nicht nur mental einüben, sondern durch ständige Wiederholung auch noch verstärken und zementieren, dann wird es Zeit, etwas zu tun. Dein Schmerz ist die Aufforderung, das zu untersuchen und gegebenenfalls zu korrigieren. Wir kehren den Prozess um.
»Ich mache aus einer Mücke einen Elefanten« – das stimmt auf jeden Fall. Wie ich das mache, sieht man an dieser WORK.
MORITZ: Was willst du nie wieder erleben?
Ich will nie wieder erleben, dass sie Regeln aufstellt und mir vorschreibt, wie ich mich zu verhalten habe. – Ich bin bereit, wiederzuerleben, dass sie Regeln aufstellt und mir vorschreibt, wie ich mich zu verhalten habe. – Ich freue mich, wiederzuerleben, dass sie Regeln aufstellt und mir vorschreibt, wie ich mich zu verhalten habe.

MORITZ: Deine ehemalige Frau ist deine Lehrerin, sie wird dir so lange zeigen, wo du neurotisch denkst, bis du vollkommen frei bist.

***

Hajo hatte die Methode noch spätabends mit mir am Telefon angewendet, es war gewissermaßen ein Notfall, weil er am nächsten Tag seinen Sohn sehen wollte und Angst vor seiner eigenen »Wut im Bauch« hatte. Nach dem Zusammentreffen schrieb er mir folgende E-Mail:

»Lieber Moritz, ich bin begeistert. Das Zusammensein mit meinem Sohn war das Schönste, das ich bisher in meinem Leben hatte. Auch Irene konnte ich mit ganz anderen, liebevollen Augen sehen. Wir hatten zusammen Spaß, wir haben sehr oft gemeinsam gelacht. Irene machte mir einen Kaffee, und wir saßen harmonisch in der Küche zusammen. Keiner der beiden nervte, wie es sonst meist der Fall war. Es hat mich fasziniert, dass Frederick mich zum ersten Mal gar nicht mehr weglassen wollte. Wir waren über sechs Stunden zusammen, obwohl ich eigentlich im Büro zu tun hatte. Er hat mich mehrfach umarmt, was er auch noch nie getan hat. Niemand erwähnte das ›Vorkommnis‹ auch nur mit einem Wort, ich schon gar nicht. (Tatsache ist, ich hatte es einfach vergessen. Ohne THE WORK hätte ich auf jeden Fall mindestens ein paar Vorwürfe losgelassen und wer weiß, was dann geschehen wäre!) Ich kann es irgendwie gar nicht fassen, wie sich mein Gefühl zu Mutter und Kind so radikal verändern kann. Ich kann jetzt fast mit gutem Gewissen sagen: Ich freue mich auf das nächste Vorkommnis, damit ich die Segnungen dieser Methode auch weiterhin genießen kann. Dein dankbarer Hajo.«

Hajo wendet die Fragetechnik schon seit längerer Zeit an. Dennoch war er über die Wirkung erstaunt. Auch ich selbst wundere mich immer wieder, wie präzise und auf oft fast magisch anmutende Weise sie funktioniert. Leider vergessen viele das wieder und leiden dann unnötig.

Ich mache häufig folgende Erfahrung: Ich erhalte einen Anruf von einer Person, die seit langem die Methode kennt und anwendet. Ich entnehme aus den Erzählungen, dass die Person über irgendetwas Schmerz empfindet. Ich spreche sie darauf an und frage: »Hast du schon THE WORK probiert?« Ich erhalte eine ausweichende Antwort oder entnehme, dass sie in diesem speziellen Fall bisher wohl versagt haben müsse. Ich frage: »Hast du wirklich einen Fragebogen ausgefüllt oder deinen Glaubenssatz aufgeschrieben? Möchtest du dieses Denkmuster mal schnell mit mir untersuchen?« (Notfalls füge ich hinzu: »Es ist ja nur für mein neues Buch.«) Wir untersuchen das Denkmuster, und der Mensch ist spürbar erleichtert, irgendwie erstaunt, dass es immer noch oder immer wieder funktioniert. Tage oder Wochen später höre ich, dass unsere kleine WORK der Auslöser für eine neue Entwicklung, neuen Mut oder gar eine neue Beziehung war.

So geschehen nach folgender Anwendung, die gleichzeitig auch das erste Beispiel ist, wie man THE WORK über sich selbst machen kann. Im Grunde ist es zwar gleichgültig, ob Sie Ihre Denkmuster über die Welt, Gott, andere Menschen oder sich selbst untersuchen, aber andere zu verurteilen fällt vielen von uns leichter. Wichtig: Setzen Sie bei den Umkehrungen für das Wort »ich« »mein Denken« ein, womit das automatische Denken gemeint ist. Bevor Sie Glaubenssätze über sich selbst aufschreiben, prüfen Sie, ob Sie wirklich sich selbst meinen oder ob nicht eigentlich Urteile über andere dahinterstecken. Ein Beispiel: Hinter »Ich bin zu dumm, einen guten Mann zu finden« könnte sehr wohl stecken: »Die Männer sind zu dumm, meinen Wert zu erkennen.« Die Methode dann auf die Männer anzuwenden, würde möglicherweise mehr bringen, als über sich selbst zu schreiben.

Ich brauche einen Mann

CHRISTINE: *Ich brauche einen Mann.*
MORITZ: Ist das wahr?
Da ich keinen habe, ist es nicht wahr.
MORITZ: Du **brauchst** einen Mann, ist das wahr?
Hm.
MORITZ: Was wäre wahrer? Du **willst** einen Mann – um etwas zu bekommen, was ist es?
Um normal zu sein.
MORITZ: Du solltest normal sein, ist das wahr? – Bist du normal?
Ich weiß gar nicht, was normal ist.
MORITZ: Du weißt nicht einmal, was normal bedeutet. Also: »Du solltest normal sein«, ist das wahr?
Nein, das ist nicht wahr.
MORITZ: Du *brauchst* einen Mann, ist das wahr?
Nein.
MORITZ: Du willst einen Mann, um was zu bekommen?
Moritz, ganz ehrlich, ich will gar keinen.
MORITZ: Scheint mir auch so. Was hast du davon, dass du manchmal denkst, du bräuchtest einen Mann, und du weißt, dass du keinen hast und eigentlich auch keinen willst?
Ich fühle mich in einem Mangelzustand, wenn ich das denke. Ich denke, irgendwas ist mit mir verkehrt.
MORITZ: Wie fühlt sich dieser Mangelzustand an?
Das fühlt sich beschissen an.
MORITZ: Wie gehst du durch die Welt mit dem Gefühl, ich brauche einen Mann?

Unsicher.

MORITZ: Wie denkst du über die anderen Menschen, denen du begegnest?

Wenn ich Männern begegne, denke ich immer: »Ist er derjenige welcher? Könnte er es sein?« Und ich sortiere sie irgendwie ein.

MORITZ: Wie fühlt sich das an? Männer sortieren?

Eigentlich sortiere ich sie aus. (Lachen.) Das fühlt sich getrennt an.

MORITZ: Wie behandelst du die Männer, während du sie ein- oder aussortierst?

Ich nehme sie nicht als ganze Menschen wahr.

MORITZ: Und wie behandelst du dich selbst, während du Männer sortierst und sie nicht als ganze Menschen wahrnimmst?

Ich denke dann wieder, irgendwas ist verkehrt an mir. Ich bin dann auch von mir selbst getrennt. Ich kann nicht einfach SEIN.

MORITZ: Wie denkst du über dich selbst, wenn du denkst: »Ich sollte eigentlich einen Mann haben«?

Es ist immer wieder dieses: Ich bin verkehrt.

MORITZ: Und wie behandelst du dann Frauen?

Ich gucke mir an, wie sie das hinkriegen. Manchmal beneide ich sie und wenn ich mitkriege, wie schwierig ihre Partnerschaften sind, denke ich: Gott sei Dank habe ich damit nichts zu tun.

MORITZ: Gibt es einen Grund, an dem Denkmuster festzuhalten: »Ich will einen Mann, ich brauche einen Mann, ich sollte einen Mann haben«?

Nein.

MORITZ: Irgendeinen Grund muss es geben. Woher stammt das Denkmuster?

Ich höre es zum Beispiel auf der Hochzeit meiner Geschwister. »Jetzt wird es aber Zeit! Wann bist du so weit?«

MORITZ: Also wer hat das Denkmuster in die Welt gesetzt?
Das scheint es schon lange zu geben. Ich kann keine Zeitschrift aufschlagen, ich kann keinen Fernseher einschalten, ohne dass das unterschwellig ein Thema ist. Und – wenn mir ein Mann gefällt, was relativ oft vorkommt, versuche ich immer herauszufinden, was der Mann will, wie ich mich verhalten sollte. Ich bin dann immer auf dem Sprung. Das wäre ohne das Denkmuster weg, ich wäre einfach nur da.
MORITZ: Wer wärst du ohne das Denkmuster »Ich will einen Mann«?
Ich wäre ein kompletter und vollständiger und glücklicher Mensch.
MORITZ: Mach mal die Augen zu und schau dein Leben an, wie du es führst und was du alles machst am Tag und in der Nacht. Und du hast keine Urteile darüber, was anders sein sollte, machst dir keine Gedanken darüber, was die anderen denken, Gesellschaft, Eltern, Freunde. Was siehst du?
Ich sehe eine ganz zufriedene Frau, die viel staunt.
MORITZ: Das sehe ich auch! – »Ich brauche einen Mann«, dreh das um!
*Ich brauche **mich**, das ist viel wahrer. Und – ich brauche **keinen** Mann.*
MORITZ: Wunderbar. Mit dieser Wahrheit zu leben ist ganz einfach. Einmal akzeptiert – das war's. Du überlässt es der Realität, zu entscheiden, wann du einen Mann brauchst. Mit der Lüge »Ich brauche einen Mann« hingegen hast du nur Dauerstress. – Versuche noch mal eine Umkehrung mit »Mein Denken...«.
Mein Denken braucht einen Mann? – Ich brauche mein Denken?
MORITZ: Das Zweite ist nicht schlecht. Das Denken brauchst du auf jeden Fall mehr als einen Mann. Und »Mein Denken

braucht einen Mann« ist auch sehr interessant. Viele Leute brauchen einen Partner, um sich mit ihm zu streiten, um sich auseinander zu setzen. Das Denken hat es gern, wenn der jeweils andere die Gegenposition einnimmt.

Wir haben ja immer beide Positionen in uns: zum Beispiel den Verschwender und den Geizhals, und die beiden diskutieren und argumentieren in unserem Kopf. Aber in einer Zweierbeziehung können die Partner die gegensätzlichen Standpunkte real in der Welt übernehmen und haben damit den Konflikt aus dem Kopf nach außen verlagert. Das macht dann weniger Kopfschmerzen und ist ein wunderbarer Zeitvertreib.

***

Christine, die mit mir diese WORK machte, berichtete mir von einer einmaligen Erfahrung, die sie kurz danach hatte. Sie saß im Zug neben einem Mann, den sie mit ihrer Schulter und ihrem Oberschenkel berührte. Gewöhnlich rücken wir ja weg, wenn wir so etwas spüren, aber in diesem Fall verstärkten beide den engen Kontakt noch und behielten ihn über eine halbe Stunde lang bei. Es wurde kein Wort gesprochen und kein Blick ausgetauscht, und nach dem Aussteigen gingen beide ihrer Wege, bis der Mann nach kurzer Zeit zurückkam und sich bedankte »für die außergewöhnliche Erfahrung«.

Wer erwartet, dass sich aus dieser Geschichte nun mehr entwickeln müsste, wird enttäuscht sein. Wer sich aber einfach freuen kann, dass zwei fremde Menschen plötzlich innigen Kontakt hatten, ist beschenkt. Erwartungen sind nichts als Lügen. Die Wirklichkeit ist göttlich und heilig.

Die letzten Sätze habe ich mal stehen gelassen, obwohl sich in der Zwischenzeit *doch* etwas entwickelt hat! Trotz Erwartung? Wegen Erwartung? Wegen fehlender Erwartung? Wer weiß?

Dieses Buch beschäftigt sich mit Beziehungen. Ich möchte darin die ganze Skala abdecken: von »fehlenden« Beziehungen, über bestehende Beziehungen bis zu Beziehungen, die man beenden und beendeten Beziehungen, die man vergessen möchte. Ich werde versuchen, die Beispiele auch in dieser Reihenfolge zu bringen. Nachdem ich das Transkript mit Christine eingetippt hatte, dachte ich, nun fehlt ein Mann, der eine Partnerin sucht. Einen Tag später klingelte das Telefon und da war Matthias in der Leitung, der gerne eine Freundin hätte. Von da an war mir klar, dass sich auch dieses Buch wieder ganz von selber schrieb – wie meine vorhergehenden Bücher auch.

Ich brauche eine Partnerin

MATTHIAS: *Ich brauche eine Partnerin.*
MORITZ: Ist das wahr? Hast du eine?
Ich hätte gerne eine. Ich wünsche mir das. Ich erträume mir das, oder es wäre schön.
MORITZ: Wie ist die Wirklichkeit?
Ich hab keine.
MORITZ: Es kann also nicht wahr sein. Es muss eine Lüge in deinem Kopf sein. – Und kannst du wissen, dass es für dich besser wäre, wenn du jetzt eine Partnerin hättest?
Hm. Ja, doch, ich denke schon, das wäre besser.
MORITZ: Kannst du es wirklich wissen? Hundertprozentig. Auf lange Sicht?
Nee, leider nicht.
MORITZ: Kannst du wirklich wissen, dass es für diese Frau besser wäre, wenn du **jetzt** mit ihr zusammen wärst?
Ich neige dazu, Ja zu sagen, aber tiefer drin spüre ich, dass ich das nicht wissen kann. Wenn ich mich selbst hoch einschätze, dann sage ich natürlich Ja.

Moritz: Aber du kannst es nicht wissen. Vor allem nicht zu diesem Zeitpunkt. Was hast du davon, dass du denkst, du solltest jetzt eine Partnerin haben, obwohl du merkst, dass du keine hast?

Sehnen, mich ein bisschen unglücklich fühlen, ich spüre ein »Fehlen«, ich vermisse eine Nähe.

Moritz: Wie fühlt sich das alles an?

Nicht so angenehm.

Moritz: Wie behandelst du deine Umwelt, wenn du denkst, dir fehlt eine Partnerin?

Ich ziehe und zerre und fantasiere mir etwas zusammen, mit der ein Techtelmechtel oder mit jener eine Verbindung ... also ich sehe die Frauen unter dem Gesichtspunkt: Mit wem könnte was laufen? Das ist nicht sehr entspannt.

Moritz: Und bringt dir das Denkmuster etwas?

Nein, eigentlich nur Belastung.

Moritz: Kriegst du dadurch eine Partnerin? Steigert das deine Chancen?

Nein. Ich bin wahrscheinlich dadurch weniger locker.

Moritz: Gibt es also einen Grund, daran festzuhalten?

Nein, ich wäre viel freier und ungenierter, auch im Umgang mit Frauen, wenn ich das Ganze vergessen würde. Es würde viel mehr Spaß machen, mit Frauen ohne Ziel zusammen zu sein.

Moritz: Wer wärst du, wenn du das nicht denken würdest?

(Atmet.) Ich habe zwar gerade aufgeatmet, aber trotzdem ist bei mir so eine Art Torschlusspanik, ich komme mir manchmal vor wie ein Ertrinkender. Aber ich sehe auch, dass ich wirklich ganz ungeniert ins Ungewisse, in den Tag reingehen könnte, dass ich vom Tag nichts Besonderes will, dass ich einfach aus dem Moment heraus reagieren könnte. Ich könnte Freude aus dem Moment heraus empfinden. Wenn mir eine Frau gefällt, könnte ich einfach hingehen und mit ihr

quasseln und ich müsste nicht schauen, ob sie einen Ehering trägt. Es wäre viel unbeschwerter, man könnte wie Kinder miteinander umgehen.

MORITZ: Wer wärst du also?

(Lacht.) Das wundert mich jetzt selber; mir fällt ein, ich wäre auf Wolke sieben, und das sagt man, wenn man verliebt ist.

MORITZ: Also die Umkehrung?

*Ich sollte **mich** als Partner haben – das gefällt mir gut.*

MORITZ: Das ist der Sinn dieser Sache. Du wärst dir selbst Partner und du wärst auf Wolke sieben.

Wie die Methode funktioniert – das ganze Geheimnis

Albert Ellis vertritt die Ansicht, dass wir uns mit dummen, übertriebenen, unangemessenen, ungeeigneten Gedanken selbst indoktrinieren und uns unnötigerweise die dazugehörigen unangenehmen Gefühle verschaffen. Die schmerzhaften Gedanken werden dauernd wiederholt, werden zur Gewohnheit und später als solche gar nicht mehr registriert. Die schlechten Gefühle scheinen dann aus dem Nichts aufzutauchen oder von äußeren Ereignissen ausgelöst zu werden. Durch die Untersuchung werden uns solche Gedanken jedoch nach und nach wieder bewusst. Ich selbst habe bei mir bemerkt, dass nach längerer Anwendung immer tiefere Schichten automatischer und unbewusster Gedanken an die Oberfläche steigen und bewusst werden.

Schon die erste Frage »Ist es wahr?« zwingt zur genauen Reflexion und macht mir oft klar, dass der Gedanke in keinem wirklichen und ursächlichen Zusammenhang mit dem auslösenden Ereignis steht.

Die dritte Frage »Was habe ich davon, wenn ich das denke?«

zeigt mir, was ich mir selbst antue, indem ich den (unwahren) Gedanken mit ungebremster Wucht auf mein System einwirken lasse, und die vierte Frage »Wer wäre ich ohne den Gedanken?« lässt mich sanft ins Hier und Jetzt gleiten und erinnert mich, dass ich lebe, atme, sitze, gehe, stehe oder liege und meine Wirklichkeit in all ihrer Fülle wahrnehmen und genießen kann.

Von meinem Körper erhalte ich eine Rückmeldung, die mich auf das programmiert, was ich wirklich will, mit meinem ganzen Wesen, meinem ganzen Sein: Er entspannt sich, atmet oft hörbar auf, wenn ich den schmerzhaften Gedanken geistig wegnehme. Mein göttliches Wesen, mein Körper, meine Seele, das, was ich wirklich bin, weiß genau, was sich gut anfühlt und wo es hinstrebt. Wir wollen gute Gefühle mit allem, was wir sind, wir wollen Heilung, Glück und Zufriedenheit. Vielleicht merken wir gar, dass wir das alles bereits haben, dass nur unser fast körperloses Denken unsere Konzentration stahl, um sie auf das zu lenken, was nur ein elektrischer, chemischer Impuls unseres Gehirns sein mag. Eine fast körperlose, blasse Idee, ein Gedanke, der sich der majestätischen, faktischen Existenz des Wirklichen, Physischen entgegenzustemmen versucht, aber unterliegen muss, weil alles um uns herum Teil dieser Existenz ist.

Es ist so, als wolle sich ein Computerprogramm gegen die Hardware, auf der es läuft, auflehnen; es versucht, diese Hardware zu ignorieren, zu negieren, ihr zu widersprechen oder sie gar zu zerstören. Das ist hoffnungslos. Ein simples Ersetzen gewisser Programmteile berichtigt den Fehler, der eigentlich keiner war, denn es sind ja nur Ideen in Form elektrischer oder biochemischer Impulse, die die Störung verursachten. Wenn die Hardware mit dem neuen Programm besser arbeitet und das neue Programm dafür sorgt, dass immer bessere neue Programme erstellt werden, dann funktioniert das ganze System ganz von selbst auch immer besser. Es ist ein sich selbst regelnder

Mechanismus, der Natur, der Evolution nachempfunden. Das ist das ganze Geheimnis.

- Alle Denkmuster sind letztendlich unwahr.
- Das Gehirn und damit unser Körper verstehen wörtlich.
- Der »Kamerablick« zeigt uns die Wirklichkeit ohne Denkmuster.
- Verteufeln Sie nicht Ihr Denken. Es ist unwissend und kindlich.
- Wenn in diesem Buch vom Denken die Rede ist, meinen wir meist das automatische Denken.
- Stellen Sie *alle* Fragen, wenn Sie die Untersuchung machen!
- Die Umkehrungen müssen nicht gelebt werden.
- Unsere kindlichen Wünsche und Gedanken existieren oft unerkannt in uns weiter.
- Verwechseln Sie sich nicht mit Ihren Denkmustern! Wir haben sie, aber wir sind es nicht.
- Schmerz ist die Aufforderung, etwas zu untersuchen und gegebenenfalls zu korrigieren.
- Gedanken tauchen auf, die Gefühle folgen.
- Unser Herz, alles was wir sind, liebt die Realität.
- Mit der Wahrheit leben ist immer einfach. Mit der Lüge, der Einbildung, der Unwahrheit, dem Traum im Kopf hingegen wird das Leben zum Dauerstress.

Mit dem Partner über den Partner arbeiten

Auf meinen Seminaren tauchen häufig Paare auf, die lernen wollen, wie man die Untersuchung gemeinsam macht. Gibt es akute Differenzen zwischen den Partnern, so bitte ich sie, je einen Fragebogen auszufüllen und dann die niedergeschriebenen Denkmuster dem anderen jeweils vorzulesen, wobei der Name und die direkte Ansprache zu verwenden sind. Der Partner oder die Partnerin hört sich alles an, ohne es zu kommentieren (möglichst auch ohne innerlichen Kommentar!). Nachdem der jeweilige Satz im Herzen angekommen ist, sagt der andere »Danke«. Dies soll nicht mechanisch geschehen, sondern den anderen in seiner Realität würdigen: »Ich habe dich gehört – danke, dass du mir mitgeteilt hast, was deine Gedanken sind.« Dies ist weder Zustimmung noch Ablehnung, sondern einfach eine Anerkennung der Inhalte des Geistes des anderen, was immer diese auch sein mögen. Ebenso, wie wir unsere eigenen Gedanken zur Kenntnis nehmen, ob wir sie nun mögen oder nicht, tun wir das auch beim anderen.

Wenn Sie Probleme mit Ihrem Partner, Verwandten oder Kollegen gemeinsam lösen wollen, kann ich Ihnen diese Übung nur wärmstens ans Herz legen, sie kann auch ohne anschließendes Hinterfragen Wunder wirken.

Im folgenden Beispiel hatten beide Partner mein Buch »Byron Katies THE WORK« gelesen und wendeten das Gelernte zum ersten Mal praktisch an. Zuerst las Brigitte ihren ausgefüllten Bogen vor:

Mein Mann entzieht sich seinen Problemen – Partnerarbeit 1. Teil

Herbert, du solltest dich den Problemen nicht entziehen.
Herbert, du solltest dich nicht sofort angegriffen fühlen.
Herbert, du solltest mehr auf mich eingehen.
Herbert, du solltest andere durch deinen Alkoholkonsum nicht gefährden.
Herbert, du solltest im Alltag mehr arbeiten.
Herbert, du solltest sehen, dass dies kein Angriff ist.

Herbert, du solltest dir in Bezug auf Alkohol helfen lassen.
Herbert, du solltest mir mehr bei den täglichen Arbeiten helfen.
Herbert, du solltest meine Gefühle ernst nehmen.
Herbert, du solltest auch meine Seite sehen und verstehen, dass ich mich um Besserung unserer Beziehung bemühe.
Herbert, du bist konfliktscheu, liebenswert, inkonsequent, verkrampft, unsicher.
Nummer Sechs: Ich will über dich und niemanden mehr urteilen.

MORITZ: Wie war das jetzt für euch?
BRIGITTE: *Für mich war es schön, dass ich das alles mal sagen konnte und er zuhören musste.*
HERBERT: *Es hat sich auf diese Weise sehr viel weniger aggressiv angehört, es hatte einen anderen Ton als die üblichen Vorwürfe.*
MORITZ: Das ist der Sinn dieser Übung. Wir sagen, was in unserem Kopf ist. Wir machen klar Schiff. Man kann ja nichts dafür, was man im Kopf hat – so sind unsere Gedanken eben manchmal. Du kannst sehen, wo sie im Grunde genommen recht hat, und dann entscheiden, wann du sagst: »So bin ich halt«, oder wann du sagst: »Da könnte ich selber mal dran arbeiten.« Dann ziehst du in diesen Dingen mit ihr an einem Strang. Und in Bezug auf andere Themen machst du ihr unmissverständlich klar: »Wenn du damit ein Problem hast, solltest du dir selbst die Vier Fragen stellen. Ich lebe ganz gut mit dieser Sache, und das will ich auf keinen Fall ändern.« Aber das kann im Grunde einfach Teil *deiner* WORK sein. Ich habe die Erfahrung gemacht, dass meine Partnerin viel mehr Verständnis für meine Eigenarten aufbringt, wenn sie mir geholfen hat, die Untersuchung darüber zu machen. Sie ver-

steht mich danach meist auf einer viel tieferen Ebene. – Brigitte, wenn du die Wahrheit wirklich wissen willst, lass uns den ersten Glaubenssatz untersuchen.

BRIGITTE: *Er sollte sich den Problemen nicht entziehen.*

MORITZ: So ist er halt. – Und kannst du wirklich wissen, dass er sich entzieht?

Nein.

MORITZ: Auf seine Art entzieht er sich vielleicht gar nicht, man kann es nie wissen. Vielleicht wälzt er die Probleme innerlich? – Wie reagierst du, wenn du denkst, er entzieht sich seinen Problemen? Wie fühlt sich das an, mit so einem Mann zusammenzuleben?

Nicht gut. Das ist unangenehm.

MORITZ: Wie denkst du über ihn, wenn du meinst, er entzieht sich seinen Problemen?

Ich habe keine Achtung vor ihm.

MORITZ: Wie fühlt es sich an, mit einem Mann zusammen zu sein, vor dem man keine Achtung hat?

Nicht gut.

MORITZ: Was tust du dir damit an?

Etwas Schlechtes. Stress.

MORITZ: Wie würdest du dich fühlen, wenn du nicht denken würdest, er entzöge sich seinen Problemen?

Dann wäre ich froher, ruhiger, glücklicher.

MORITZ: Genau. Drehe es mal um?

Ich sollte mich meinen Problemen nicht entziehen?

MORITZ: Ist das nicht auch wahr?

Ja.

MORITZ: Während du dich mit *seinen* Problemen beschäftigst, kannst du gar nicht wissen, was *deine* Probleme sind. Das könnte für viele Leute der Grund sein, warum sie sich überhaupt für die Probleme von anderen interessieren, warum sie fernsehen und schauen, was so alles Schlimmes in der Welt geschieht, denn in dieser Zeit brauchen sie nicht bei sich selbst zu schauen. – Das Nächste?

Er sollte sich nicht sofort angegriffen fühlen.

MORITZ: Tut er das? So fühlt er halt! So sind wir! – Was hast du davon, wenn du eine Grundeigenschaft des Menschen ändern willst? Ohne Erfolg?

Auch nichts – nur Probleme.

MORITZ: Genau. Und drehe es gleich mal um.

*Ich sollte **mich** nicht sofort angegriffen fühlen.*

MORITZ: Ja, das ist nämlich das, was du machst. Sowie du denkst, der andere soll sich nicht angegriffen fühlen, fühlst du dich ja angegriffen. – Wie ginge es dir, wenn du nie wieder denken würdest, andere sollten sich nicht sofort angegriffen fühlen?

Dann wäre ich zufriedener, ruhiger, gelöster. – Er sollte mehr auf mich eingehen. – Tut er nicht.

MORITZ: Er geht genauso viel auf dich ein, wie er auf dich eingeht. Kannst du wissen, ob es **für ihn** besser wäre, wenn er **mehr** auf dich einginge?

Nein.

MORITZ: Kannst du wirklich wissen, ob es **für dich** besser wäre, wenn er mehr auf dich einginge?

Nein.

Wie wärst du, wenn du nie wieder denken würdest: »Er sollte mehr auf mich eingehen«?

Dann wäre ich zufriedener. Ich bräuchte mich nicht zu ärgern.

MORITZ: Genau! Wenn er auf dich eingeht, freust du dich. Ansonsten lässt du ihn so, wie er ist. – Dreh's um.

*Ich muss mehr auf **mich** eingehen. (Lacht.)*

MORITZ: Wäre das eine Möglichkeit? – Gibt es noch eine Umkehrung?

*Ich sollte mehr auf **ihn** eingehen?*

MORITZ: Tu ich ja schon, denkst du, hm? Aber ist das wirklich Aufeinander-Eingehen, wenn man jemanden immer wieder ändern will? Wirkliches Aufeinander-Eingehen heißt für mich, den anderen zu akzeptieren, wie er ist.

Er sollte andere durch seinen Alkoholkonsum nicht gefährden.

MORITZ: Kannst du hundertprozentig wissen, dass er andere gefährdet? Wie viele Menschen hat er schon umgefahren?

Niemanden. Er könnte ein totales Talent im Nichtgefährden haben.

MORITZ: Was hast du davon, dass du denkst, er gefährde andere?

Nix. Ich habe nur so ein Denkmuster, das man allgemein hat, das man überall liest...

MORITZ: Und wie fühlt es sich an, wenn man Denkmuster hat, die man überall liest, die aber offensichtlich nichts helfen? Wie läufst du durchs Leben, wenn du denkst, Menschen sollten sich nicht gegenseitig gefährden? Wie fährst **du** Auto?

Ich fühle mich selbst gefährdet.

MORITZ: Da hast du schon die Umkehrung: Ich sollte *mich* nicht gefährden. Wenn du dir dauernd vorstellst, was alles geschehen könnte, dann gefährdest du dich. Du bist mit deiner Aufmerksamkeit nicht auf der Straße. Im Grunde bist du betrunken von deiner Angst.

Schon, wenn ich aggressiv bin, gefährde ich die anderen.

MORITZ: Jeder Kampfsportlehrer wird dir sagen: Wenn du dir vorstellst, was die anderen dir alles antun können, hast du schon verloren. Wenn dein Kopf hingegen leer ist und die Gefährdung kommt, kannst du schnellstens reagieren. Also deine Chancen werden nicht größer dadurch, dass du denkst: »Ich bin gefährdet«, im Gegenteil. – Das Nächste?

Er sollte im Alltag mehr arbeiten.

MORITZ: »Er arbeitet zu wenig.« Kannst du das wirklich wissen? – Wessen Angelegenheit ist das?

Seine.

MORITZ: Wer legt das Maß fest, was zu wenig oder zu viel ist? Zu wenig – zu viel. Gibt es das überhaupt?

Es gibt so ein Alltagspaket, das erledigt werden muss.

MORITZ: Es gibt Alltagspakete, die erledigt werden müssen?

… die man sich morgens vornimmt.

MORITZ: Und er soll erledigen, was du dir vornimmst?

Nein! Aber er sollte die Hälfte von dem erledigen, was wir uns gemeinsam vorgenommen haben.

MORITZ: Wie ist die Wirklichkeit?

Dass ich immer meine Hälfte mache und er seine nicht.

MORITZ: Und in wessen Macht steht es, wie viel er macht?

In seiner.

MORITZ: Was hast du davon, wie fühlst du dich, wie behandelst du ihn, wenn du denkst, er soll mehr von seiner Hälfte erledigen?

Oberlehrerhaft.

MORITZ: Wie fühlt es sich an, in deiner Beziehung den Oberlehrer zu spielen?

Nicht gut.

MORITZ: Hast du irgendeinen Vorteil? Hat es schon was gebracht, wenn du gedacht oder gesagt hast, er solle mehr erledigen?

Nein, ich habe mich nur zusätzlich geärgert, und trotzdem ist nichts passiert.

MORITZ: Und während dieser Zeit hast du vielleicht deine eigene Arbeit nicht gemacht. Hat er mehr gemacht aufgrund deines Denkmusters?

Im Gegenteil!

Gibt es einen vernünftigen Grund, daran festzuhalten: »Er sollte mehr arbeiten«?
Nein, inzwischen nicht.
MORITZ: Es hat noch nie einen gegeben.
Ich habe immer gedacht, ich muss da dran festhalten, aber jetzt fällt mir auf, jetzt sehe ich, dass ich mich nur selbst ärgere, dass ich mir nur selbst wehtu.
MORITZ: Meine Lehrerin Katie sagt immer: »Wir fangen jetzt an. Wir waren nur unwissend«. Wie würdest du dich fühlen, wenn du nie wieder denken würdest, er sollte mehr arbeiten?
Glücklicher.
MORITZ: Und drehe das mal um: »Er sollte mehr arbeiten«?
Ich sollte mehr arbeiten? Nein, das tu ich ja schon.
MORITZ: Wie wäre: »Ich sollte weniger **an ihm** arbeiten«?
Ja, das könnte wahr sein.
MORITZ: Ihr seid zusammen, um glücklich zu sein, und nicht um Alltagspakete zu erledigen.
Ich persönlich bin lieber glücklich zwischen schmutzigem Geschirr und vollen Abfalleimern, als den ganzen Tag zu schuften und sich gegenseitig anzutreiben. Der Zweck meines Lebens ist nicht die Arbeit, schon gar nicht die Arbeit von anderen, sondern mein Glück und auch sein Glück. Ich sollte weniger **an ihm** arbeiten, ich sollte mehr **an mir** arbeiten, such dir was aus. – Das Nächste.
BRIGITTE: *Er sollte sich in Bezug auf Alkohol helfen lassen.*
MORITZ: »Er sollte sich helfen lassen.« Wessen Machtbereich ist das?
Seiner.
MORITZ: Wie fühlt es sich an, in fremden Machtbereichen rumzufummeln?
Nicht gut. Das fühlt sich nicht gut an.

Moritz: Wie lebst du mit ihm, wenn du denkst, er soll sich helfen lassen?
Belastet. Unfrei.
Moritz: Bringt dieses Denkmuster was?
Nein. Ich sollte mir also helfen lassen, dass ich nicht immer über Alkohol rede?
Moritz: Oder über seine Probleme damit. Das ist doch deine Sucht, oder? – Wie ginge es dir, wenn du nie wieder denken würdest, andere sollten sich helfen lassen?
Dann wäre ich froher.
Moritz: Andere brauchen Hilfe, ist das überhaupt wahr? Kannst du das wissen?
Die wollen vielleicht gar keine Hilfe, brauchen sie vielleicht gar nicht.
Moritz: Katie pflegt zu sagen: »Die Welt ist vollkommen, wie sie ist – wenn ich denken würde, dass jemand Hilfe braucht, dann würde ich mir selbst sofort die Vier Fragen stellen«. – Das Nächste?
Er sollte meine Gefühle ernst nehmen.
Moritz: Tut er es? Neigen Männer dazu, die Gefühle ihrer Frauen ernst zu nehmen? Neigen Menschen überhaupt dazu, fremde Gefühle ernst zu nehmen? Diese Tendenz habe ich noch nicht beobachtet. Drehe es gleich mal um!
Ich sollte meine Gefühle ernst nehmen. Da kann ich schon eher etwas tun.
Moritz: Was bringt es dir, wenn du denkst, er sollte deine Gefühle ernst nehmen, und du merkst, er tut es nicht?
Gar nichts. Ärger. Frust.
Moritz: Und du kannst nicht mal hundertprozentig wissen, ob er sie nicht doch ernst nimmt! Auf seine Weise. – Wie wärst du, wenn du nie wieder denken würdest, er sollte deine Gefühle ernst nehmen?

Dann wäre ich freier. Immer freier. Dann kann ich alles loslassen, diese Last.
MORITZ: Sag mal ein Beispiel, wo er deine Gefühle nicht ernst nimmt.
Wenn ich mir Sorgen mache – um ihn! Oder um eine Situation.
MORITZ: Was macht er dann?
Dann entzieht er sich.
MORITZ: Sieh das mal wie mit dem Objektiv einer Kamera. Beschreibe die Situation. Wo machst du dir am liebsten Sorgen? In der Wohnung?
In meinem Sessel.
MORITZ: Was für eine Haltung nimmst du dann ein?
Ich sitze da und grüble.
MORITZ: Und was macht er, wenn er sich entzieht?
Er fährt Fahrrad, sitzt vorm Computer...
MORITZ: Und nimm das jetzt mal als Filmszene. Du siehst eine Frau im Sessel und einen Mann am Computer. Ist das nicht etwas Wunderbares, ohne Denkmuster betrachtet?
Ich würde das nicht wunderbar finden. Da würde ich denken: Scheißmann, kümmert sich nicht um seine Frau.
MORITZ: Eben, weil du diese Denkmuster hast, dass Männer sich um ihre sorgenvollen Frauen kümmern müssen. Aber ich bitte dich, das ohne Denkmuster zu sehen! Einfach nur die Wirklichkeit, wie sie ist! Ohne Gedanken, wie der eine oder andere handeln soll! Ich sehe einfach zwei lebende Menschen, die beide auf ihre Art tun, was sie tun. Du liebst es, dir Sorgen zu machen, und er liebt seinen Computer. Was wäre denn eine Alternative? Zwei Grabsteine nebeneinander?
Das stimmt nicht. Ich liebe es keinesfalls, mir Sorgen zu machen.
MORITZ: Warum machst du es dann?
Weil ich es nicht fertig bringe, mir keine zu machen.

HERBERT: *Sie ist Perfektionistin, und da das Leben nicht perfekt ist, vergleicht sie den Ist-Zustand immer mit dem Soll-Zustand, und das gibt Probleme, nur Probleme.*
BRIGITTE: *Andererseits bietet das auch den Ansporn im Leben. Wenn du nicht auf etwas Perfektes zugehst, dann bist du ja Fatalist.*
MORITZ: Das möchte ich hier infrage stellen. Das würde nämlich bedeuten, dass du schmerzhafte Denkmuster aller Art brauchst, um das Leben schöner zu machen, vollkommener zu machen. Und ich sehe bei dir, dass es nicht funktioniert, und ich sehe es bei vielen anderen auch. Und ich sehe bei mir selbst, dass das Leben mir ohne jedes Denkmuster sehr wohl vollkommener erscheint.
BRIGITTE: *Das habe ich noch nicht ausprobiert.*
HERBERT: *Du arbeitest immer daran, Gott links zu überholen, du versuchst immer, besser als Gott zu sein.*
MORITZ: Wessen Angelegenheit ist es, was sie macht? Was hast du davon, dass du denkst: »Sie sollte nicht besser als Gott sein«?
HERBERT: *Okay. Ich bin ja schon ruhig.*
MORITZ: Wir untersuchen ab sofort nur noch unsere eigenen Denkmuster – wenn wir daran denken. – Das Nächste?
BRIGITTE: *Ich möchte, dass er auch meine Seite sieht und versteht, dass ich mich um Besserung unserer Beziehung bemühe.*
MORITZ: Und kannst du wissen, dass er das nicht tut?
Nein.
MORITZ: Was hast du davon, dass du denkst, er sieht nicht, dass du dich bemühst?
Davon habe ich nur Ärger.
MORITZ: Wie behandelst du ihn, wenn du denkst, er sieht nicht, wie du dich um die Besserung der Beziehung bemühst?

Ich vertraue ihm nicht.
MORITZ: Wie fühlt sich das an, wenn man seinem Partner nicht vertraut?
Nicht gut.
MORITZ: Wie würde es sich anfühlen, wenn du nicht denken würdest, er soll sich um Verbesserung der Beziehung bemühen?
Froher. Glücklicher. Freier.
MORITZ: Drehe es um. Setz dich mal ein.
*Ich soll **meine** Seite sehen und verstehen, dass **ich** mich um Besserung unserer Beziehung bemühe.*
MORITZ: Da kannst du jedenfalls was tun. Bei ihm kannst du nicht wissen, ob er sich nicht doch bemüht und auf welche Weise und wann. Und du hast nur Schmerz, wenn du dich um ihn kümmerst. Aber deine eigenen Besserungsversuche der Beziehung, die kannst du immer sehen und verstehen und dich darum bemühen.
Mir fällt auch jetzt auf, dass ich Schwierigkeiten habe, das loszulassen. Ich habe einen ganz starken Glaubenssatz, dass man sich um andere kümmern muss – man darf nicht egoistisch sein. Ich habe Schwierigkeiten, nur zu nehmen.
MORITZ: Woher könnte dieses Denkmuster stammen: Du darfst nicht egoistisch sein?
Das könnte aus der Kindheit stammen, als man mir immer sagte: »Du musst geben, tun, machen.«
MORITZ: So – du darfst nicht egoistisch sein?
Ich darf nicht nehmen.
MORITZ: Wie ist die Realität? Wie ist die Wahrheit? Darfst du egoistisch sein?
Ja, ich darf egoistisch sein.
MORITZ: Manchmal ist das wichtig. Was hast du davon, dass du denkst, du darfst nicht egoistisch sein?

Nachteile, nur Nachteile. Ich strample mich ab wie verrückt, muss immer geben, geben, geben, darf nie nehmen...
MORITZ: Gibt es einen Grund, an diesem Denkmuster festzuhalten?
Nein.
MORITZ: Gäbe es einen Grund, das loszulassen?
Ja.
MORITZ: Glaubst du, dass du hinterher immer noch entscheiden könntest? Mal so, mal so, mal egoistisch und mal altruistisch?
Ja.
MORITZ: Wer wärst du, wenn du nie wieder denken würdest: »Ich darf nicht egoistisch sein«?
Dann wäre ich endlich mal ich selbst.
MORITZ: Genau. Du könntest in jeder Sekunde entscheiden, wie du dich verhältst, nach deinem Willen. So – und die Umkehrung von »Ich darf nicht egoistisch sein«?
Ich darf egoistisch sein.
MORITZ: Du darfst egoistisch sein. Ja, das wäre eine vernünftige Umkehrung. – Das Nächste?
Herbert ist konfliktscheu.
MORITZ: Setz dich gleich ein.
Ich bin konfliktscheu. Hm.
MORITZ: Eine andere mögliche Umkehrung wäre, dass du konflikt**süchtig** bist.
Ja, das stimmt schon eher. – Herbert ist liebenswert – ich bin liebenswert.
MORITZ: Stimmt das auch?
Ja.
MORITZ: Das kann doch jeder hier bestätigen. Ist jemand anderer Meinung? – Man kann auch Positives aufschreiben und umkehren!

Herbert ist inkonsequent.
MORITZ: Bist du das auch manchmal? In Bezug auf ihn?
Ja, ich drohe manchmal, mache meine Drohung aber nicht wahr. – Herbert ist verkrampft – das bin ich auch, auf jeden Fall.
MORITZ: Zumindest in Bezug auf diese Sachen, die dir an ihm stinken.
Und unsicher auch. Ja.
MORITZ: Die Nummer Sechs?
Ich will über andere nicht mehr urteilen.
MORITZ: Ich bin bereit...
Ich bin bereit, wieder über andere zu urteilen...
MORITZ: ... damit du die Methode wieder anwenden kannst. Das Urteilen über andere ist die Voraussetzung für die Untersuchung. Du hast ja jetzt gesehen, dass du über dich sehr viel rausfindest, wenn du ihn beurteilst. Und kannst du auch sehen, dass du letzten Endes gar nichts über ihn wissen kannst?
Ja. Das ist alles nur Vermutung.
MORITZ: Er ist dein Spiegel. Er stellt sich für dich so dar, damit du über dich etwas herausfindest. Und er kann nicht der Gleiche bleiben, wenn du an dir etwas änderst. Und du sollst dich gar nicht ändern. Die Methode ist nicht dazu da, dass ihr eure Beziehung jetzt völlig ändert. Wir haben zwar jetzt nur dein Denken untersucht, aber nach meiner Erfahrung stellen sich ganz von selbst hier und da kleine Änderungen ein. Und die sind nie einseitig. Das ruft immer beim anderen etwas hervor. Es kann sein, dass er jetzt neue Seiten aufzieht – die noch viel schlimmer sind.
(Lachen.)
MORITZ: Weil du mehr verkraften kannst. Aber er ist so liebenswert, dass ich das nicht glaube.
Das stimmt. Das glaube ich auch nicht.

Wollen wir überhaupt Vollkommenheit?

Stellen Sie sich einmal vor, alles in Ihrem Leben hätte die Art von Vollkommenheit, die Sie sich wünschen. Sie wachen morgens auf, sind überaus froh, alles funktioniert von allein. Sie haben Urlaub. Ihr Partner liest Ihnen jeden Wunsch von den Augen ab, gibt Ihnen immer recht, sagt Ihnen pausenlos, wie schön, vollkommen und wunderbar Sie sind.

Sie können Ihren Freunden und Bekannten nur immer von dieser Vollkommenheit berichten. Und Ihre Freunde sind natürlich auch vollkommen. Sie finden alles toll, was Sie erzählen. Sie fühlen sich rundum wohl, zufrieden, gesund, eben vollkommen. Was glauben Sie, wie lange Sie brauchen würden, sich nach ein paar Problemen zu sehnen?

Während ich an diesem Buch arbeite, stoße ich auf einen Videofilm, den meine Freundin Jutta Winkelmann über den spirituellen Lehrer Satyam Nadeen gedreht hat. Nadeen sagt:

»Wer will denn schon erleuchtet sein, das ist doch langweilig! Wer will denn immer im Himmel leben? Wenn alles gut läuft, so versetzt uns das nur in eine langweilige Hypnose. Aber, wenn mir etwas Schmerz verursacht (Nadeen benutzt das englische Wort *contraction*), kann ich mich erinnern, dass ich hier und jetzt bin, ich komme in den Moment. Ich fühle in meinem Körper ein Nein. Es ist, als klopft mir jemand auf die Schulter, der sagt: ›Schlaf nicht ein! Wach auf! Schau es dir an, fühle es! Warum fühlt sich das so an? Weil ich ein Konzept im Kopf habe, wie die Wirklichkeit zu sein hat! Kannst du dieses Konzept fallen lassen? Ja, ich lasse es fallen. Wenn du das Konzept fallen lässt, kannst du etwas Göttliches darin sehen? Ja, das kann ich. Und fühlst du liebevolle Dankbarkeit dafür? Ja, das fühle ich. Fühlst du die Präsenz des Göttlichen, der Quelle? Ja!‹ Das klingt wie ein Dialog zwischen dem inneren Zeugen und dem, der vom Göttlichen getrennt scheint, aber es ist eine einzige Energie. Das Schmerzhafte, über das du dich normalerweise geärgert hast, führt dich zu der Erinnerung dessen, was du wirklich bist! Bewusstsein ist alles, was existiert und ich bin dieses Bewusstsein! Der Schmerz kommt von einem Konzept meines Verstandes. Aber dann kommt da ein Lachen, denn du weißt, dass du gar nicht derjenige bist, der das alles tut. Der Verstand macht nur einfach, was er macht, er zeigt auf das Gegenteil von etwas anderem, und das Göttliche, der Zeuge sagt: ›Alles ist in Ordnung!‹ Jeder Schmerz, wenn du dich von ihm zum Zeugen führen lässt, vertieft dein Verständnis, und du erinnerst dich, wer du wirklich bist.«

Ich bin sehr entzückt über die Übereinstimmungen mit THE WORK, die ich allenthalben anderswo entdecke. Ihnen wird es sicher ebenso gehen. Seit ich THE WORK kenne und anwende, kann ich das umsetzen, was Satyam Nadeen sagt. Früher hätte ich es mir angehört und gesagt: »Ja, sicher hat er Recht.« Und das wär's dann gewesen. Einmal mehr hat Byron Katie die fehlende genaue Anleitung geliefert.

Meine Frau kritisiert mich – Partnerarbeit 2. Teil

Jetzt liest Herbert seinen ausgefüllten Fragebogen so vor, dass er direkt seine Partnerin anspricht, und Brigitte sagt nach jedem Satz »Danke«.

Brigitte, du hast mich immer kritisiert.
Du hast mich noch nie gelobt in unserer Beziehung.
Alles muss so laufen, wie du es willst.

Du solltest mehr Zufriedenheit spüren.
Du solltest mich mehr respektieren.
Du solltest akzeptieren, dass ich nicht dein Traumprinz bin.
Ich brauche von dir, dass du mehr inneren Frieden ausstrahlst.
Brigitte, du bist sehr tüchtig, sehr aufmerksam, mitfühlend und sehr launisch.
Ich will nie wieder erleben, dass du mich vor jedem Gast und Freund runtermachst.

MORITZ: Willst du die Wahrheit wirklich wissen?
HERBERT: *Ja. – Der erste Satz heißt: »Ich mag Brigitte nicht, weil sie mich immer kritisiert.«*
MORITZ: Sie kritisiert dich IMMER – ist das wahr?
Nein. Das ist nicht hundertprozentig wahr.
MORITZ: Aber sie kritisiert dich. – Frauen sind so...
(Lachen.)
MORITZ: ... und Männer auch. So sind wir. – Was hast du davon, dass du denkst, sie sollte dich nicht IMMER kritisieren?
Nichts.
MORITZ: Wie behandelst du sie, während du denkst: Sie darf das nicht?
Ich mache sie irgendwie runter, ich behandle sie nicht gut.
MORITZ: Ist es nicht so, dass *du* sie kritisierst? Zumindest in dem Moment?
Ja. Ich spüre das jetzt.
MORITZ: Du kritisierst sie zu hundert Prozent, aber ob sie dich wirklich kritisiert, weißt du nicht genau. Vielleicht will sie nur dein Bestes, und sie sagt nur etwas, womit sie dir nutzen will. So – wie würdest du dich fühlen, wenn du nicht denken würdest, sie soll dich nicht immer kritisieren?
Freier.

MORITZ: Wie wäre es, wenn du ihr erlauben würdest, so zu sein, wie sie ist?
Es würde sich besser anfühlen.
MORITZ: Was kritisiert sie zum Beispiel, was ist die schlimmste Kritik? Eine, die du überhaupt nicht leiden kannst?
Dass ich faul bin.
MORITZ: Und hat sie Recht?
Ja. (Lachen.)
MORITZ: Und deswegen kannst du es auch nicht leiden: sie spricht nur aus, was du selber von dir denkst, die Wahrheit. – Was hast du bisher gemacht, wenn sie gesagt hat, du seist faul?
Ich war trotzig. Ich habe noch weniger gemacht.
MORITZ: Was hast du ihr geantwortet?
Ich habe Ausreden gebraucht oder gesagt: »Ich mache das morgen oder nachher.«
MORITZ: Du könntest zum Beispiel einfach sagen: »Du hast Recht. Ich bin faul. Hilf mir, weniger faul zu sein. Was könnte ich tun?« Dann hättest du keinen Stress mehr. – Was möchte sie zum Beispiel, dass du tust?
Dass ich unsere Werkstatt aufräume. Die sieht schrecklich aus.
MORITZ: Okay, du solltest deine Werkstatt aufräumen – hast du das selber auch schon gedacht? – Du könntest antworten: »Ja, danke, dass du mich darauf hinweist, ich finde es selber unordentlich, ich habe deswegen auch ein schlechtes Gewissen.« – Die Umkehrung?
*Der Satz war: »Ich mag Brigitte nicht, wenn sie mich immer kritisiert.« Ich mag **mich** nicht, wenn ich **mich** immer kritisiere. Ich mag es nicht, wenn ich Brigitte kritisiere.*
MORITZ: Das könnte alles wahrer sein als das ursprüngliche Muster.
Das denke ich auch.

Moritz: Sie macht es vielleicht nur ein bisschen lauter als du. Sie sagt es immer und spricht es aus, weil sie ehrlich ist, aber du kritisierst sie nur in deinen Gedanken.

»Ich sollte **mich** nicht immer kritisieren, ich sollte **sie** nicht immer kritisieren.« Das zu sehen, ist der Sinn ihrer Kritik, sonst gar nichts. Ansonsten ist es nur heiße Luft. Ihre Kritik ist eigentlich nur heiße Luft, für jeden erkennbar, der mit euch nichts zu tun hat. Aber für dich ist diese Kritik wichtig, damit du herausfindest, wo du sie kritisierst und wo du dich. Nur deshalb tut sie das. Das ist eigentlich Liebe. Sie will dir ja nur helfen. Sie tut es aus Liebe. Mich kritisiert sie nicht. Sie denkt: »Den Moritz, den seh ich ja sowieso gleich nicht mehr, der ist mir egal.« Aber dich liebt sie, und nur deshalb kritisiert sie dich. – Das Nächste.

Ich mag Brigitte nicht, weil alles so laufen muss, wie sie es will.

Moritz: Sind Frauen manchmal so?

Ja, das denke ich schon.

Moritz: Katie würde sagen: »Hoffnungslos. Das stammt aus der Zeit der Saurier.« Bei Tieren ist das ganz klar. Wir wollen alle, dass es so läuft, wie wir wollen. Was hast du davon, wenn du gegen diesen Urtrieb des Menschen einschreiten und ihr das verbieten willst?

Gar nichts. Ich hab nicht nur nichts davon, sondern es macht mich sogar unnötig schlecht gelaunt.

Moritz: Und hat es schon mal Erfolg gehabt, zu denken: »Sie soll nicht so sein«?

Nein.

Moritz: Im Gegenteil. – Wie behandelst du sie, wenn du merkst, sie will, dass es nach ihrer Nase geht?

Ich mach sie wieder runter. Ich denke abschätzig über sie.

Moritz: Wie behandelst du deine sonstige Umwelt, während

du denkst: »Die will schon wieder, dass alles nur nach ihrer Pfeife tanzt«?
Auch nachteilig – ich bin übellauniger.
MORITZ: Gibt es einen Grund, daran festzuhalten?
Nein.
MORITZ: Wie ginge es dir, wenn du nie wieder denken würdest: »Es muss alles so laufen, wie sie will«?
Dann würde ich wieder ein dickes Stück freier sein und mehr inneren Frieden haben.
MORITZ: Und es heißt keinesfalls, dass sie dich dann unterbuttern kann. Viele denken: »Ich brauche diesen Glaubenssatz, um mich zu schützen, sonst mache ich ja nur noch, was die anderen wollen.« Meine Erfahrung hingegen ist: Wenn ich total frei bin, dann sage ich manchmal: »Ja, Brigitte, du hast Recht, ich hab mir selber schon gedacht, ich sollte endlich mal aufräumen, und jetzt mache ich es auch.« Und wenn ich gerade meinen Computer im Kopf habe, antworte ich: »Brigitte, es tut mir herzlich leid, ich möchte grade jetzt mal was am Computer machen, das ist mir im Moment wichtiger. Okay?« So – du hast trotzdem totale Freiheit, ihr zu folgen oder nicht zu folgen.

Wenn das jeweils liebevoll gesagt wird, könnt ihr euch gegenseitig besser respektieren. Wenn kein Denkmuster mehr dahinter steht, steht auch kein Widerstand um jeden Preis dahinter. Und keine Kraft mehr. Dann macht man, was für einen selbst vernünftig ist. Und wenn das dann irgendwann nicht mehr zusammengeht, dann geht man eben auseinander, aber ohne Frust. – Das Nächste?
Brigitte sollte mich mehr respektieren.
MORITZ: Respektiert sie dich?
Nein.
MORITZ: Sie respektiert dich so viel, wie sie es tut. Ein bisschen

wohl schon, sonst wärst du nicht hier. Also sie sollte **mehr** Respekt haben?

Was heißt mehr? Zehn Prozent mehr? Ich habe da nichts mit ihr vereinbart.

MORITZ: Wie fühlt sich das an, mit einer Frau zusammen zu sein, von der man denkt, sie respektiert einen nicht genug?

Das ist für einen Mann besonders schlecht.

MORITZ: Wie behandelst du sie, wenn du denkst, sie respektiert dich nicht?

Ich mache sie arm und bedauernswert.

MORITZ: Wie fühlt sich das an?

Schlecht.

MORITZ: Hast du einen Vorteil davon, zu denken, sie solle dich mehr respektieren? Bringt es dir irgendwas?

Nein.

MORITZ: Wie würdest du dich fühlen, wenn du nie wieder denken würdest: »Sie sollte mich mehr respektieren«?

Viel freier und viel ruhiger.

MORITZ: Wie würdest du sie behandeln?

Respektvoller.

MORITZ: Genau. Tatsache ist, dass du sie nicht respektierst, wenn du ihr Vorschriften machst, wie der Respekt auszusehen hat, den sie dir gegenüber zeigt.

Hm.

MORITZ: Das ist ein typisches Beispiel für die direkte Spiegelung. Wenn ich nur für einen Moment denke: »Der andere respektiert mich nicht«, dann respektiere ich ihn nicht. Und ich brauche dieses Denkmuster gar nicht, wozu? Wenn jetzt einer mit einem Messer auf mich zugeht, dann muss ich nicht denken: »Dieser Mensch respektiert mich nicht. Der will mich umbringen.« Ich springe auf und haue ihm eins auf die Rübe. Tatsache ist, dass ich viel schneller aufspringe, ohne den Quatsch in meinem Kopf: »Niemand sollte mich mit dem Messer bedrohen.« Wenn ich das denke, kann es sein, dass ich von diesem Gedanken so besessen bin, dass ich das Messer gar nicht bemerke.

Aber wenn ich völlig ohne Denkmuster bin, absolut frei, offen, dann ist meine Wahrnehmung so gut, dass ich die kleinste Bewegung wahrnehme, sowie sie auftritt. Ein Blitzen da hinten, und der Typ hat schon verloren. Jeder Kampfsportler weiß das, jeder Sportler, jeder Fußballer weiß das.

Die Umkehrung würde dann heißen: »Ich sollte Brigitte mehr respektieren.«

MORITZ: Aber ehrlich. Denn das tust du nicht. Du respektierst sie nicht im Moment, mit ihrer ganzen Respektlosigkeit, von der du nicht einmal weißt, was es wirklich ist, nämlich Liebe.

Ich habe verstanden.

MORITZ: Schön, nicht wahr? Ein gutes Gefühl. Wir haben ja jeder unsere kleinen Tyrannen. Wer Castaneda gelesen hat, kennt den Ausdruck. Und wir kommen wirklich dahin, dass wir uns freuen, dass wir schon darauf warten: Wann wird der kleine Tyrann mir endlich wieder etwas liefern, wo ich mich erkennen kann? Ich freue mich schon auf das nächste Problem, das auftaucht. – Wenn wir eine Weile die Vier Fragen stellen, kommen wir dahin, dass wir geradezu darauf brennen, dass es irgendwas zu meckern gibt, damit wir uns immer weiter verbessern können.

Also, in diesem Sinne kann ich sagen: »Ich freue mich auf morgen früh oder heute Abend«. Bis jetzt hatten solche Sachen nie lange Bestand, wenn wir uns zum Beispiel gesagt haben: »Das machen wir jetzt nie mehr« oder »Jetzt können wir's.«

BRIGITTE: *Dann kam der erste akute Fall...*

HERBERT: *Aber jetzt freu ich mich!*

MORITZ: Wenn ihr beide diese Untersuchung öfters machen

werdet, mögen die Fetzen hier und da wieder fliegen, aber irgendwann – WORK. Dann geht jeder in sein Zimmer und füllt einen Bogen aus, und dann könnt ihr checken: Kann ich das mit meinem Partner machen, oder brauche ich jemand anderen dazu? Kann ich es mit mir selber machen?

HERBERT: *Nach welchen Kriterien gehe ich da vor?*

MORITZ: Das spürst du, wenn es so weit ist. Es kann sein, dass es ihre Knöpfe zu sehr drücken würde. Wenn ihr miteinander die Methode anwendet, dann müsst ihr euch strikt an die Regeln halten, indem ihr nur die Fragen stellt und sonst nichts. Keine Belehrungen und Kommentare, wie ich das auf diesem Seminar um der Demonstration willen mache.

Brigitte sollte akzeptieren, dass ich nicht ihr Traumprinz bin. Das soll heißen, dass sie sich da irgendwie eine Figur gebacken hat, also so eine Traumfigur.

MORITZ: Sie hat sich einen Traumprinzen gebacken. Kannst du das wirklich wissen?

Richtig wissen kann ich es nicht.

MORITZ: Was hast du davon, dass du denkst, sie hat sich einen Traumprinzen gebacken, der du nicht bist?

Eigentlich will ich mich ein bisschen aus der Verantwortung stehlen. Ich bin eigentlich feige in dem Moment.

MORITZ: Wessen Angelegenheit ist es, was sie sich in ihrem Kopf bäckt und wie sie damit umgeht?

Das ist hundert Prozent ihre Angelegenheit.

MORITZ: Wie reagierst du, wenn du denkst, sie sollte das nicht auf diese Weise tun und sollte nicht dies und jenes damit anfangen?

Wenn ich mich darauf einlasse oder das auch nur benenne, dann fängt es schon an, dass ich Probleme habe und es bedauere und mich negativ fühle.

MORITZ: Genau. In wessen Angelegenheit bist du?

In ihrer, in ihrem Kopf. Nicht mehr bei mir selbst.
MORITZ: Was wäre das Ergebnis, wenn du nie wieder denken würdest: Sie hätte sich nicht so einen Traumprinzen backen sollen?
Immer wieder das Gleiche, das Leben wird einfach klarer, schöner.
MORITZ: Dreh das mal um.
Das ist gar nicht so einfach. Entweder könnte ich jetzt sagen »Brigitte sollte akzeptieren, dass sie nicht meine Traumprinzessin ist…«
MORITZ: **Ich** sollte akzeptieren…
Ich sollte akzeptieren, dass Brigitte nicht meine Traumprinzessin ist – ja, sie war die ersten Jahre meine Prinzessin, das stimmt. So hab ich sie immer genannt.
MORITZ: So – du solltest akzeptieren, dass sie nicht deine damals erträumte Traumprinzessin ist. Niemand ist, wie wir ihn uns erträumen. Sie ist, wie sie ist. Willkommen in der Wirklichkeit! – Es gibt noch eine Umkehrung.
*Ich sollte akzeptieren, dass ich **nicht** ihr Traumprinz bin.*
MORITZ: Wie wäre das?
Das hört sich gut an.
MORITZ: Abermals willkommen in der Wirklichkeit. Du bist genau wie jeder andere auch, nicht wahr? Egoistisch, rechthaberisch, du denkst daran, was die anderen machen sollen. Wir sind alle gleich in dieser Hinsicht. Wir alle glauben, dass wir mehr Anerkennung kriegen könnten, dass die anderen uns gefälligst respektieren sollten, dass wir öfter gelobt werden sollten, dass wir mehr Geld haben müssten…
Ich sehe keine großen Unterschiede zwischen den Menschen – ehrlich gesagt. Seit wir diese Seminare durchführen, sehen wir, dass alle Menschen mehr oder minder auf die gleiche Weise denken, und das ist ja eigentlich ganz logisch.

Wenn wir alle die gleichen Arme haben und die gleichen Fußzehen, warum sollen wir dann nicht auch das gleiche Denken haben? Und unsere Eltern haben uns alle dasselbe erzählt. Und wir erzählen unseren Kindern auch dasselbe. »Du musst mehr arbeiten für die Schule.« Darüber haben wir uns geärgert und unsere Kinder ärgern sich auch wieder und denken: »Der Alte soll mal reden«, und unterm Tisch lesen sie Harry Potter. Wie ich es selber auch gemacht habe – der hieß nur Prinz Eisenherz damals. Ich kenne kein Kind, das es nicht macht. Wenn das jemand nicht machen würde, würde ich denken, das muss ein Streber sein. Das mögen wir auch nicht. »Ich sollte akzeptieren, dass ich kein Traumprinz bin.« Das klingt doch gut. Realistisch. – Das Nächste?

Ich brauche von Brigitte, dass sie mehr inneren Frieden ausstrahlt.

MORITZ: Wessen Angelegenheit ist ihr innerer Friede?

Ihre Sache.

MORITZ: Wie fühlt es sich an, sich in ihrer Angelegenheit aufzuhalten, ihr vorzuschreiben, was sie auszustrahlen hat?

Großkotzig.

MORITZ: Wo ist dann dein innerer Friede?

Ich kann es direkt umdrehen: Ich brauche von mir, dass ich mehr inneren Frieden ausstrahle.

MORITZ: Da kannst du was tun! – Denkt bitte daran, füllt trotzdem den Fragebogen aus. Man weiß nach einiger Zeit schon, was dabei herauskommen wird, man könnte alles direkt umdrehen, aber es ist wirklich wichtig, alle vier Fragen zu stellen! Die Methode funktioniert, wenn man es aufschreibt und es wirklich tut. Ganz stur. Und mag es noch so peinlich oder lächerlich und zum tausendsten Mal dasselbe sein. Und nur zu wissen, ich muss es rumdrehen, nutzt nach meiner Erfahrung nichts.

Was denke ich über sie? Sie ist sehr tüchtig, sehr aufmerksam, sehr mitfühlend, sehr launisch. Ich bin das auch alles. Außer launisch. Ich bin nicht launisch.

MORITZ: In Bezug auf sie vielleicht?

Das kann ich nicht sehen. Ich bin eher phlegmatisch.

MORITZ: Eine Umkehrung kann auch so gehen: »**Sie** sollte nicht so **launisch** sein – **ich** sollte nicht so **phlegmatisch** sein.«

Was will ich mit dieser Person oder Sache nie wieder erleben? Ich will nie wieder erleben, dass sie mich vor jedem Gast oder Freund bei uns zu Hause runtermacht.

MORITZ: Wird es wieder geschehen?

Bestimmt. Ich bin bereit, dass sie mich vor jedem Gast oder Freund bei uns zu Hause runtermacht und freue mich schon drauf.

MORITZ: ... weil ich dann wieder die Untersuchung machen kann. – Im Übrigen könntest du ihr genau zuhören, was sie sagt und würdest vielleicht feststellen, dass sie recht hat mit allem, was sie sagt. Die anderen sagen uns immer die Wahrheit.

* * *

Ich habe Herbert und Brigitte zusammen mit meiner Partnerin Marilies etwa ein Jahr nach diesem Seminar in ihrem wunderschönen Zuhause besucht. Es stellte sich heraus, dass die hier abgedruckte Sitzung die Initialzündung für einen andauernden Prozess der Selbstfindung geworden war und dass beide Partner die Vier Fragen fleißig gestellt hatten. Beide sagten, dass Probleme inzwischen schneller bewältigt werden oder sich gar von selbst auflösen. Beide hatten die Erkenntnis mitgenommen, dass Forderungen und Ansprüche Gedankenmuster sind, die man untersuchen und gegebenenfalls ändern kann. Besonders Brigitte hatte erkannt, dass sie sich zu sehr in Herberts Angelegenheiten aufgehalten hatte. Insofern hatte sie nach der Sitzung keinerlei Probleme mehr mit seinem Alkoholkonsum oder seinem mangelnden Einsatz. Nachdem Herbert nun monatlich einen gewissen Betrag zum Haushalt einzahlt, lässt Brigitte ihm mehr Freiheit, sich zu beschäftigen, wie er möchte.

Wir gingen dann die einzelnen Punkte des Fragebogens durch, und es zeigte sich, dass fast alle aufgeschriebenen Denkmuster kein Thema in der Beziehung mehr darstellten. Herbert meinte, dass Brigitte inzwischen mehr Zufriedenheit ausstrahle (das war auch unser Eindruck) und dass er nicht mehr unter ihrer Launenhaftigkeit leide. Zu fast allen Denkmustern von damals gab er den Kommentar: »Das ist nicht mehr meine Denkweise.«

Einmal mehr hatten wir den Eindruck und das Gefühl von Vollkommenheit: Wir erlebten ein wunderschönes Paar in einer reichen, mit viel Liebe gestalteten Umgebung. Alles passte zusammen, die richtigen Menschen hatten sich gefunden, um gemeinsam die Liebe zu entdecken. Natürlich sind inzwischen neue Themen aufgetaucht und wir hatten viel Spaß beim Bearbeiten derselben. Ich bin sehr neugierig, wie es mit den beiden weitergehen wird.

- Viele Menschen beschäftigen sich mit fremden Angelegenheiten, um nicht bei sich selbst zu schauen.
- Mit leerem Kopf reagiert man schneller.
- Wir können nichts über andere wissen.
- Unsere Partner sind unsere Spiegel.
- Vielleicht wollen wir Vollkommenheit gar nicht wirklich.
- Die Methode liefert oft die fehlende Anleitung für schlaue Bücher.
- Viele von uns kritisieren andere im Geheimen dafür, dass diese uns laut kritisieren.

- Die Anwendung der Fragen führt nicht zur Unterwerfung oder zum klaglosen Akzeptieren – im Gegenteil. Wir sind frei und können die Dinge anpacken.
- Was wir tun, ist immer das Richtige. Woher wissen wir das? Wir tun es.
- Wenn wir denken, wir werden nicht respektiert, dann respektieren wir die anderen nicht.
- Wer die Untersuchung macht, kann sich auf alles freuen, sogar auf so genannte Probleme.
- Wenn Sie anderen die Vier Fragen stellen: Belehren Sie nicht, geben Sie keine Ratschläge und möglichst auch keine Kommentare.
- Wir sind alle gleich, wir haben mehr oder minder die gleichen Denkmuster.
- Stellen Sie immer **alle** Fragen, machen Sie die Untersuchung stets genau!
- Die anderen sagen uns immer die Wahrheit.
- Wir suchen uns immer die Leute, die uns zeigen können, was wir selber wollen und wo unser Weg hingeht.
- Die Umkehrungen sind meist unsere Medizin.
- Kämpfen Sie gegen die Realität, und Sie erleben Schmerz.
- Andere ändern zu wollen ist erstens hoffnungslos, zweitens tut es weh und drittens funktioniert es nicht.
- Niemand kann uns so schlecht behandeln wie wir selbst.
- Die Vier Fragen führen uns augenblicklich zu unserem Herzen, zur Realität, zum Göttlichen.
- Kritik ist eigentlich Liebe.

Von der Raupe zum Schmetterling

Christa rief mich irgendwann an und fragte mich, ob ich nicht Lust hätte, einmal in der Nähe von Nürnberg einen Workshop zu geben. Wir vereinbarten einen Termin, sie organisierte alles, und dann fand das Seminar statt. Der Erfolg war so durchschlagend, dass wir es bereits zwei Monate später wiederholen mussten. Über ihre Erfahrung schrieb Christa:

»Mit den Seminaren setzte sich eine Veränderung und Bewusstseinserweiterung fort, die vor etwa einem Jahr mit den ›Gesprächen mit Gott‹* von Donald Walsch begonnen hatte. All die Wahrheiten, die mir beim Lesen damals bewusst geworden waren, begann ich nun auf tieferer Ebene – durch die WORK – zu erfahren. Mir war, als ginge ich über ein Schneefeld, und mit jedem Schritt – jeder Untersuchung – löste sich eine Lawine, die nicht aufzuhalten war und alles niederriss.

Jede einzelne Sitzung war wie ein Wunder für mich, und es bestand darin, dass ich an immer tiefere Schichten meines Ichs gelangte – ich entdeckte mich selbst.

Ich sah, dass ich zum Teil meine Mutter lebte. Ich hatte deren Denkmuster unbemerkt in mein Leben integriert und ungeprüft als mein eigenes Denken übernommen und hielt dies auch noch für wahr!

Ich erkannte, dass ich mit den Glaubenssätzen meiner Mutter nicht in der Lage sein konnte, ein glückliches Leben zu leben. Ich befand mich im Zustand der Ablehnung – Ablehnung der Sexualität des Partners, der Liebe!

Ich sah, dass ich auch Glaubenssätze meines Vaters über-

---

* Donald Walsch: »Gespräche mit Gott«, Band 1, Goldmann Verlag 1997.

nommen hatte, die mir das Leben als Last, als ewigen Kampf verkauft hatten – für Freude, Leichtigkeit und Spaß blieb da kein Platz. Ich lehnte mich selbst ab – ich lebte zwar physisch, war aber innerlich und äußerlich wie tot.

Ich hatte das eigentlich schon seit längerer Zeit gespürt – wusste aber nicht, wie ich da herauskommen konnte.

Einerseits war ich entsetzt, was ich jahrzehntelang mit mir herumgeschleppt hatte, andererseits machte es mich glücklich, das alles jetzt erkennen zu dürfen, zu erfahren und es zu lösen.

Und das Schönste war: Die Vier Fragen machten ungeheuer viel Spaß. Und das selbst bei sehr heiklen Themen, bei denen ich mir allerdings manchmal vorher einen Tritt in den Hintern geben musste, bevor ich mich Moritz oder meinem Workpartner Reinhard, der diese Technik mit mir zusammen lernte, offenbaren konnte. Aber dann erfuhr ich sehr viel Freude, Tiefe und immer wieder neue Erkenntnisse, ein Miteinander, ein Teilen, ein Beschenken.

Ich war auf dem Weg zu **mir**, auf einem Weg in die Freiheit, in die Freude und in die Leichtigkeit, in die **bedingungslose** Liebe. Ich workte und workte und workte, so dass ich manchmal fast meine anstehenden Arbeiten vergaß. Ich wollte so schnell wie möglich aus dem Gefängnis, in dem ich jahrzehntelang gesteckt hatte, entfliehen. Ich war fasziniert von all den Wahrheiten, die ich entdeckte. Diese Entwicklung geschah sehr rasant – für mich fast wie mit Lichtgeschwindigkeit! Und das Ergebnis ist gigantisch!

Bereits nach einer Woche fühlte ich mich, als würde ich innerlich zu tanzen beginnen, eine zunehmende Leichtigkeit stellte sich ein, verbunden mit innerer Klarheit. Dies konnte auch mein Hausarzt nachvollziehen. Ich hatte nämlich Mitte Dezember eine Dunkelfeldmikroskopie machen lassen, die die roten Blutkörperchen zeigt und Rückschlüsse auf den Gesundheitszustand ermöglicht.

Auf dem ersten Foto hatten sich die roten Blutkörperchen zu endlos langen Ketten gereiht, die chaotisch ineinander verschlungen waren. Der Arzt nannte das Geldrollen – mich erinnerte es an Regenwürmer oder Raupen, die mir aus meiner Sicht auch mein geistiges Durcheinander, mein inneres Chaos zeigten. Er meinte, da gäbe es ein Stück harte Arbeit zu tun. Ich bekam also einen Plan über Ernährung, Medikamente, Algen und Nahrungsergänzungsmittel.

Da ich ein neugieriger Mensch bin, wollte ich wissen, ob mein durch eine Woche WORK veränderter Zustand der Leichtigkeit und Freude auch schon bei einer zweiten Dunkelfeldmikroskopie sichtbar wäre. Mein Arzt war ebenfalls an dem Ergebnis interessiert und machte diese Aufnahme trotz Terminschwierigkeiten.

Das Ergebnis: Es gab zwar immer noch diese Raupen (zusammenhängende Blutkörperchen) aber dieses Mal waren sie mit Anfang und Ende sichtbar, das ganze Durcheinander hatte aufgehört. Einzelne Blutkörperchen hingen nur noch im Doppelpack. Mein Arzt fand das erstaunlich, insbesondere da ich nach dem Seminar weder mehr auf meine Ernährung geachtet noch die bisherigen Medikamente genommen hatte.

Aufgrund dieser Ergebnisse und Veränderungen und der großen Nachfrage startete ich nach zwei Monaten das zweite Seminar mit Moritz und wieder wurden größere Prozesse eingeleitet; ich kam selbst über Gespräche am Rande des Seminars immer wieder an tiefer liegende Glaubenssätze heran, die ich anschließend mit meinem Workpartner bearbeitete.

Anläßlich einer sehr schmerzhaften WORK-Untersuchung, bei der es um meine rasende Eifersucht ging, erkannte ich eines der Grundprobleme meines Lebens: Ich wusste oft besser, was für die anderen gut war und wollte ihnen vorschreiben, was sie zu tun hätten. Ich gewährte ihnen geistig keine Freiheit, sondern hatte jede Menge Erwartungen. Wenn diese nicht erfüllt wurden, war ich stets enttäuscht und verletzt.

Während dieser Untersuchung fühlte ich tiefsten Schmerz, Verlustängste, seelische Verletzung. Es war, als hätte ich einen Dolch zwischen den Rippen. Früher hätte ich mich in einer solchen Situation in mein Schneckenhaus zurückgezogen und mich meinem Schmerz hingegeben, doch nun wollte ich ja die Wahrheit wissen!

So groß der Schmerz war, so groß war danach auch die Freude über dieses Geschenk. Ich erkannte, dass ich nichts und niemanden wirklich verlieren kann, und ich spürte, dass die Freiheit, die ich dem anderen gewähre, auch gleichzeitig meine eigene Freiheit ist. Ich hatte mir selbst die Freiheit gegeben!

Dies war ein wunderbares, nicht beschreibbares Fühlen. Ich war von Freude, Dank, Liebe und Leichtigkeit erfüllt. Es schien mir, als könne ich nun viel besser atmen, als bekäme ich viel mehr Luft. Mein ekliger Hustenreiz, den ich seit dreizehn Jahren immer mal wieder bekam und unter dem ich zur Zeit des Seminars litt, besserte sich auf Anhieb. Am nächsten Tag wurde mir auch bewusst, dass sich auch im Schulter-Nacken-Bereich etwas getan hatte, es war, als sei eine große Last von meinen Schultern genommen worden.

Eine weitere Dunkelfeldmikroskopie zeigte, dass auch meine Blutkörperchen befreit waren: Sie schwebten wie einzelne Schmetterlinge im Raum und tanzten – von den Raupen war keine Einzige mehr zu sehen.

Ich habe viele Kurse besucht, immer in der Hoffnung, Antworten auf meine Fragen zu finden, Antworten von anderen, von Fremden. Nun weiß ich, dass dies niemals funktionieren konnte, denn niemand weiß besser als ich selbst, was gut für mich ist. Ich dachte eigentlich schon immer, dass die Wahrheit in der Einfachheit liegen müsste, doch dass es wirklich so einfach ist, hatte ich nicht erwartet.

Auch von anderen, denen ich inzwischen die Methode weitergebe, höre ich immer wieder: So einfach kann es doch nicht sein! Meine Antwort: Was wäre das für eine Wirklichkeit, die die Lösungen so kompliziert macht, dass sie nur Hochschulprofessoren und Doktoren zugänglich wäre, nicht aber allen?

Ich bin dankbar für meine Erfahrungen mit THE WORK und kann jetzt den Satz ›Ich habe Euch nur Engel und Geschenke

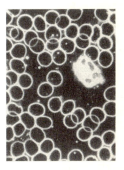

Abb. 1:
Vor dem ersten Seminar:
Es herrscht Chaos.

Abb. 2:
Nach dem ersten Seminar ordnen sich die roten Blutkörperchen.

Abb. 3:
Kurz nach dem zweiten Seminar schweben die roten Blutkörperchen frei im Raum.
Der helle Fleck ist ein weißes Blutkörperchen.

Alle Bilder wurden freundlichweise von Herrn Dr. med. Lockenvitz zur Verfügung gestellt.

gesandt‹ aus den ›Gesprächen mit Gott‹ verstehen, da ich ihn ständig erfahre. In mir ist großer Dank!

Mit diesem Dank geht eine ganz liebevolle Umarmung an Byron Katie, die diese Gebrauchsanweisung für mein Denken entwickelt, und an Moritz, der sie mir vermittelt hat.

Ebenso danke ich allen jetzigen und zukünftigen Workpartnern für ihre Zeit, Geduld und ihre intuitiven und liebevollen Gedanken, für all die Freude, die wir miteinander haben und hatten.«

– 3 –

Beziehungen verbessern

Wir sind nicht so wichtig, wie wir glauben

Wir alle denken, das Universum kreise nur um uns. Es scheint, als sei dieses Denkmuster biologisch notwendig und fest eingebaut. Es ist ein Konstruktionsmerkmal der »Maschine Mensch«. Allein schon die Art, wie wir auf die Welt schauen, fördert die Illusion, wir seien der Nabel dieser Welt: Durch unsere Augen nehmen wir wahr, dass unser Körper sehr groß ist, schon als Kinder lernen wir, dass unsere Hände so groß sind, dass sie die ganze übrige Welt nicht nur vollständig verdecken, sondern gar zum Verschwinden bringen können. Wohin wir auch schauen, wir haben stets Teile unseres Körpers in unserem Blickfeld: unsere Nase in der Mitte unten, die Augenwülste oben und auch sonst sind fast immer unsere Hände und weitere Teile des Körpers riesengroß in unserer Sicht und damit unserer Aufmerksamkeit. »Jeder ist sich selbst der Nächste!«

Je weiter andere Menschen oder Gegenstände sich von uns entfernen, um so kleiner und unwichtiger werden sie – schließlich sind sie winzige Pünktchen am Horizont, die dann ganz unsichtbar werden. Haben Sie sich schon einmal klar gemacht, dass dieses Kleinerwerden nur eine optische Täuschung ist, die nur jeweils Sie erleben? Nichts wird je kleiner auf dieser Welt! Die Menschen, die sich von uns entfernen, behalten ihre volle Größe! Die Illusion, die unsere Augen erzeugen, hat keinerlei Entsprechung in der Wirklichkeit!

Unsere Wahrnehmungsorgane nähren also die Illusion einer Wichtigkeit des »Ich«. Sie brauchen Ihre Wahrnehmung jedoch nur ein paar hundert Meter in die Luft über sich selbst zu versetzen, um zu sehen, was für Ameisen wir in Wirklichkeit sind! Wer je im Anflug auf einen Flughafen auf wimmelnde Autobahnen und Straßen hinuntergeschaut hat, weiß, was ich meine. Da sieht man nicht einmal mehr Menschen, nur noch Autos, die erst recht nicht wichtig scheinen.

Aber neben dem individuellen Bewusstsein gibt es auch ein soziales oder gar ein kollektives Bewusstsein, das die näheren und weiteren Bereiche unserer Umwelt und sogar die ganze Rasse, ja die ganze Welt in seinen Fokus zu bringen vermag. Viele Religionen halten es für erstrebenswert, das Ego aufzugeben, der Menschheit und nicht nur sich selbst zu dienen, das Ganze im Auge zu behalten und so weiter.

Das rein egoistische Denken ist zwar bis zu einem gewissen Grad überlebensnotwendig, oft aber auch kontraproduktiv, denn manche Überlebensstrategien lassen sich in der Gruppe besser verfolgen. Sehr oft wird rein egoistisches Denken schmerzhaft.

Wenn wir diesem Schmerz folgen, indem wir die WORK machen, können sich große Glücksgefühle einstellen. Mit dem folgenden Text habe ich einmal das Denkmuster untersucht, das mir mein Verstand immer wieder zuflüstert:

Ich bin etwas Besonderes!

Dieser irreale Gedanke trifft mich von Zeit zu Zeit mit ungebremster Wucht. Meine Umwelt zeigt mir jedoch durch ihr Verhalten pausenlos und eindeutig, dass ich nichts Besonderes bin, dass ich demzufolge einen Traum in meinem Hirn nähre: Man verleumdet mich, lügt, hält nicht Wort, mein Vermieter klagt gegen mich, mein Computer funktioniert nicht, meine Wohnung ist zu laut, ich verdiene nicht genug Geld, ich kriege Halsentzündung, niemand näht meine Knöpfe an oder putzt meine Wohnung.

Aber ich denke, *ich bin etwas Besonderes*! Das sitzt so tief und ist so fest verwurzelt, dass ich es gar nicht merke, dass ich das immer und immer glaube. Das Denkmuster umgibt mich wie die Luft zum Atmen, das ist wohl der Grund, dass es mir über so lange Zeit gar nicht bewusst war.

Machen wir also die Untersuchung:

Ich bin etwas Besonderes, **ist es wahr?** Aber nein! Ist doch sonnenklar! Eine offensichtliche Lüge! Spätestens, wenn ich mir die Größe des mich umgebenden Raumes vergegenwärtige oder auch nur die Bedeutung der Jetztzeit oder meines kleinen Menschenlebens mit den geschichtlichen Zeiträumen vergleiche, muss ich erkennen, dass meine eigene Bedeutung die Unwahrheit, eben eine Lüge ist.

Aber ich brauche ja nur in mein Herz zu fühlen, um zu wissen, dass ich im sozialen Sinn nichts Besonderes sein kann. Oder anders ausgedrückt: Mein Herz weiß nichts von Besonderheit und Bedeutung – es unterscheidet nicht! Für mein Herz ist »Besonderheit« kein Kriterium: Es weiß, ich bin da und daher wichtig, aber ich bin ebenso wichtig wie alles, was existiert.

Und die zweite Frage: **Kann ich es wirklich wissen?** Nein, auch das nicht! Ich weiß, dass ich nichts weiß. In Gottes Augen mag ich etwas Besonderes sein, aber – da bin ich sicher – ER sicht ALLES als etwas Besonderes an. Also wieder nichts mit meiner besonderen Besonderheit.

Wessen Angelegenheit wäre meine Besonderheit, so es sie denn gäbe? Ein persönlicher Beweis für meine Besonderheit wäre für mich zum Beispiel ein großer Lottogewinn, aber wer ließe mich denn da gewinnen? Die sehr gerechten Gesetze des Zufalls und der Statistik und kein persönlicher Gott, der an einem Schaltpult einen Knopf drückt. Also es wäre Angelegenheit des Ganzen, des Alles.

Was habe ich davon, dass ich denke, ich sei etwas Besonderes?
Oh, oh. Das ist anstrengend. Sehr anstrengend. Ich fühle mich allein da oben. Auf diesem Podest. Ich muss dauernd beweisen, dass es stimmt, dass ich etwas Besonderes bin. Ich bin in einem ständigen Zustand von Frustration, da meine Umwelt und meine Mitmenschen ja offensichtlich gar nicht bemerken, dass ich etwas Besonderes bin. Ich werde übergangen, übersehen, angelogen, nicht bevorzugt, vergessen, nicht gewürdigt, nicht anerkannt, nicht geliebt, nicht erwähnt, muss mich in der Reihe anstellen. Mein Auto geht kaputt, ich werde krank, bekomme eine Mahnung, stelle fest, dass ein Vertrag noch ein Jahr läuft, weil ich das Kleingedruckte übersehen habe, die überlaute morgendliche Schulhof-Kehrmaschine kommt neuerdings montags morgens um sieben (auch in den Ferien!), meine Eltern haben mir nichts hinterlassen – eigentlich ist mir mein ganzes Leben in diesem Lichte vermiest, außer in ein paar seltenen, glücklichen, zufallsbedingten Momenten.

Und selbst die kann ich nicht richtig genießen, denn da sagt eine Stimme: »Das wurde aber auch Zeit! Mich so lange warten zu lassen!«

Gibt es einen Grund, an diesem Glauben festzuhalten? Brauche ich diesen Glauben, um zu überleben, um mich zu behaupten? Würde ich noch mehr übersehen, belogen, hintangestellt werden, wenn ich nicht glauben würde, ich sei etwas Besonderes? Im Gegenteil, ich denke, wer wirklich echt bescheiden ist, hat eher *mehr* Chancen im Leben. Oder?

Wer wäre ich, wenn ich nicht denken würde, ich sei etwas Besonderes?

(Ich muss den Glauben nicht fallen lassen, ich untersuche nur mein Denken.)

Ich wäre ziemlich entspannt. Frei. Ich sehe mich lustwandeln. Ich würde tun, was ich tue, reagieren, wie ich reagiere, würde mich jeder Situation so anpassen, dass ich geradezu damit verschmelze. Ich fühle Freiheit und Leichtigkeit, ein Fließen mit dem Leben, mit dem, was geschieht. Ich verschwende keine Kraft mit Dingen, die mir keinen Spaß machen, die nur dazu dienen, den anderen meine Bedeutung zu zeigen. Ich sehe mein Gehirn frei von Gebots- und Verbotschildern, von vorgefertigten Verhaltensmustern. Was auch immer geschieht, in welcher Situation ich auch bin, ich akzeptiere total. Ich sehe mich mit anderen Menschen, denen ich nichts beweisen muss, vor denen ich keine Rolle zu spielen brauche, mit denen ich total *sein* kann, weil ich nichts für mich will. Ich wäre dann vielleicht sogar etwas Besonderes, denn es könnte ja sein, dass der eine oder andere noch an sein eigenes Besonders-Sein glaubt.

Was ist das Höchste, das ein Mensch erreichen kann?

Einfach sein! In seiner doppelten Bedeutung.

Und die **Umkehrung**: »Ich bin nichts Besonderes!« Das ist auf jeden Fall und offensichtlich wahrer als die ursprüngliche Behauptung. Und eine weitere Umkehrung: »Mein Denken ist etwas Besonderes.« Ja, in einem gewissen Sinne stimmt das auch. Es ist nämlich nicht synchron mit der Realität. Jeder weiß und sieht, dass *niemand* etwas Besonderes ist, nur unser Denken fügt sich da nicht ein und leistet sich eine Lüge. Insofern ist es etwas Besonderes im Sinne von Absonderung oder absonderlich.

Allerdings, die Erkenntnis allein nutzt mir nicht viel, ich kann mir sogar tausendmal klar machen, dass ich nichts Besonderes bin, kann es nachlesen bei Hunderten von Weisheitslehrern, kann es immer wieder wissen in Momenten der Besinnung, der Meditation, der Einkehr. Aber dann ist mein Denken wieder mit etwas anderem beschäftigt, und alles ist vergessen.

Jedoch immer dann, wenn mir jemand ans Bein pinkelt, mich nicht beachtet, wertschätzt oder auch nur *nicht* anruft, sich *nicht* bedankt, mich *nicht* einlädt, werde ich mich automatisch und beharrlich an die Tatsache meiner Nicht-Besonderheit erinnern. Jeder muffige Blick, jede schmutzige Wäsche, jeder Bus, der davonfährt, jedes Staubkorn in meiner Nase, jede Mücke, die mich sticht, jedes Wehwehchen, jedes winzige Missgeschick wird mich erinnern, wer ich sein könnte.

Dann übe ich die Methode und irgendwann habe ich's vielleicht endgültig kapiert – oder auch nicht.

Meine geliebte Partnerin Marilies hat natürlich ebenfalls dieses Denkmuster – wie wir alle: Ich bin wichtig! Eines Tages wurde ihr das schmerzhaft bewusst, und wir untersuchten diese Geschichte gemeinsam.

Ich kann gar nicht beschreiben, wie schön, wie wertvoll dieses gemeinsame Bearbeiten des Verstandes ist, den wir ja schließlich alle teilen. Ihr automatisches Denken ist mein Denken, Ihre Untersuchung meine, ihr Herz ist mein Herz. Es ist eine Art Verschmelzen, wenn man dies gemeinsam tut. In meinem ersten Buch über die Methode habe ich sinngemäß geschrieben: »Ich halte THE WORK für eine sehr reine Form, seine Liebe zu einem anderen Menschen auszudrücken«, und das ist meine und Marilies' Erfahrung. Wir tun es fast jedes Mal, wenn wir zusammen sind. Meist arbeiten wir dann an Themen, die mit unserer Beziehung nichts zu tun haben, aber hier hat Marilies während einer bestimmten Phase einmal den Fragebogen über mich ausgefüllt. Es ist nicht immer ratsam, das dann mit dem eigenen Partner zu bearbeiten, aber wir beide haben ja schon eine Menge Erfahrung.

Ich sollte meinem Partner wichtig sein

MARILIES: *Ich bin traurig, weil ich für Moritz nicht mehr so wichtig bin.*
MORITZ: Ist das wahr?
So empfinde ich das im Moment.
MORITZ: Kannst du wirklich wissen, dass das wahr ist?
Nein, wirklich wissen kann ich es nicht. Ich denke mir das nur.
MORITZ: Was hast du von dem Gedanken, du seist mir nicht wichtig?
Dann bin ich sehr traurig. Dann habe ich das Gefühl, mir fehlt ganz viel. Und dann bin ich auch zornig und wütend auf dich, weil ich denke, du nimmst mir etwas weg.
MORITZ: Und wie behandelst du mich?
Sehr unwirsch, unfreundlich, und ich kapsele mich ab, ich bin vorsichtig, nicht so offen und liebevoll.
MORITZ: Wie behandelst du **dich** dann?
Mich behandle ich auch sehr schlecht. Ich habe Gedanken wie: »Ich habe etwas angestellt, ich bin nicht mehr gut, und deswegen bewunderst du mich nicht mehr.« Ich denke dann auch ziemlich schlecht von mir selbst.
MORITZ: Gibt es einen Grund, an dem Glauben festzuhalten? Wie würdest du dich ohne diese Idee fühlen?
Wenn ich überhaupt keine Gedanken darüber habe, ob ich für dich wichtig bin, dann geht es mir einfach gut. Da kann ich jeden Moment einfach ganz da sein und genießen – ob mit dir oder ohne dich.
MORITZ: Und dreh's um.
Ich bin traurig, weil ich für mich nicht mehr so wichtig bin, weil

ich für mich nur noch ein Mensch unter vielen bin. Das hängt damit zusammen, dass ich immer etwas Besonderes sein will. Und wenn ich entdecke, dass ich eigentlich so bin wie alle anderen, dann ... das möchte ich einfach nicht.

MORITZ: Du solltest etwas Besonderes sein, ist das wahr?

Was ist das überhaupt – etwas Besonderes? Vielleicht bin ich ja sogar etwas Besonderes, das weiß ich alles nicht.

MORITZ: Was hast du davon, dass du denkst, du willst etwas Besonderes sein?

Dann will ich besser sein als die anderen, dann will ich mich über die anderen erheben.

MORITZ: Wie fühlt sich das an?

Gar nicht gut. Weil ich dann auf die anderen herabsehe und auch sehr allein bin. Und das ist auch sehr anstrengend, denn man muss sich immer bemühen, dass man auch da oben bleibt, auf diesem hohen Niveau. Ich denke auch, ich muss immer sehr viel dafür tun, dass ich für die anderen wichtig und bedeutsam bin.

MORITZ: Kannst du einen Grund sehen, den Glauben fallen zu lassen: »Ich möchte was Besonderes sein«?

Ja. Viele Gründe.

MORITZ: Kannst du einen Grund sehen, daran festzuhalten, der nicht mit Schmerz und Leiden verbunden ist?

Nein. Auch nicht.

MORITZ: Wer wärst du ohne den Glauben: »Ich möchte etwas Besonderes sein«?

Das wäre eine unglaubliche Erleichterung, denn das Leben wäre nicht mehr so anstrengend. Das wäre viel ruhiger, viel liebevoller mit mir selbst, viel schöner, viel sonniger, unheimlich viel Freiheit. Auch viel mehr liebevolle Verbundenheit mit anderen Menschen. Ich finde das bei anderen Menschen nämlich sehr liebenswert, wenn ich merke, die haben auch

Schwächen. Allzu vollkommene Menschen mag ich nicht so sehr.
MORITZ: Also ist es eine Lüge. Du willst in Wirklichkeit gar nichts Besonderes sein.
Nein, eigentlich nicht. Ich will nichts Besonderes sein. Das ist wahrer. Ich will wie alle anderen sein und dazugehören.
MORITZ: Dein nächster Satz?
Ich bin traurig über unsere Beziehung, weil ich sie jetzt als so hohl und bedeutungslos empfinde wie einen Luftballon, der jederzeit platzen könnte.
MORITZ: Ist das wahr?
Ja, im Moment empfinde ich das so – als wären da keine Stützen, auf die ich mich verlassen könnte.
MORITZ: Wie fühlt es sich an, wenn du unsere Beziehung als hohl empfindest?
Sehr beängstigend, da ist überhaupt keine Sicherheit. Und ich denke schlecht von dir und schlecht von mir.
MORITZ: Wie fühlt sich das an?
Überhaupt nicht gut.
MORITZ: Wo spürst du das?
Das ist sehr viel Enge im Herzen. Wie ein Panzer ums Herz.
MORITZ: Gibt es einen Grund daran festzuhalten? Wie geht es dir ohne das Denkmuster?
Einfach gut, dann mache ich mir nicht so dumme Gedanken. Dann kann ich uns beide sehen, wie wir sind. Was schön ist, genieße ich, und wo es vielleicht irgendwelche Probleme gibt, da kann man genauer hingucken. Ich würde jeden Moment nehmen, wie er ist, und es würde mir gut gehen.
MORITZ: Und die Umkehrung?
Ich bin traurig über mein Denken, weil ich es jetzt als so hohl und bedeutungslos empfinde, wie einen Luftballon, der jederzeit platzen könnte.

MORITZ: Ist das auch wahr? – Dein nächster Glaubenssatz.
Moritz sollte nicht immer so viel von anderen Frauen reden. Moritz sollte nicht so viel mit anderen Frauen zusammen sein, Moritz sollte sich nicht so viel von anderen Frauen bewundern lassen.
MORITZ: Ist das wahr?
Kann ich eigentlich nicht so genau sagen.
MORITZ: Tut Moritz das alles?
Ja, manchmal schon.
MORITZ: Er lässt sich bewundern? Kannst du das wissen? Er ist viel mit anderen Frauen zusammen? Was heißt *viel*?
Kann ich auch nicht genau sagen.
MORITZ: Solche unbestimmten Begriffe sind immer ein Anlass, genau nachzuschauen. Was ist viel? Was ist zu viel? Wie viele Stunden?
Und was heißt wirklich »bewundern«, was heißt wirklich »zusammen sein«?
MORITZ: »Zusammen sein« kann rangieren von »Brötchen kaufen bei der dicken Bäckerin« bis »mit anderen Frauen schlafen«.
Gut, das kann ich also nicht wirklich wissen.
MORITZ: Was hast du davon, dass du denkst, Moritz sollte das alles nicht tun – und du weißt nicht einmal, um was genau es sich handelt?
Dann bin ich böse auf dich. Ich will dich an etwas hindern.
MORITZ: Wessen Angelegenheit ist das Ganze?
Das ist natürlich deine Angelegenheit.
MORITZ: Wessen Angelegenheit ist es, wer mich bewundert?
Die Angelegenheit von anderen.
MORITZ: Wie fühlt es sich an, in fremden Angelegenheiten zu sein?
Schlecht. Ich denke, ich müsste etwas kontrollieren, und ich

weiß genau, ich kann es nicht kontrollieren und dann fühle ich mich ohnmächtig.

MORITZ: Wie fühlt es sich an, wenn man etwas kontrollieren will?

Furchtbar anstrengend, ich muss dauernd aufpassen, alles beobachten, überall meine Finger drin haben. Aber am stärksten ist das Gefühl der Ohnmacht, der Schwäche – ich kann nichts tun. Das fühlt sich doof an.

MORITZ: Wie behandelst du dich, wenn du das alles denkst?

Ganz schlecht, weil ich denke, ich bin schlechter als die anderen. Ich bin sehr wenig freundlich und liebevoll mit mir selbst. Sehr hart.

MORITZ: Wie wäre es, wenn du das alles loslassen würdest – und ich bitte dich nicht, es loszulassen?

Dann wäre es einfach okay. Im Grunde gefällt es mir, dass du positiv und nett von anderen Frauen redest und dass sie dich mögen und dass du gut mit ihnen zusammen sein kannst. Das ist etwas, das mir an dir auch gefällt. Ich könnte das einfach beobachten und genießen und mich daran freuen und würde mich dabei gut fühlen.

MORITZ: Und wie würdest du das umkehren?

Moritz sollte viel von anderen Frauen reden. Moritz sollte mit anderen Frauen zusammen sein, Moritz sollte sich von anderen Frauen bewundern lassen. Das ist wahrer und fühlt sich auch besser an. Ich will das im Grunde auch lieber.

MORITZ: Noch andere Umkehrungen?

Ich sollte nicht immer so viel von anderen Frauen reden – und zwar in meinem Kopf.

MORITZ: Dein nächster Satz?

Moritz sollte seine Aufmerksamkeit und Energie nicht anderen Menschen, sondern mir zuwenden.

MORITZ: Ist das wahr?

Erst mal würde ich Ja sagen, andererseits – was ist überhaupt Aufmerksamkeit und Energie? Außerdem ist es deine Angelegenheit, und ich weiß gar nicht, ob mir das gefallen würde, wenn du dich ständig und immer mir zuwenden würdest. Ich weiß nicht, ob ich das wirklich haben will.

MORITZ: Was hast du davon, dass du denkst, ich sollte dir mehr Aufmerksamkeit und Energie zuwenden?

Das ist Kontrolle, und weil ich es nicht kontrollieren kann, erlebe ich es als Ohnmacht. Ich will über dich bestimmen, aber das fühlt sich nicht gut an. Ich fühle mich dabei klein und schlecht. Ich denke, ich bin deine Aufmerksamkeit nicht wert.

MORITZ: Wie wäre es ohne den Glaubenssatz?

*Dann würde ich mich freuen, wenn du dich anderen Leuten zuwendest, weil das meist interessant ist, das bereichert auch unsere Beziehung. Ich würde meine Gedanken nicht verschwenden, ich würde mich immer freuen, wenn du mich beachtest, und es ginge mir gut. Umkehrungen wären: Ich sollte meine Aufmerksamkeit und Energie nicht anderen Menschen, sondern **mir** zuwenden.*

*Ich sollte meine Aufmerksamkeit und Energie mehr **dir** zuwenden.*

MORITZ: Jawohl!!!

*(Lacht) Ich sollte meine Aufmerksamkeit und Energie mehr **anderen Menschen** zuwenden und nicht so viel mir – das sind alles Lehren für mich.*

***

Nicht allzu lange nach dieser Untersuchung hatte Marilies eine Phase, in der sie sich scheinbar von mir abwandte. Abgesehen von einem kurz dauernden kindischen Anfall von Zorn konnte ich dies gelassen beobachten. Ich wusste, es hatte zu geschehen, was geschah. Ich verreise für eine Weile und fühlte mich völlig frei – in dieser Zeit hatte ich intensive (wenn auch nicht körperliche) Beziehungen zu anderen Menschen, die zum großen Teil diesem Buch zugute kamen. Marilies hielt mich per E-Mail über ihre Arbeit an sich selbst auf dem Laufenden. Einige dieser »Selbst-Anwendungen« und was sie sonst darüber schrieb, möchte ich Ihnen nicht vorenthalten – der gesamte folgende Abschnitt stammt also aus Marilies' Tastatur.

Ich bin nicht mehr begehrenswert

Das Ende der Euphorie
Irgendwann endet wohl in jeder Beziehung die Phase der Euphorie.

Gerne möchte ich die Verliebtheit länger aufrechterhalten, es war so schön, uneingeschränkt bewundert, begehrt zu werden, so schön, rundum begeistert von seinem Partner zu sein, Traumprinz hatte Traumprinzessin gefunden, ein Märchen war in Erfüllung gegangen.

Jetzt aber beginne ich, klarer und realistischer zu sehen. Ich bemerke Mängel am anderen, meine eigenen Macken und Unzulänglichkeiten sind nicht zu übersehen, nicht mehr alles begeistert, manchmal ist es langweilig miteinander, die leidenschaftlich-erotischen Höhenflüge sind Begegnungen gewichen, die im Kontrast dazu nüchtern und vorausschaubar anmuten. Die Diskrepanz zwischen Traum und Realität gibt mir die Chance zum Aufwachen.

Unsere Beziehung zueinander soll wieder liebevoller, erotischer sein! Ist das wahr? Wie ist die Wirklichkeit?
Es ist nicht so.
Kann ich wirklich wissen, dass es besser für mich, für uns,

für die Welt wäre, wenn unsere Beziehung noch so wäre wie zu Beginn?

Nein, das kann ich nicht wissen. Wahrscheinlicher ist sogar, dass es nicht besser wäre – damals haben wir einen großen Teil der Zeit im Bett verbracht – vieles von dem, was wir heute auf die Beine stellen, wäre auf diese Weise gar nicht möglich.

Was habe ich von der Idee, unsere Beziehung sollte anders sein, so wie früher?

Ich bin enttäuscht, frustriert, unzufrieden. Ärgerlich auf mich und meinen Partner. Ich bin weder freundlich und liebevoll zu mir noch zu meinem Partner, ja kaum zu anderen. Das fühlt sich an, als lebte ich in einer traurigen, grauen und leeren Welt. Ich verliere den Bezug zu mir und meinem Körper. Da ich »früher« und »heute« vergleiche, werden die schönen, beglückenden Erlebnisse der Vergangenheit zu einer Quelle des Schmerzes.

Wer wäre ich, wenn ich diesen Gedanken fallen ließe, wenn ich nicht vergleichen würde, wenn ich alles so akzeptieren würde, wie es jetzt ist?

Mein Blick wäre frei für all das Schöne, ich hätte mehr Freude an mir, meinem Partner, mehr Freude an der Welt. Ich könnte mich spüren, meinen Körper, meine Wärme, meine Lebendigkeit; ich wäre erotischer und liebevoller. – Und die Umkehrung: Die Beziehung zu mir soll wieder liebevoller und erotischer sein. Die Beziehung meines Denkens zu mir, zu meinem Partner sollte wieder liebevoller, erotischer sein.

Das ist möglich, indem ich die Methode anwende: Ich benutze meine Fähigkeit zu denken dazu, wieder den Kontakt zu mir selbst herzustellen, das ist die beste Voraussetzung, Liebe zu geben, Erotik zu leben.

Diese Work zeigt mir, wie ich realistischer werden, akzeptieren kann, was ist. Ich werde freier und sehe, wie ich mein Ziel auf einer höheren, bewussteren Ebene erreichen kann. So hat jede Phase der Beziehung einen Sinn, eine Aufgabe.

Natürlich stoße ich auf Dinge, die sehr schmerzhaft sind, die ich mir partout nicht anschauen will, die ich am liebsten in altgewohnter Weise dem Partner in die Schuhe schieben will, die ich vor mir und dem anderen verbergen will, die nicht dem Bild, das ich mir von mir, meinem Partner und der Welt gemacht habe, entsprechen.

Ich denke sogar an Trennung. Aber ich merke, dass ich mich damit und mit jeder weiteren Vermeidungstaktik auch von mir trenne, von meinem wirklichen Selbst.

Ich bin an einem Punkt angelangt, wo ich spüre, dass ein völlig neuer Weg möglich ist. Ob mit Moritz oder zum Teil mit Moritz oder auch ganz ohne ihn, hängt davon ab, was ich wirklich in diesem Leben will und inwieweit das mit ihm möglich ist.

Es fällt mir schwer, in solch einer Situation die Methode anzuwenden, ich muss wohl erst mal einige Zeit schmoren. Manchmal ist es wohl auch ehrlicher, Türen zu knallen, Tassen zu werfen, harte Worte zu sagen.

Die Gefühle sollten nicht mit mir durchbrennen. Ich sollte immer sofort vernünftig sein und die Methode anwenden!

Ist das wahr?

Nein, offensichtlich nicht, die Realität sieht anders aus. Ich bin wütend, traurig, verwirrt und jetzt nicht in der Lage, die WORK zu machen.

Kann ich wirklich wissen, dass es besser für mich und meinen Partner wäre, wenn ich weniger emotional wäre, wenn ich jetzt die Methode anwenden würde?

Nein, das kann ich nicht wissen. Vielleicht wäre es gar besser, wenn ich es nicht tun würde, weil sich auf diese Weise tiefer liegende Schmerzen lösen und damit festgefahrene Denkmuster lockern, überhaupt erst erfahrbar werden.

Was habe ich davon, zu denken: Ich sollte jetzt anders sein, als ich bin?

Ich werde panisch, verzweifelt, halte mich für unfähig. Bin zornig auf meinen Partner, weil er mir nicht zu helfen scheint, weil er so ruhig und souverän wirkt und ich mir dadurch noch kleiner und hilfloser vorkomme. Ich bin völlig gefangen in meinen Gefühlen und negativen Gedanken, ich bin nicht mehr ich selbst und für niemanden wirklich da.

Wer wäre ich, wenn ich den Gedanken fallen ließe?

Ich wäre einfach das, was ich im Moment bin, eine Person, die weint, die ein Rumoren im Bauch hat, die schimpft, vielleicht wegläuft; alles sehr lebendig und ohne Glaubenssätze irgendwie goldig und liebenswert. Menschlich.

Der Gewinn, wenn man dann doch die Methode anwendet, ist groß.

Bin ich noch schön genug?

Ich liege genüsslich im warmen, duftenden Badewasser und fühle mich eigentlich rundherum wohl, doch da sind immer wieder diese Einflüsterungen: »Bin ich schön? Bin ich noch schön genug?« Gerade in letzter Zeit, da mir die aufmunternden kleinen Bestätigungen von Moritz fehlen, denke ich wieder öfter:

Ich sollte schöner, schicker, schlanker sein!

In der Badewanne kann man wunderbar die Fragen stellen: Ist es wahr, dass ich anders aussehen sollte?

Das kann nicht wahr sein, denn ich sehe genauso aus, wie ich bin: genau dieses Gesicht, diese Haare, diese Figur – so bin ich jetzt, das ist die Wirklichkeit. Wäre es denn wirklich besser, wenn ich schöner, schicker, schlanker wäre? Könnte ich mit mehr Aufmerksamkeit oder Begehren überhaupt gut umgehen? Vielleicht würde mich ein besseres Aussehen davon abhalten zu erkennen, um was es wirklich geht. Und auch für meine Mitmenschen wäre es vielleicht nicht besser, denn was könnte es zum Beispiel für meine Tochter bedeuten, hätte sie ständig eine wunderschöne, schicke, schlanke Mutter vor der Nase?

Was habe ich von der Idee: Ich sollte besser aussehen?

Ich bin nicht wirklich zufrieden und glücklich, kann nicht völlig genießen, zum Beispiel jetzt meinen Körper im wohligen Bad. Ich empfinde mich als nicht ganz ausreichend, mit Mängeln behaftet. Wenn ich in den Spiegel schaue oder auf meine Beine, denke ich: Das bin nicht wirklich ich, da ist eine Diskrepanz zwischen mir und dem Bild von mir und das fühlt sich unvollständig und zerrissen an.

Wie gehe ich mit anderen Menschen um, wenn ich so denke?

Im Kontakt mit Frauen vergleiche ich dann, ordne dauernd ein: Diese ist dicker als ich, jene versteht sich nicht zu kleiden und die dort sieht irgendwie verkümmert aus – diese Frauen stehen in der Rangfolge unter mir, ich glaube, besser zu sein, bin überheblich, gönnerhaft, das alles fühlt sich im Grunde beschissen an. Oder ich denke: Die sieht so goldig aus, die da hat einen anmutigen schönen Körper, und jene ist so weltgewandt und elegant – dann rutsche ich sinnbildlich in den Keller, mache mich selbst zur grauen Maus, ich verstumme und halte mich zurück.

Und wie geht es mir mit Männern, wenn ich solche Denkmuster habe?

Ich denke, sie beachten mich nicht, mögen mich nicht, lehnen mich ab, sehen in mir keine Frau. Ich halte mich sehr zurück, bin starr und nicht sehr lebendig, schiele auf vielleicht doch noch mögliche Komplimente, denen ich dann aber doch nicht glaube. Mit diesen Glaubenssätzen habe ich einen unbestimmten, diffusen Zorn auf Männer, will nicht viel mit ihnen zu tun haben und gehe ihnen aus dem Weg.

Meine Güte, was für ein Wust von Unwohlsein um diesen kleinen Gedanken kreist! Wenn ich das alles denke, nehme ich mich dann überhaupt noch wahr, während ich hier im angenehmen Badewasser liege? Was gibt es im Moment anderes zu tun, als einfach nur meinen wunderbaren, warmen, lebendigen Körper zu genießen?

Ohne dieses »Ich sollte schöner, schicker, schlanker...« würde ich jeden Moment meines Lebens wirklich genießen. Andere Frauen wären Genossinnen, Wegbegleiterinnen. Ich sehe mich untergehakt mit Freundinnen, wir lachen zusammen und haben viel Spaß. Männern würde ich nicht mehr ausweichen, sie sind Freunde, Brüder. Ja, das wäre schön, ich spüre sehr viel Liebe, für die anderen und auch für mich, für meinen Körper, der so treu und beständig bei mir ist.

Und die Umkehrung?

*Ich sollte **nicht** schöner, schicker, schlanker sein. Das stimmt viel mehr, denn ich bin so, wie ich bin: Ich selbst. – Ich sollte schöner, schicker, schlanker **denken**. Ja!! Liebevoller – nicht immer wieder die alte Leier – und die* WORK *zu machen ist eine gute Methode, um in einer gewissen Weise schlanker zu denken.*

Das war nun ein wirkliches Schönheitsbad!

Gehirnwäsche

Mein Auto ist furchtbar schmutzig und benötigt dringend eine Reinigung. Als ich zur Waschanlage einbiege, stelle ich fest, dass etliche Autofahrer die gleiche Idee hatten. Zuerst will ich mich schon über das unvermeidliche Wartenmüssen ärgern, dann denke ich: »Nutz doch die Zeit und mach die WORK!«

Diesen einen hartnäckigen Glaubenssatz, der mich zur Zeit »verfolgt«, formuliere ich jetzt ganz direkt:

Moritz sollte mich sexuell begehren!

Ist das wahr? Wie ist die Wirklichkeit?

Er tut es nicht, wenigstens nicht so, wie ich es gerne hätte, so ist es. Ich wünsche es mir so sehr, aber ich weiß nicht wirklich, ob es auf lange Sicht für mich oder für ihn besser wäre, wenn er es täte. Vielleicht lerne ich auf diese Weise die für mich allerwichtigsten Dinge?

Wessen Angelegenheit ist das?

Wahrscheinlich noch nicht mal seine, es ist wohl Gottes Angelegenheit.

Was habe ich davon, dass ich so sehr gegen die Wirklichkeit kämpfe?

Ich fühle mich wertlos, wie ein in den dunklen Keller gestelltes, noch nicht gänzlich defektes, aber doch schon arg beschädigtes Gerät, das eigentlich ganz entsorgt werden sollte, da es wahrscheinlich nie mehr benötigt wird (wie die vier kaputten Staubsauger in Manis Keller). Ich fühle mich unattraktiv und wie eine alte Frau. Ich denke, ich brauche es unbedingt, von Moritz oder einem anderen Mann sexuell begehrt zu werden.

Ist denn dieser »Rattenschwanzgedanke« überhaupt wahr?

Wenn ich recht überlege: Nein! Es gibt so viele Momente in meinem Leben, in denen es mir wirklich gut geht und all dies überhaupt keine Rolle spielt: wenn ich in der Schule mit meinen Schülern eine gute Stunde mache, wenn ich mit meinen Kindern zusammen bin, wenn ich in meinem Garten arbeite und auch wenn ich mit Moritz rede oder einfach nur in seiner Nähe bin. Eigentlich ist es nicht das Sexuelle, das ich zu brauchen meine, und auch nicht das Begehren, es ist eher ein körperlicher Ausdruck von Liebe zwischen mir und einem Menschen, der mir wichtig ist.

Inzwischen bin ich bis zur Waschanlage vorgerückt. Ich muss mir die Nase putzen und einige Tränen fortwischen. Ich kurbele das Fenster runter: »Einmal Normalwäsche, bitte!« und bezahle.

Was habe ich davon zu denken, Moritz sollte mich sexuell begehren, und ich bräuchte dies unbedingt?

Ich fühle mich abhängig, wie ein Bittsteller, wie jemand, der es nötig hat, Defizite auszufüllen, wie ein löchriges Hemd. Ich bin zornig auf Moritz, weil er die Löcher so schlecht ausfüllt, ich möchte ihn bestrafen, ihn quälen, er soll genauso abhängig und hilflos sein. Ich behandle ihn schlecht, manchmal frustriert-zornig, als wäre er mein Gefängniswärter oder aber nachsichtig, von oben herab, als wäre er ein alter Opa. All das fühlt sich verdammt beschissen an, und ich spüre im Grunde genommen schon während ich in dieser Geschichte festsitze, dass Moritz gar nichts damit zu tun hat, dass ich ihn mit meiner Story vergewaltige.

Seifenlauge spritzt gegen meine Fensterscheibe, rotierende Bürsten kommen auf mich zu, lautes Rauschen umgibt mich. Ich kann meinen Gefühlen freien Lauf und den Schmerz fortschwemmen lassen.

Wer wäre ich ohne diese quälenden Gedanken?

*Ich würde in Moritz das sehen, was er wirklich ist, ein origineller, geistig hoch potenter, ein liebevoller, aufmerksamer Mann, den ich sehr liebe und der mir liebevoll zugetan ist. Ich könnte die ganze Liebe zwischen uns spüren und würde jeden Moment dankbar nehmen, wie er ist. Ich wäre offen für viele neue Möglichkeiten, das zu leben, was ich möchte. – Die Umkehrung: Ich brauche es nicht unbedingt, von Moritz sexuell begehrt zu werden. – Ich sollte **mich** mehr begehren im Sinne von: mich selbst mehr so haben wollen, wie ich bin, mehr bei mir selbst sein. Eine weitere Umkehrung ist: Ich sollte Moritz mehr begehren (so wie er ist).*

Ach, ist das schön! Nicht nur das Auto ist von verkrustetem Dreck befreit und strahlt wieder!

Mit dem Partner eins werden

So weit die Arbeit meiner Partnerin Marilies an sich selbst.

Ich kann mich nicht erinnern, jemals so tiefe Einblicke in das Seelenleben eines meiner Lebenspartner getan zu haben. Es ist sehr beglückend, die Methode mit einem geliebten Menschen zu teilen. Es ist, als ob man mit dem anderen eins würde, es findet eine seelische Verschmelzung statt.

Und wie so oft sah ich ganz klar, dass ich selbst auch nicht viel anders bin als sie. Wir sind alle noch Kinder im Sandkasten. Ich habe mich früher oft geärgert, dass in meinen Beziehungen keine oder jedenfalls nur eine sehr mühsame und langsame Entwicklung steckte – heute ist es genau umgekehrt, alles ist ständig neu und aufregend.

Aber man kann natürlich in einer Partnerschaft auch Dinge untersuchen, die nichts mit der Beziehung selbst zu tun haben.

Meine Liebste hat als Lehrerin naturgemäß mit vielen Menschen zu tun, was wiederum bedeutet, dass der Alltag viele kleine und größere Probleme mit sich bringt.

Sie sagte hierüber sinngemäß: »Eigentlich gibt es keine bessere Methode, sich gegenseitig kennen zu lernen. Wenn ich dir erzähle, was mir passiert ist und was ich denke, dann schlüpfst du gewissermaßen in mich hinein und siehst die Welt mit meinen Augen. Wenn du mir dann die Fragen stellst, hilfst du mir, mein Denken und mein Gehirn aufzuräumen.«

Ich antwortete ihr, dass ich das Gleiche gleichzeitig bei mir selbst täte, denn ich habe mehr oder minder die gleichen Denkmuster.

Mir fiel bei dieser Gelegenheit auch auf, dass die Anwendung der Methode mich für meine eigene Zukunft positiv programmieren kann, falls ich mal in eine Situation komme, die der ihrigen gleicht. Wann immer und in welcher Position wir die Methode gemeinsam anwenden, beide haben Nutzen davon.

Unsere Denkapparate werden synchron geschaltet, wir schwingen mit der gleichen Frequenz – ein Effekt, der auch bei größeren Gruppen sehr gut zu beobachten ist. Dieser Gleichklang ist sicher auch mit für das intensive Wohlgefühl verantwortlich, das mit dem gemeinsamen Hinterfragen einhergeht. (Vor ein paar Tagen saß ich nach der »Arbeit« mit sieben Teilnehmern eines meiner Seminare in einer Kneipe. Plötzlich fiel mir auf, dass wir alle gleichzeitig die exakt gleiche Körperhaltung eingenommen hatten.)

Und noch ein positiver Effekt: Wer die Methode intensiv anwendet, wird feststellen, dass sich die Personen, über die wir unsere Urteile fällen, fast greifbar im Raum zu materialisieren scheinen. Auf diese Weise lernte ich die Kollegin meiner Partnerin, über die sie sich geärgert hatte, bestens kennen, denn sie erschien bei uns im Schlafzimmer! In dieser Hinsicht erinnert THE WORK an Hellingers Familienaufstellungen*. Ist es nicht wunderbar, wenn man die jeweilige Welt des anderen so genau studieren darf? Und es dient auch noch dem geistigen Wachstum! Das ist Nähe und Liebe! Welch eine geniale Alternative zu der Schweigsamkeit, die bei vielen Paaren herrscht, wenn es um die beruflichen Probleme des einen oder die häuslichen Sorgen des anderen geht!

Und wenn die Partner schon miteinander darüber reden, kommt dann normalerweise etwas anderes dabei heraus als

---

* Bert Hellinger (Psychoanalytiker, Systemtherapeut) macht Aufstellungen, bei denen »Stellvertreter« in die Rolle der Familienangehörigen schlüpfen. Diese erleben und verhalten sich dann auf geheimnisvolle Art oft wie die dargestellten Personen. THE WORK und diese »systemischen Aufstellungen« ergänzen sich übrigens hervoragend.

Schimpfen über die großen und kleinen Ärgernisse oder Frust-Abladen beim anderen? Benutzen sich manche Partner nicht nur gegenseitig als seelische Mülleimer? Ich will das auf keinen Fall verurteilen, ich möchte nur darauf hinweisen, dass THE WORK sich als ungleich wertvoller herausstellen kann als das, was manche von uns gewohnt sind. Mir jedenfalls macht es erst richtig Spaß, mich mit den Problemen anderer Menschen zu befassen, seit ich die Methode kenne. Früher langweilten mich Probleme, oder ich versuchte zu helfen. Aber Menschen wollen oft vordergründig gar keinen Rat und sind mehr daran interessiert, Recht zu haben, sich auszuquatschen, über andere zu schimpfen.

Wenn meine Liebste die Methode anwendet und ich ihr helfe, erfahre ich stets etwas Neues. Früher regte man sich immer über die gleichen Sachen auf, man gab Ratschläge, die den Punkt nicht trafen, die nichts nutzten, die nicht befolgt wurden. Heute muss ich mich gar nicht anstrengen, ich werde stattdessen bestens unterhalten und mische mich noch nicht einmal in ihre Angelegenheiten ein. Ich höre fast niemals zweimal die gleiche Geschichte, weil die Menschen, mit denen meine Partnerin zu tun hat, sich ändern und weil sie selbst sich dauernd ändert. Sehr oft höre ich von wunderbaren Erfolgen – Lehrer A ist plötzlich viel freundlicher, Kollege B redet nicht mehr so viel, Schüler C lehnt sie nicht mehr ab. Das macht Spaß. Der Alltag ist zu einer aufregenden Reise geworden, und unsere Unterhaltungen gleichen spannenden Reiseberichten.

- Das Ego hat seinen Ursprung in der Wahrnehmung der Welt.
- Rein egoistisches Denken ist oft kontraproduktiv.
- Das Herz unterscheidet nicht – es kennt nur Einheit und Einfachheit.
- Das Höchste, was ein Mensch erreichen kann: Einfach sein!

- Die Methode mit dem Partner anzuwenden ist eine hohe Form von Liebe.
- Achten Sie auf unbestimmte Mengenbegriffe wie »zu viel, zu wenig, mehr, weniger« in ihren Denkmustern.
- Kontrolle ausüben zu wollen bedeutet letzten Endes meist Ohnmacht.
- Durch die Anwendung der Methode entwickeln Sie sich schneller.
- THE WORK anwenden heißt »gemeinsam lieben«.

Der Sinn von Liebesbeziehungen

Seien wir uns bewusst: Im biologischen Sinn geht es um Reproduktion und um nichts anderes! In unserem Körper laufen eine Menge Vorgänge ab, die wir kaum steuern können und die nur diesem Zweck dienen. Liebesbeziehungen haben zunächst einmal mit Fortpflanzung zu tun. Aber es gibt nicht nur eine biologische Evolution, sondern auch eine Evolution des Bewusstseins.

Wir suchen uns deshalb nicht nur einen Partner, mit dem wir unser Erbgut am besten weitergeben, sondern mit dem wir auch unsere Probleme lösen können. Mit dem wir uns weiterentwickeln können in Richtung auf einen möglichen Menschen, der glücklicher, erfüllter, kreativer, produktiver, liebender ist als die vorhergehende Generation.

Macht Ihre Beziehung Sie glücklicher, erfüllter, kreativer, produktiver, liebender? Oder stellen Sie hier und da das Gegenteil fest?

Aber nicht nur für unser eigenes geistiges Wachstum, sondern auch für den Erhalt der Menschheit macht es Sinn, dass wir und unsere Beziehungen glücklich sind, denn aus solchen Verbindungen gehen glücklichere, kreativere, liebevollere Kinder hervor, was wiederum das Überleben der Rasse erleichtert.

Sie können getrost davon ausgehen, dass Sie sich genau den Partner gesucht haben, mit dem Sie erreichen können, was Sie wirklich wollen: Glück, Freude, Liebe, Zufriedenheit, Wachstum, Kreativität, Produktivität. Was steht der Verwirklichung dessen entgegen? Unsere negativen Denkmuster, Verhaltensweisen, Glaubenssätze, die wir aus der Kindheit, von unseren Eltern, sicherlich aber auch von unseren Vorfahren, unserem Erbgut, dem kollektiven Unbewussten übernommen haben.

Es ist eine Tatsache, dass diese Muster vorzugsweise in der Beziehung mit anderen Menschen aktiviert werden, und genau das ist auch der Sinn der Sache. Wir suchen und finden uns, um unsere Probleme gegenseitig zu lösen und »bessere Menschen« zu werden. Unsere Schmerzen und Probleme machen uns auf das Ungelöste aufmerksam, so dass wir es angehen können. Nur auf die passende Methode haben wir lange gewartet – hier ist sie.

Sie können sicher sein, dass Sie mit Hilfe dieser Methode jeden nur denkbaren Grund für das Nichtfunktionieren einer Beziehung finden und beseitigen können, vielleicht sogar, ohne genau zu wissen, wie er entstanden ist und ohne in schmerzhaften alten Gefühlen bohren zu müssen. Was auch immer in Ihrer Beziehung wehtut, hat Gründe, mit denen wir uns ein Leben lang in Therapien, Selbsthilfegruppen beschäftigen könnten. Wenn Sie hingegen die Fragen stellen, werden Sie immer gerade das losen, womit das Leben Sie in diesem Moment konfrontiert. Das ist ein wunderbarer und natürlicher Weg.

Falls Ihnen einmal kein aktuelles Problem einfällt oder der Fragebogen von Byron Katie nicht zu Ihrem Thema zu passen scheint; im Folgenden liste ich Fragen auf, die Sie anstelle der ersten vier Fragen des Fragebogens von Seite 73 nehmen könnten. Sie eignen sich auch für Partnerseminare mit speziellen Problemstellungen.

Worüber streiten Sie sich immer wieder?
Was will Ihr Partner auf keinen Fall einsehen?
Inwiefern erachten Sie sich als unwert?
Was genau stimmt nicht in Ihrer Beziehung?
Was macht Ihnen Angst?
Warum wollen Sie immer mit Ihrem Partner zusammen sein?
Benutzen Sie häufig die Wendung: »Wenn du mich wirklich liebtest, dann...« – Was genau sind Ihre Forderungen in dieser Sache?
Was kritisiert Ihr Partner immer wieder an Ihnen?
Was kritisieren Sie immer wieder an Ihrem Partner?
Wo haben Sie kein Vertrauen zu Ihrem Partner?
In welcher Hinsicht wollen Sie nie wieder verletzt werden?
Worin geben Sie Ihrem Partner häufig die Schuld?
Haben Sie gemeinsame schmerzhafte Denkmuster?
Welche schmerzhaften Muster kehren immer wieder?
In welcher Hinsicht macht Ihr Partner genau das, was Sie an einem Elternteil nicht mochten?
In welcher Hinsicht macht Ihr Partner das Gegenteil von etwas, das Sie an einem Elternteil nicht mochten?
Inwiefern ähnelt Ihre jetzige Beziehung jener Ihrer Eltern?
In welcher Hinsicht handeln Sie wie einer Ihrer Eltern?
In welcher Hinsicht handeln Sie gegenteilig wie einer Ihrer Eltern?
Welches Gefühl vermissen Sie in Ihrer Partnerschaft?
Inwiefern unterstützt Ihr Partner Sie bei selbstzerstörerischem Verhalten?

Inwiefern unterstützen Sie Ihren Partner bei selbstzerstörerischem Verhalten?
Haben Sie ständig Konflikte mit Ihrem Partner? Welche?
Gehen Sie Konflikten aus dem Weg? Welchen?
In welcher Hinsicht sind Sie nicht vollständig unabhängig, innerlich und äußerlich?
In welcher Hinsicht vermeiden Sie Nähe zu Ihrem Partner?
Was würden Sie Ihrem Partner niemals anvertrauen?
In welchen Situationen versagen Sie plötzlich, obwohl sich doch alles ganz gut angelassen hatte?

Ich habe mich zu diesen Fragen unter anderem von den Autoren des Buches »Liebe macht stark«* anregen lassen, die viel Erfahrung mit den typischen Klagen in Partnerschaften haben.

Dieselben Autoren haben »sechs Verpflichtungen« formuliert, die ich hier zitiere und kommentiere, da sie eine ausgezeichnete Grundlage nicht nur für Paarbeziehungen, sondern für Beziehungen allgemein darstellen:

1. Ich engagiere mich für Nähe und dafür, alles in mir zu beseitigen, was dieser Nähe im Wege steht.

Wenn Sie diese Nähe nicht wollen, dann leben Sie nicht wirklich in einer Beziehung. Dann handelt es sich vielleicht nur um eine Zweckgemeinschaft. Sie werden keine positiven Gefühle aus dieser Beziehung erhalten, denn die Nähe ist es, die für die positiven Gefühle verantwortlich ist. Alles, was der Nähe im Wege steht, erzeugt auch das gegenteilige Gefühl, eben das, was wir im Grunde nicht wollen. Wir mögen zwar konditioniert und programmiert sein, dass Nähe auch mit Schmerz verbun-

---

* Gay und Kathlyn Hendricks: »Liebe macht stark – von der Abhängigkeit zur engagierten Partnerschaft«, Mosaik Verlag, München 1992.

den ist, aber diese Konditionierungen können sich auflösen, wenn wir die Methode anwenden.

Der ganze Mechanismus lässt sich auch auf Beziehungen im weitesten Sinne übertragen. Wer Nähe – und sei es auch nur emotionale Nähe zu seinen Mitmenschen, seiner Umwelt oder gar zu Gott oder dem Universum – vermeidet, wird nicht das volle Potenzial seiner Liebesfähigkeit und seines Menschseins ausschöpfen.

Diese und auch die folgenden Verpflichtungen müssen nicht nur für Partnerbeziehungen gelten, man könnte sie auf den beruflichen, verwandtschaftlichen und weiteren menschlichen Bereich ausdehnen. Wenn Sie Biografien großer Wohltäter der Menschheit untersuchen, werden sie feststellen, dass diese ähnliche Verpflichtungen einer Gruppe von Menschen, einer Nation oder gar der ganzen Welt gegenüber eingingen.

2. Ich engagiere mich für meine vollständige Entwicklung als Individuum.

Sie haben natürlich gar nicht die Wahl, sich *nicht* zu entwickeln, aber es mag schon dienlich sein, sich dieses natürlichen Prozesses bewusst zu werden und ihn aktiv zu unterstützen. Sie werden wacher wahrnehmen, wann Ihre Beziehung dazu beiträgt, Ihre individuelle Entwicklung zu fördern, oder sie scheinbar behindert oder verlangsamt.

3. Ich engagiere mich dafür, mich in der Beziehung ganz zu zeigen und mich nicht zu verstecken.

Laut Gay und Kathlyn Hendricks kann jedes Verstecken auch nur eines kleinen Gedankens in einer Beziehung die Ursache für ihr Abgleiten in unbewusste Co-Abhängigkeit* sein.

---

* Das Wort stammt ursprünglich aus der Therapie Alkoholkranker. Unbewusste Verhaltensmuster zwischen Menschen, die sich gegenseitig schädigen, ohne es zu bemerken.

Sie sprechen deshalb immer wieder davon, dass man in einer Paarbeziehung *mikroskopisch genau* die Wahrheit sagen soll. Die Methode THE WORK setzt voraus, dass man vollkommen ehrlich und ungeschminkt seine Gefühle und Gedanken mitteilt. Wenn diese dann gemeinsam auf ihren Wahrheitsgehalt untersucht werden, so ist das wahres Sichzeigen. Der Prozess selbst ist so anrührend, dass nur wenige Menschen davon nicht auf einer tiefen Ebene angesprochen werden. Die Wahrheit im Rahmen einer WORK auszusprechen und zu erfahren, geht weit über eine einfache Mitteilung hinaus, besonders weil auch dem Mitteilenden selbst diese Wahrheit oft gerade erst zu Bewusstsein kommt.

4. Ich engagiere mich dafür, dass die Menschen um mich herum ihre volle Stärke besitzen und nutzen.

Indem ich einem Partner die Vier Fragen stelle, unterstütze ich ihn genau hierin. Ich glaube, Sie können – zumindest mit geistigen Mitteln – niemandem besser helfen, als die WORK mit ihm zu machen. Gute Ratschläge haben doch noch nie viel gebracht, oder? Und es ist besser, einem Menschen zu helfen, indem man ihm zeigt, wie er sich selbst zu helfen vermag. Aber auch indem ich lerne, den anderen so sein zu lassen, wie er ist, indem ich nicht mehr gegen ihn kämpfe, gebe ich ihm absolute Freiheit, seine eigene Stärke zu finden und eventuell zu nutzen. In meiner Erfahrung setzt genau dieser Prozess ein, wenn ich an mir und nur noch an mir arbeite.

5. Ich engagiere mich dafür, aus dem Bewusstsein heraus zu handeln, dass ich selbst die Ursache für das bin, was mir geschieht.

Genauer kann man nicht ausdrücken, was man tut, wenn man die Methode anwendet. Oder wäre es vielleicht noch besser, zu sagen: Mir wird durch die Methode bewusst, dass es genau so geschieht? Ich bin *immer* die Ursache. Ein Großteil der

Wirkung der Fragetechnik beruht auf der Entdeckung, wie sehr wir wirklich immer projizieren und wie sehr wir durch unser Verhalten die anderen unbewusst so manipulieren, dass sie nicht anders können, als sich uns gegenüber so zu verhalten, wie sie es tun.

6. Ich engagiere mich dafür, in meinen engen Beziehungen nur Freude zu haben.

Wenn Sie die Methode anwenden, werden Sie mehr und mehr und irgendwann vielleicht nur noch Freude haben. Und zwar nicht nur in Ihren engen, sondern überhaupt in allen Beziehungen. Ich und viele andere, die THE WORK praktizieren, erleben genau das, und es ist im Grunde die Botschaft dieses Buches.

Im Übrigen brauchten wir diese Verpflichtungen nicht eigens einzugehen, denn wir sind sie bereits eingegangen. Ob wir es wollen oder nicht, wir arbeiten bereits seit langem in dieser Richtung. Wenn wir es aber bewusst tun, beschleunigen wir den Prozess. Das Praktizieren der Methode wirkt in dieser Hinsicht wie eine Raketenstufe, mit der wir den gemütlichen Gang der Evolution beschleunigen.

* * *

Nun habe ich aber eine wichtige Bitte: Drängen Sie niemandem die Methode auf, schon gar nicht Ihrem Partner. Wenn Sie sich positiv verändern, wird er oder sie vielleicht von selbst darauf kommen, Sie danach zu fragen. Selbstverständlich können Sie dieses Buch oder mein früheres Buch über die Methode »zufällig« herumliegen lassen, verschenken oder von Ihren eigenen Erfahrungen berichten, aber denken Sie immer daran, was auch Byron Katie stets zu wiederholen bemüht ist: »Wenn ich denke, jemand anderes sollte die Methode anwenden, dann bin in Wirklichkeit ich es, der die Methode anwenden sollte.«

Hier ein Transkript zu diesem Thema.

Meine Partnerin soll die Methode anwenden

DIETER: *Ich mag Carina nicht, weil sie nicht die WORK mit mir macht.*
MORITZ: Sie sollte die WORK mit dir machen. Tut sie's?
Sie tut's nicht.
MORITZ: Das ist die Wirklichkeit. Und wie fühlt es sich an, wenn man denkt, diese Frau habe das gefälligst mit mir zu machen?
Das ist nervig oder stressig oder ärgerlich.
MORITZ: Wie behandelst du sie, wenn du denkst, sie sollte die Methode anwenden?
Ich behandle sie negativ und ärgerlich. Mit schlechten Gefühlen.
MORITZ: Was würdest du sagen, wenn dich jemand gegen deinen Willen dazu bringen will, die WORK zu machen?
Ich biete es ihr ja nur an, ich sage: »Lass es uns doch mal versuchen.«
MORITZ: Und wenn du es dann immer noch nicht willst?
Dann würde ich es nicht machen.
MORITZ: Und wenn der andere nicht lockerlässt?
Ja, das fühlt sich sehr bedrängend, aufdrängend an.
MORITZ: Und wie fühlt es sich an, das einem anderen zuzumuten?
Ich mache mir selber Stress.
MORITZ: Wie würdest du dich ohne die Idee fühlen, sie solle die Methode mit dir anwenden?
Entspannt und frei.
MORITZ: Ganz genau. Und du sollst dein Denkmuster nicht ändern.
Ich denke mir halt, die WORK ist eine Untersuchung, die einige Sachen erhellen und verdeutlichen würde.

MORITZ: Du glaubst, dass diese Frau Erhellung und Verdeutlichung braucht? Kannst du das wirklich wissen?
Nein.
MORITZ: Was hast du davon, dass du denkst, sie braucht Erhellung und Verdeutlichung?
Ich habe nichts davon. Nur Ärger mit mir selbst.
MORITZ: Wie fühlt sich das an, wenn du über einen anderen Menschen denkst, dass er Erhellung und Verdeutlichung bräuchte?
Das ist so, als ginge es mir nur richtig gut, wenn der andere meine Wünsche erfüllt, und als sei ich mir nicht selbst der beste Freund und Ratgeber.
MORITZ: Sehr interessant. Deshalb dreh es mal um.
Ich brauche Erhellung und Verdeutlichung.
MORITZ: Genau das zeigt sie dir. Sonst gar nichts. Du kannst über sie nicht wissen, was sie braucht oder nicht braucht. Wessen Angelegenheit ist es, was sie braucht? Wer wärst du, wenn du nicht denken würdest, Carina bräuchte Erhellung und Verdeutlichung durch die WORK?
Ich wäre einfach ein Mensch, der sich selbst genug ist. Der sich selber mag und sich selbst der beste Freund ist.
MORITZ: Damit du das erkennst, bist du noch immer mit dieser Frau zusammen. Du kannst nicht einfach gehen, du brauchst sie als deinen Lehrer. Niemand kann dir so gut zeigen, dass **du** Erhellung und Verdeutlichung brauchst, dass **du selbst** die Methode brauchst.

Kontrolle – Feind jeder Beziehung

Eine der größten »Beziehungsfallen« ist die Sucht, den anderen kontrollieren zu wollen. Für mich ist immer wieder erstaunlich, wie genau jeder Außenstehende sieht, dass diese Sucht vorhanden ist, wie wenig Einsicht jedoch der »Süchtige« in diese seine Verhaltensweise hat. Der Partner und/oder der Paartherapeut oder auch Freunde haben oft größte Mühe, dem »Kontrollfreak« klar zu machen, was er da eigentlich tut, und es bleibt immer ein bitterer Nachgeschmack, wenn man es versucht. Wie viel besser funktioniert hier die WORK, denn wer die Methode anwendet, sieht nach einiger Zeit meist selber ein, dass er seinen Partner – meist ohne jeden Erfolg – kontrollieren will.

MORITZ: Willst du die Wahrheit wirklich wissen?
KAMAL: *Ja. – Ich mag das Verhalten von Karline nicht; sie ruft mich nicht an, sie schaltet ihr Handy nicht ein. Sie sollte mich anrufen.*
MORITZ: Sie sollte dich anrufen, wie ist die Realität?
Sie ruft nicht an. Das ist die Realität.
MORITZ: So sind Frauen manchmal. Und wie reagierst du, wenn du denkst, sie sollte anrufen?
Dann ginge es mir besser.
MORITZ: Wenn sie es täte! Aber was hast du davon, wenn du das zwar denkst, aber sie dennoch nicht anruft?
Es geht mir schlecht. Ich mache mir Gedanken, warum ruft sie nicht an, was ist da los?
MORITZ: Genau. Und dieses Gefühl, diese Gedanken kommen nur von deinem Glaubenssatz, Frauen hätten dich gefälligst anzurufen. Das hat mit Karline gar nichts zu tun. Nur mit deinem Denken. Gibt es einen Grund, an dem Denkmuster festzuhalten?
Ja, ich denke mir, wenn sie mich anruft, dann sagt sie mir etwas Nettes und wir können gemeinsam ...
MORITZ: Sie ruft aber nicht an.
Nein, sie ruft nicht an.
MORITZ: Ruft sie dich an, weil du denkst, sie sollte anrufen?

Nein, sie ruft überhaupt nicht an.
MORITZ: Sie ruft an, wenn es ihr passt. Gibt es also einen Grund daran festzuhalten, sie sollte anrufen?
Ich habe keinen Grund. Das ist nur ein Wunsch.
MORITZ: Und hast du was von dem Wunsch? Erfüllt er sich? Gibt es einen Grund, an dem Wunsch festzuhalten?
Nur das Gefühl, wenn sie anriefe, dann ginge es mir besser.
MORITZ: Und funktioniert das?
Nein. Das funktioniert nicht.
MORITZ: Es kann nicht funktionieren. Weil sie dann anruft, wenn sie anruft. So ist sie.
Was soll ich dann machen?
MORITZ: Du musst mit dieser Frau zusammen sein?
*Nein. Ich **will** mit ihr zusammen sein.*
MORITZ: Dann musst du vielleicht diesen Preis zahlen. Sie ruft an, wenn es ihr passt. – Wie würde es dir gehen, wenn du nicht denken würdest, sie sollte anrufen?
Dann würde es mir besser gehen. Wenn es mir gleichgültig wäre. Aber ich schaffe das nicht, dass ich gleichgültig bin.
MORITZ: Kannst du wissen, dass es Gleichgültigkeit wäre, wenn du ihr erlauben würdest, sie selbst zu sein? Aber wir untersuchen nur dein Denken. Wir wollen nichts erreichen. Wir alle denken so wie du. Ich denke genau wie du. Wenn mir etwas wehtut, stelle ich mir die Fragen: Wer wäre ich, wenn ich nie wieder von anderen Menschen zwingend erwarten würde, dass sie mich gefälligst gegen ihren Willen anzurufen haben, nur damit ich mich besser fühle?
Wenn ich keine Erwartungen hätte, dann ginge es mir besser. – Und die Umkehrung ist: Ich sollte anrufen?
MORITZ: Warum nicht? Das könntest du probieren. Wenn du unbedingt mit ihr sprechen willst? Es gibt noch eine Um-

kehrung: Sie sollte *nicht* anrufen, denn so ist die Realität. Die Realität ist die höchste Wahrheit. – Deine andere Aussage war, sie sollte ihr Handy nicht ausschalten. Wie ist die Realität?

Das Handy ist aus.

MORITZ: Was hast du davon, dass du denkst, sie sollte es einschalten?

Ich bin ewig frustriert. Ich bin daran fast kaputtgegangen, weil ich deswegen immer mit ihr Streit angefangen habe.

MORITZ: Das alles kommt nur von dem hoffnungslosen Wunsch, sie solle ihr Handy einschalten. Wie oft am Tag denkst du daran?

Sehr oft, immer wieder.

MORITZ: Und was hat sie gemacht? Gar nichts!

Das Handy war immer aus.

MORITZ: Wer hat sich da eigentlich selbst ausgeschaltet?

Ich habe mich ausgeschaltet.

MORITZ: Wie fühlt sich das an, sich auszuschalten und von einem anderen Menschen erfolglos zu verlangen, er solle sein Handy einschalten?

Wenn man jemanden liebt und wenn jemand das will, dann lässt man es an. Ich habe mein Handy auch immer angelassen.

MORITZ: Weil du das so willst und gut findest. Aber wie fühlt sich das an, es von anderen diktatorisch zu verlangen?

Das war nicht diktatorisch, sondern ein Wunsch.

MORITZ: Ein diktatorischer Wunsch. Wie fühlt sich das an, einen Wunsch durchsetzen zu wollen, zu verlangen, dass er erfüllt wird?

Wenn ich jemanden liebe, dann mache ich das auch.

MORITZ: Wie fühlt sich das an, es von anderen zu verlangen?

Ich fühle mich mies, wenn sie das nicht macht.

MORITZ: Genau. Das ist das miese Gefühl des Diktators ohne Chance.

Ich fühle mich ganz schlimm. Meine Fantasie war ohne Ende, warum macht sie das, was ist los? Sie hat kein normales Telefon und wohnt weit draußen, dann hat man Angst...

MORITZ: Und das alles kommt nur von deinem Glaubenssatz, sie hat ihr Handy einzuschalten. Wer wärst du, wenn du nie wieder von jemandem verlangen würdest, das Handy einzuschalten?

Dann ginge es mir besser.

MORITZ: Du kannst ja trotzdem darum bitten, aber wenn sie Nein sagt, dann ist es eben Nein. Wie ginge es dir, wenn du ihr erlauben würdest, ihr Handy einzuschalten, wenn sie Lust dazu hat?

Wenn ich es könnte, würde ich mich besser fühlen.

MORITZ: Und die Umkehrung? »Sie sollte ihr Handy ausschalten!« So ist die Wirklichkeit!

Aber mein Wunschdenken wird doch dadurch zerstört.

MORITZ: Dein Wunschdenken wird zerstört und dein Schmerz auch. Und du kannst sie trotzdem fragen. Oder vielleicht findest du eine Frau, die ihr Handy immer anlässt. – Was hattest du noch aufgeschrieben?

Sie sollte über eine Entscheidung oder unseren Kompromiss nachdenken und mich anrufen.

MORITZ: Wie ist die Realität?

Sie hat es nicht getan.

MORITZ: So ist sie. Manche Frauen sind so. Was hast du davon, wenn du denkst, die Frauen haben alle so zu sein, wie du es dir vorstellst? Sie sollen nachdenken und dann anrufen.

Es ginge mir dann besser.

MORITZ: Wenn sie es täten, aber die Wirklichkeit sieht anders aus.

Und mir geht es dann schlecht und ich mache mir große Gedanken und habe Angst – Verlustängste...
MORITZ: Und das kommt alles nur von deinem Denkmuster, dass diese Frau gefälligst deinen Vorschlägen zu folgen hat. Wer wärst du, wenn du nicht denken würdest, dass sie das tun muss?
Dann ginge es mir besser. Aber wenn sie jetzt einen anderen Partner hat, dann denke ich mir, das ist ja das Mindeste, dass sie mir das sagen kann.
MORITZ: Das ist deine Vorstellung, aber die Menschen richten sich nicht nach dem, was wir uns vorstellen.
Und das macht mich kaputt.
MORITZ: Was dich kaputtmacht, ist der hoffnungslose Kampf. Weil du Diktator sein willst und anderen Menschen vorschreiben willst, was sie zu denken und zu tun haben.
Ich bin doch nicht diktatorisch, ich will doch nur bitten.
MORITZ: Aber wenn sie die Bitte nicht erfüllt?
Na, sie ist doch dann schuld! Warum geht sie dann mit mir überhaupt eine Bindung ein?
MORITZ: Du musst mit dieser Frau eine Bindung haben, ist das wahr?
Ich hätte es gerne.
MORITZ: Sie scheint nicht dafür geeignet zu sein, mit dir eine Bindung nach deinen Bedingungen einzugehen. Wie fühlt es sich an, zu denken, sie sollte das aber?
Es geht mir schlecht.
MORITZ: Wie behandelst du dich? Wie behandelst du Karline in Gedanken?
Schlecht.
MORITZ: Gibt es einen schmerzfreien Grund, an dem Denkmuster festzuhalten, du solltest mit dieser Frau eine Bindung eingehen? Wer wärst du, wenn du es nicht denken würdest?

Dann wäre ich frei.
MORITZ: Der Sinn deines Lebens ist nicht, Bindungen einzugehen, sondern Freiheit. »Ich sollte mit dieser Frau eine Bindung eingehen«? Dreh's um!
*Ich sollte mit dieser Frau **keine** Bindung eingehen. – Ich sollte mit **mir** eine Bindung eingehen.*
MORITZ: Ist das beides nicht viel wahrer? Mit **dir** eine Bindung einzugehen, wie wäre das?
Das wäre gut, aber das fällt mir schwer.
MORITZ: Es wäre gut für dich, wenn du aufhören würdest, dir dauernd wehzutun. Diese Frau ist, wie sie ist. Und so, wie du dich nicht ändern und anpassen willst und auf sie eingehen willst, so will sie sich dir auch nicht anpassen. Was ist der Unterschied: Der eine denkt, das Handy solle an sein, und der andere denkt, das Handy solle aus sein. Sie hat ihre Vorstellungen, und du hast deine. Und wenn sie deine Vorstellungen nicht erfüllt, bist du böse. Wer behandelt da wen schlecht?
Ich glaube, ich behandle sie schlecht.
MORITZ: Und dich selbst. Euch beide.
Was habe ich nur getan? Ich mache mir Vorwürfe. – Als Nächstes habe ich aufgeschrieben: Karline sollte meine Worte besser verstehen.
MORITZ: Wie stellt sich die Wirklichkeit dar?
Sie versteht mich nicht und geht weg.
MORITZ: Und kannst du wirklich wissen, dass sie deine Worte nicht versteht? Was hast du davon, dass du denkst, sie sollte dich verstehen und nicht weggehen?
Dann könnte ich besser mit ihr sprechen.
MORITZ: Wenn dein Traum wahr würde. Aber der Traum wird nicht wahr.
Der Traum ist nicht wahr, der Traum ist zerstört. Es geht mir mies…

MORITZ: ... weil du denkst, dass sie dich verstehen soll. Wer wärst du, wenn du von dieser Frau nicht verlangen würdest, dass sie dich zu verstehen hat?
Dann wäre alles gut.
MORITZ: Und dreh es um: »Sie sollte mich verstehen«?
*Sie sollte mich **nicht** verstehen. Ich sollte **mich** verstehen.*
MORITZ: Genau. Noch eine Umkehrung?
*Ich sollte **sie** verstehen. Ja. Das sagt sie ja auch laufend: Du verstehst mich nicht!*
MORITZ: Ja, das sagt sie laufend, weil du so wenig Verständnis für sie hast, dass du ihr nicht mal erlaubst, dich nicht zu verstehen. Und weil du ihr nicht erlaubst wegzugehen und weil du ihr nicht erlaubst, ihr Handy auszuschalten. Also **du** verstehst sie nicht. Fang du an mit dem Verständnis, vielleicht nimmt sie sich dann ein Beispiel an dir.

Wünsche und Forderungen

Wünsche, die wir wiederholen, werden zu Forderungen. Viele meiner Klienten sagen: »Aber ich werde doch noch Wünsche in Bezug auf meinen Partner oder meine Beziehung haben dürfen, oder?« Ich antworte: »Ja, das darfst du. Du darfst Wünsche haben, Bitten aussprechen, Fragen stellen. Aber wie wäre es für dich, wenn man dich ein paar Mal bäte und dich fragte, und du sagtest Nein, und dann käme diese Person immer wieder mit den ewig selben Fragen und Bitten und Wünschen? Handelt es sich dann noch um Fragen, Bitten oder Wünsche? Oder werden das unversehens Forderungen, die beide Seiten mehr und mehr frustrieren, die eine, weil man sie offensichtlich nicht ernst nimmt, die andere, weil die Wünsche nicht erfüllt, die Fragen nicht beantwortet werden?«

Wir denken immer, nur wir selbst hätten Recht, und die anderen hätten zu folgen. Da sie es nicht tun, leiden wir.

Wenn ich ein Bedürfnis habe, kann ich meinen Wunsch äußern. Ich kann Wege ersinnen, mir diesen Wunsch zu erfüllen oder erfüllen zu lassen. Ich kann eine Gegenleistung vorschlagen. Ich kann Strategien ersinnen, um irgendwann in den Genuss dieser Sache zu kommen. Wenn meine Bemühungen allerdings nicht fruchten, werde ich dann zum einsamen Prediger in der Wüste oder zum Träumer oder eben zum Diktator, der die Durchsetzung seiner Wünsche verlangt oder erzwingt? Die Folgen wären unweigerlich Schmerz. Wenn Sie diesen Schmerz wollen, brauchen Sie sich nicht zu ändern, wenn es Ihnen zu viel wird, können Sie jederzeit die WORK machen. Sie betrachten die Wirklichkeit, sie spüren, was Sie davon haben, dass Sie sie erfolglos oder mit Schmerz zu verändern suchen, Sie stellen sich vor, wie es wäre, wenn Sie das offensichtlich mit der augenblicklichen Strategie nicht Veränderbare akzeptieren würden. Und dann schauen Sie sich mit der Umkehrung an, was Sie tun könnten und was Sie bisher nicht getan haben, was Sie von anderen erwarteten und vielleicht bisher selbst nicht bereit waren zu tun.

Das ist alles. Mehr wird nicht verlangt. Wir untersuchen unser Denken und merken, dass die Wirklichkeit vollkommen ist, wie sie ist. Unser Denken wollte sich nur nicht mit ihr abfinden. Und auch das ist Vollkommenheit. Wir müssen ja nicht auf dieses Denken hören!

Das heißt nicht, dass wir nicht weiter alles Mögliche probieren können, um doch noch das zu erreichen, was wir wollen. Wir können unsere Wünsche akzeptieren und weiter verfolgen, sofern sie erfüllbar sind, aber wir müssen uns nicht quälen, nur weil die Wirklichkeit nicht mit unserem Wollen übereinstimmt.

Denkmuster sind oft Wünsche, die sich durch ständige Wiederholung in Forderungen verwandelt haben.

Natürlich sind all diese Dinge ohne weiteres einsichtig, und viele von uns sind sich auch darüber im Klaren, dass wir Kompromisse machen sollten und müssen. Allerdings verhindert das bei vielen nicht, dass sie leiden. Sie wissen, dass sie den anderen mit ihren Forderungen vergewaltigen, sie unterdrücken diese Wünsche, weil sie hoffnungslos sind, aber unter der Oberfläche der Höflichkeit, des guten Willens, der gespielten Gleichgültigkeit oder gewollten Großzügigkeit sammelt sich der Groll. Irgendwann bricht er sich Bahn, irgendwann rechnen wir auf, was wir alles hingenommen, geschluckt, womit wir uns abgefunden haben, weil wir Liebe oder nur den Hausfrieden wollten.

THE WORK bietet hier einen wunderbaren Ausweg. Denn der Groll verschwindet, wenn wir die Untersuchung machen. Nicht immer und nicht immer sofort, aber immer öfter. Das ist meine Erfahrung und mein Versprechen an Sie, liebe LeserInnen, wenn Sie die Methode anwenden. Ich hoffe, dass meine wiederholten Aufforderungen, die Untersuchung wirklich zu machen, Sie motivieren! Die Kraft dieser Technik liegt im Tun, denn ansonsten bringe ich kaum etwas, was nicht seit Hunderten oder gar Tausenden von Jahren von fast allen Weisheitslehren dieser Welt wiederholt wurde. Das Neue ist im Grunde nur diese geniale Methode von Byron Katie, um uraltes Wissen in wirklich gelebte Wirklichkeit zu verwandeln.

- Wir suchen uns immer den Partner, mit dem wir unsere Probleme am besten lösen können.
- Gute Beziehungen sind gut für die Menschheit.
- Gemeinsam lieben ist nur möglich, wenn wir Nähe zulassen.
- Die Wahrheit zu sprechen fördert die Beziehung und ist Voraussetzung für THE WORK
- THE WORK ist Hilfe zur Selbsthilfe.

- Lassen Sie die anderen, wie sie sind – arbeiten Sie an sich selbst!
- Wir sind immer selbst die Ursache, denn wir manipulieren die anderen durch unser Verhalten.
- Wenn ich denke, jemand sollte die Methode anwenden, dann bin in Wirklichkeit ich es, der die Methode anwenden sollte.
- Kontrolle ist nicht Liebe!
- Niemand zwingt uns, auf unser Denken zu hören.
- Die Wirklichkeit ist, wie sie ist, das ist die Vollkommenheit des Faktischen.
- Denkmuster sind oft Wünsche, die sich durch ständige Wiederholung in »musturbatorische« Forderungen verwandelt haben.
- Einsichten bringen oft gar nichts – wenden Sie stattdessen die Fragen an!

Mein Mann macht mir immer Vorwürfe

BEATE: *Mein Mann macht mir immer Vorwürfe über Dinge, die er selber falsch macht.*

MORITZ: So sind die Menschen. Das ist meine Erfahrung auch. Es scheint, als ob jeder im Grunde zu sich selbst spricht. Er sagt es zu dir, aber er meint sich selbst. – Die Menschen sollten nach ihren eigenen Fehlern schauen, wie ist die Wirklichkeit?

Anders. Ich sehe natürlich auch am allerbesten, was die anderen alles falsch machen.

MORITZ: Dieses Prinzip macht sich die Fragetechnik zunutze. – Was hast du davon, dass du denkst, er sollte nicht nach deinen Fehlern schauen?

Ich setze ihn ins Unrecht, er nervt mich, ich fühle mich schlecht.

MORITZ: Wer wärst du, wenn du ihm erlauben würdest, dich zu kritisieren?

Großzügig. Großherzig. Relaxed. Klar.
MORITZ: Und du kannst immer sagen: »Ja, du hast vielleicht recht, das habe ich auch schon gedacht.«
Das hört sich gut an. Aber er sagt dann: Das ist nicht okay!
MORITZ: Er soll nicht sagen, es sei nicht okay? Wie ist die Realität? Was hast du davon, dass du das von ihm verlangst?
Da setze ich ihn wieder ins Unrecht. Das fühlt sich kleingeistig an.
MORITZ: Wer wärst du, wenn du ihm unbeschränkt erlauben würdest, zu sagen, es sei nicht okay?
Großzügig, offen.
MORITZ: Und darum bist du letzten Endes mit ihm zusammen: um großzügig und offen zu werden. Wie ist die Umkehrung?
Ich sollte nicht sagen: »Das ist nicht okay.«
MORITZ: Das ist ja das, was du innerlich zu ihm sagst, wenn er zu dir sagt, es sei nicht okay. Er sagt es wenigstens laut und du sagst es nur in Gedanken: »Jetzt hat er mich schon wieder kritisiert, der Idiot.«
Er spricht eigentlich aus, was ich denke.
MORITZ: Genau. Das kannst du bei vielen Paaren beobachten. Eigentlich bei allen Menschen. Wenn du anfängst zu sagen: »Es ist okay, dass er sagt, es sei nicht okay«, dann wird er aufhören mit diesem Spiel. Es kann nur gespielt werden, wenn beide mitmachen. Hörst du auf, wird er auch aufhören. Der Intelligentere fängt an, aufzuhören. Er wird sich dann jemand anderen suchen, zu dem er sagt: »Es ist nicht okay.«
Das hört sich gut an.
MORITZ: Es funktioniert, das ist meine Erfahrung. Wenn er das nächste Mal zu dir sagt: »Das ist nicht okay«, musst du schon grinsen. Mach mal die Nummer Sechs damit.
Ich bin bereit, wieder zu erleben, dass Stephan sagt: »Es ist

nicht okay«, weil ich dann die WORK *wieder machen kann. Ich freue mich darauf, wieder zu erleben, dass Stephan sagt: »Es ist nicht okay« – Das ist gut. Da macht es bei mir wirklich »klick«.*

MORITZ: Jedesmal, wenn er es wieder sagt, wird es dich daran erinnern, dass du großzügig sein willst und großherzig und liebevoll und total weiblich: Bei mir kann jeder alles sagen.

Verlustängste

ISA: *Ich könnte meinen Partner verlieren.*
MORITZ: Ist das wahr?
Ja, ich könnte ihn verlieren.
MORITZ: Verlierst du ihn gerade? Nein! Wie kann das dann wahr sein? Wie kann etwas wahr sein, was in der Zukunft liegt und im Moment gar nicht geschieht? Aristoteles sagt: Die Wahrheit ergreift man dann, wenn man vom Seienden sagt, dass es ist und vom Nichtseienden, dass es nicht ist.*
Du ergreifst das Nichtseiende, indem du dir vorstellst, du könntest deinen Mann verlieren.
Aber diese Angst, die ist da.
MORITZ: Da war schon die Antwort auf »Was hast du von dem Gedanken?« Wie fühlt sich diese Angst an?
Grausam. Schrecklich. Mein Herz, meine Kehle, alles schnürt sich zu. Mein Körper zieht sich zusammen.
MORITZ: Und das alles kommt von deinem Denkmuster, das dir einredet, du könntest diesen Partner verlieren. Du hast den Schmerz, weil dein Denkmuster eine Lüge ist. Es ist immer die Lüge, die sich grausam anfühlt. Wenn du ihn wirklich verlieren würdest, wäre das lange nicht so schlimm wie

---

* »Metaphysik« IV,7 (Γ; 1011b, 25)

das, was du dir durch die Vorstellung, es könnte geschehen, zufügst.

Es wäre vielleicht einmalig, denn er verlässt mich ja nicht jeden Tag.

MORITZ: Eben. Einmal wird uns jeder Mensch verlassen, und wir trauern um diesen Menschen, und das ist in Ordnung. Wir können das Verlassen akzeptieren und wir können die Trauer akzeptieren, weil beides Natur ist. Völlig inakzeptabel hingegen ist die andauernde Vorstellung, verlassen zu werden, daher der Schmerz. – Was für Symptome hast du noch davon?

Ich kann nicht atmen, alles ist eng – ich enge mich selber ein. Und das ständig, sobald ich die Augen morgens aufmache.

MORITZ: All das kommt eindeutig von deinem Denkmuster und den Fantasien, die sich daran geheftet haben, denn dein Partner hat dich ja nicht verlassen und er hat es auch nicht vor. Und kannst du wirklich wissen, dass du diese Symptome alle hättest, wenn du deinen Partner verlieren würdest?

Ja, weil ich das erlebt habe.

MORITZ: Kannst du hundertprozentig wissen, dass es beim nächsten Mal wieder so wäre? – Wie behandelst du deinen Partner, wenn du glaubst, du könntest ihn verlieren?

Furchtbar. Ich lege ihn in Ketten. Das tut ganz doll weh, weil ich ihm immer etwas unterstelle, und er muss sich dann verteidigen.

MORITZ: All das kommt von der Lüge. Und es kann sein, dass das zu einer sich selbst erfüllenden Prophezeiung wird, denn wer will mit so einer Partnerin zusammen sein? – Wer wärst du ohne das Denkmuster: »Ich könnte meinen Partner verlieren«? Und ich bitte dich nicht, deine Religion aufzugeben.

Ich hätte Platz in meinem Herzen – mehr Platz für mich, mehr Platz für ihn. Alles wäre freier und unbeschwerter. Ich würde

meinem Partner erlauben, für drei Jahre ins Ausland zu gehen, was er nämlich gerne täte.
MORITZ: Wie ist die Umkehrung?
*Ich könnte diesen Partner **nicht** verlieren?*
MORITZ: Ich sehe, dass das wahrer ist. Wir können niemanden jemals wirklich verlieren, denn in unserem Herzen sind wir eins. Und selbst auf einer anderen Ebene stimmt es: Du besitzt ihn nicht, also kannst du ihn auch nicht verlieren. Aber es gibt vielleicht noch eine andere Umkehrung: Du könntest dein Denken über diese Sache verlieren! Das wäre die Medizin für diese Situation. Kein Denkmuster – kein Problem mehr.
Das ist aber etwas, wovor ich auch wieder Angst haben könnte!
MORITZ: Dann stellst du darüber erneut die Vier Fragen. Und es gibt noch eine Umkehrung?
*Ich könnte **mich** verlieren?*
MORITZ: Du verlierst **dich**, wenn du darüber nachdenkst, was dein Partner tun könnte.
Ich weiß das alles vom Verstand her, also diese Mechanismen sind mir alle völlig klar.
MORITZ: Den meisten von uns ist immer alles klar. Und dennoch können wir unsere dummen Gedanken nicht abstellen. Das Besondere der Methode besteht darin, dass sie nicht nur vordergründig auf einer Ebene der Einsicht wirkt – also es geht nicht primär darum, etwas zu verstehen. Das Hinterfragen wirkt hauptsächlich durch seine Anwendung. Also, es kann sein, dass du das jetzt hundertmal auf die gleiche Weise machen wirst, und irgendwann ändert sich dein Denken – oder nicht.

Das Ende der Angst

Ich habe soeben mit Marion das Denkmuster *Ich könnte meinen Partner verlieren* untersucht; was sie aber ursprünglich auf ihren Fragebogen geschrieben hatte, lautete: »Ich mag meine Verlustängste, was den Partner betrifft, nicht, weil sie immer völlig unbegründet auftauchen und mich krank machen.« Als wir versuchten, diesen Glaubenssatz zu untersuchen, stellte sich heraus, dass das gar nicht so einfach war. Hier die Gründe dafür:

- Sie hatte über sich geschrieben.
- Sie hatte bei ihrer Formulierung die Wirkung (Angst, Krankheit) herausgestellt und die scheinbare Ursache (den angeblich drohenden Verlust des Partners) fast unter den Tisch fallen lassen.
- Sie hatte ihr Denkmuster nicht möglichst einfach formuliert.
- Sie hatte nicht vom Standpunkt eines kleinen Mädchens geschrieben – kleine Mädchen wissen nichts von Psychologie (»Verlustängste«), sie quengeln einfach (»Der soll nicht weggehen!«).

Wenn Sie nicht so recht weiterkommen mit Ihrer Untersuchung, checken Sie die folgenden Punkte und prüfen Sie, ob Sie Ihre Formulierungen verbessern können:

- Habe ich versteckt über andere geschrieben? Hat das, was mich stört, eine im Außen liegende Ursache? Auch wenn ich weiß, dass es meine falsche Reaktion ist, die mir Kummer verursacht, sollte ich doch das Urteil nach außen richten. Beispiel: »Ich sollte meinem Partner keine Vorschriften ma-

chen« ist ein bereits »zensiertes« Denkmuster. Ehrlicher wäre zum Beispiel: »Mein Partner sollte seine Klamotten nicht überall rumliegen lassen.«
- Kann ich noch ehrlicher und ungeschminkter schreiben?
- Kann ich die Urteile vereinfachen, auseinandernehmen, in kleinere Einheiten zerlegen?
- Habe ich zu abstrakt geschrieben, kann ich ein konkretes Beispiel finden?
- Sind Gefühle versteckt, die genau untersucht werden sollten?
  Beispiel: »Ich habe Angst.« Wo fühle ich diese »Angst« genau? Was für ein Gefühl ist das genau? Beschreibe es.

Meist werden Sie darauf kommen, dass Sie lediglich eine Körpersensation erleben, wie eine eingeschnürte Brust, einen Stein im Bauch, ein Brennen im Herzen oder dergleichen. Können Sie wissen, dass das »Angst« ist? Wir lernen irgendwann in der Kindheit, Emotionen zu benennen und zu kommunizieren, aber das ist auch alles. Wenn Sie in der psychiatrischen Fachliteratur über Ängste und Phobien lesen, dürften Sie unsicher werden, ob das, was Sie als Angst bezeichnen, wirklich Angst ist.

Ich behaupte: »Angst« oder auch »Furcht« oder wie immer Sie persönlich das nennen, gibt es in Wirklichkeit nicht. Es gibt nur Körpersensationen, die wir genauer untersuchen können, in die wir genauer hineinfühlen und die wir genauer beschreiben können. Oft stellen wir fest, dass wir gar kein Gefühl dazu finden! Die Angst war nur ein Konzept des Denkens.

Viele »Ängste«, die mir in meinen Seminaren unterkommen, finden nur im Kopf statt und haben keinerlei körperliche Entsprechungen. Es sind einfach Vorstellungen und Denkmuster, die wir nicht mögen! Wie kann ein Gefühl, das man nirgendwo fühlen kann, »wahr« sein? Angst im Kopf ist stets unwahr im

Sinne der Fragen der Methode. (Ich sage nicht, dass sie deshalb nicht vorhanden oder weniger schmerzhaft sei!)

Allerdings glaube ich, dass derartige »Ängste im Kopf« sich bald auch im Körper manifestieren werden, wenn man sie nicht identifiziert und untersucht. Oder vielleicht erzeugen sie nach und nach eine Art »Hintergrundgefühl«, wie der Neurophysiologe Roberto R. Damasio es erstmals beschreibt.*

Ich habe im Folgenden einmal zusammengestellt, welche Körpergefühle mit »Angst« bezeichnet werden und welche »Ängste« meist nur sprachlich existieren, das heißt es kann ihnen kein Körpergefühl zugeordnet werden. Natürlich sind die Grenzen fließend und Vermischungen im Einzelfall möglich.

Körpergefühle, die als »Angst« interpretiert werden (können)
Druck oder Temperaturempfinden in der Magengegend
   Anspannung und Enge in der Herz- und Halsgegend
   »Durchsackender« Magen
   Harndrang
   Harnlassen
   Stuhldrang (»Schiss«)
   In die Hose machen
   Zittern
   Unangenehmes Kitzeln in den Füßen
   Aufgerissene Augen
   Erstarren
   Drang wegzurennen
   Schwitzen
   Übelkeit

---

* »Ich fühle, also bin ich – Die Entschlüsselung des Bewusstseins«, Econ, Ullstein, List, München, 2000.

Erblassen
Erröten
In Ohnmacht fallen
Keine Luft bekommen
Schwindelgefühl
Herzrasen oder -stiche
Ohrensausen
Zitternde (»schlotternde«) Knie
Lampenfieber

Ängste im Kopf, ängstliche Gedanken
Etwas Schlimmes wird geschehen
    Ich könnte krank sein oder werden
    Unsicherheit
    Misstrauen
    Ich bin machtlos
    Ich bin ausgeliefert
    Ich werde ausgelacht
    Ich werde abgelehnt
    Einsamkeit
    Verpflichtetsein
    Nichtverstehen
    Drohender Verlust
    Ich werde verrückt
    Erwartung eines Unlustgefühls
    Ein Schmerz kündigt sich an
    Etwas wird sich verschlechtern
    Ich könnte etwas verlieren

Ich habe in diesem Buch leider nicht genügend Platz, um alle übrigen Emotionen ebenso ausführlich wie die Angst zu behandeln. Dennoch halte ich es für wichtig, jeweils genau zu erforschen und besonders bei der Untersuchung mit THE WORK zu **fühlen**, was eine Emotion für Sie genau bedeutet. Mit anderen Worten: Wenn Sie zum Beispiel sagen: »Ich bin wütend«, fühlen Sie in sich hinein, wo und wie Sie das genau spüren. Wenn Sie keine oder fast keine Körpersensationen finden, dann ist es wahrscheinlich nicht wahr, dass Sie wütend sind. Vielleicht sind Sie stattdessen traurig? Versuchen Sie hierzu ein Körpergefühl zu finden. Beschreiben Sie es genau und ehrlich, oder versuchen Sie Ihren Gedanken genauer zu bezeichnen. Wenn Sie eine Körpersensation für Wut finden, dann benennen Sie sie so genau wie möglich, sagen Sie zum Beispiel »Ich fühle ein Rumoren im Bauch, das sich anfühlt wie...«

Allein das genaue Untersuchen und Beschreiben von Körpergefühlen schafft zudem Erleichterung – und fast immer verschwinden sie sogar. Eine Seminarteilnehmerin sagte, als sie sich vor der Gruppe zu Beginn des Seminars vorstellte:

Ich bin aggressiv

CLAUDIA: *Ich bin aggressiv.*
MORITZ: Ist das wahr? Du siehst gar nicht aggressiv aus!
(Lachen.) Ich stehe unter Spannung.
MORITZ: Was hast du davon, dass du denkst, du bist aggressiv, und in Wirklichkeit stehst du nur unter Spannung?
Ich habe eigentlich nichts davon – es belastet mich eher.
MORITZ: Wie behandelst du uns, wenn du denkst, du bist aggressiv?
Ich bin dadurch abwehrend, ich halte mir alle vom Leibe.
MORITZ: Gibt es einen Grund, daran festzuhalten: »Ich bin aggressiv«? Wer wärst du, wenn du das nicht denken würdest?
Ich wäre einfach entspannt hier und im Frieden mit mir.
MORITZ: Und du sollst dich nicht ändern. Wir untersuchen nur

dein Denken anhand der Formulierungen, die du gebrauchst, wenn du mit dir selbst sprichst. – Die Umkehrung? »Mein Denken ist aggressiv.« Das ist tatsächlich der Fall. Du selbst bist nicht aggressiv, aber dein Denken ist es. Du lachst, sitzt entspannt da, hast aber ein aggressives Denken. – Du stehst unter Spannung, ist das wahr? Spür mal in deinen Körper, wo stehst du unter Spannung?

Im Brustbereich.

MORITZ: Mach mal die Augen zu, spüre in deine Brust. Ist das wirklich Spannung? 220 Volt?

Es ist vielleicht eher Aufregung, Nervosität.

MORITZ: Ist es dann wahr, zu sagen »Ich stehe unter Spannung«?

Nein, das ist nicht wahr.

MORITZ: Was hast du davon, dass du denkst: »Ich stehe unter Spannung«? Wie fühlt sich das an?

Das ist ein Gefühl, wie »auf dem Sprung sein«, ich habe einen Grund, jederzeit wegzischen zu können. Das fühlt sich gut an, denn ich möchte sofort weggehen, wenn mir hier etwas nicht passt.

MORITZ: Wie fühlt sich das wirklich an? Sofort weggehen wollen, wenn einem was nicht passt? Wie behandelst du uns, während du schon auf dem Sprung bist?

Ich gebe euch keine Chance, mit mir zu kommunizieren. Und mir selber auch nicht. Ich vermeide Auseinandersetzungen.

MORITZ: Und brauchst du den Glauben »Ich stehe unter Spannung«, um jederzeit weggehen zu können? – Wer wärst du ohne diesen Glauben?

Ich wäre ruhig, würde entspannt hier sitzen und die Dinge auf mich wirken lassen.

MORITZ: Das fühlt sich doch besser an, oder? Die Umkehrung »Ich stehe **nicht** unter Spannung« ist auf jeden Fall wahrer, das hast du ja selbst schon gesagt. Hingegen: »Mein Denken steht unter Spannung«, da ist was dran. Denken lebt von der Spannung zwischen Polen. Über das Denken diese Aussage zu machen ist hundertprozentig korrekt, denn das Denken kann nur funktionieren, wenn ich künstlich Spannung herstelle. Denken beruht auf Spannung. Spannung herrscht zwischen dem Bild dort und der Wand, an der es hängt, zwischen Gut und Böse, Hell und Dunkel. Dualität. So haben wir durch die Untersuchung eines unwahren Denkmusters die höchste Weisheit über das Denken gefunden.

Du stehst nicht unter Spannung, sondern du bist vielleicht ein bisschen aufgeregt. Das könnten wir jetzt auch wieder untersuchen und wo endet das? Frau auf Stuhl. Und das ist es, wo jede Untersuchung endet. Zwar ist dies auch noch eine Lüge, aber die lassen wir so stehen. Das ist das »letzte Urteil«, wie Katie immer sagt.* Wir würden uns sonst vielleicht ganz auflösen.

Wie wir die Welt erschaffen

Es ist Ihnen sicher schon aufgefallen, dass wir bei den Umkehrungen sehr oft »mein Denken« einsetzen können. Grundsätzlich sollte man das tun, wenn man die Methode auf sich selbst oder auf Gegebenheiten, Institutionen, Begriffe wie Gesellschaft, das Leben oder Gott anwendet. Ich finde es absolut genial, dass meine Urteile und Denkmuster **stets** wahrer werden, wenn ich sie auf »mein Denken« anwende. Dies ist für mich der Beweis dafür, dass wir tatsächlich **nicht** unsere Umwelt – inklu-

---

* Sie benutzt den schönen Ausdruck »the last judgement«, der gleichzeitig »das Jüngste Gericht« bedeutet.

sive uns selbst – wahrnehmen, sondern nur Spiegelungen unseres eigenen Geistes.

Ich habe von Kindheit an die großen Schriften der Weisheitslehrer studiert und bin immer wieder darauf gestoßen, dass wir uns unsere Welt buchstäblich im Geist erschaffen. Ich fand das eine interessante Theorie, aber praktisch konnte ich damit nichts anfangen. Seit ich die Methode anwende, zeigt mir jeder Gedanke über die Welt, die mich umgibt – wenn ich ihn umkehre, indem ich »mein Denken« einsetze –, dass es tatsächlich so ist. Ich kann über mich, die Gesellschaft, das Leben oder gar über Gott nicht wirklich etwas Objektives aussagen, wenn ich aber »mein Denken« einsetze, werden meine Aussagen plötzlich viel wahrer!

Wenn ich dann noch beobachte, welche Aussagen andere Menschen beispielsweise über »die Welt« machen, sehe ich ganz klar, wie wir alle uns nicht nur in unsere eigenen Privatwelten einspinnen, sondern dass wir diese Welten gerade erst erschaffen! Dass wir viele unserer Denkmuster mit unseren Mitmenschen teilen, bedeutet in diesem Zusammenhang, dass wir eben kollektiv eine Welt der Illusion schaffen, die mehr mit unserem Geist zu tun hat als mit objektiver Wirklichkeit.

Die Vier Fragen zeigen uns immer wieder, wie unser Denken uns vorgaukelt, da »draußen« gäbe es etwas von uns Getrenntes, und dabei spiegelt es sich doch nur selbst.

Ich möchte zusammen mit meinem Mann alt werden

FRIEDA: *Ich möchte mit meinem Mann alt werden.*
MORITZ: Kannst du wirklich wissen, dass es für dich am besten ist, wenn du mit deinem Mann alt wirst?
Ja.
MORITZ: Du weißt mehr als Gott! Was ist, wenn Gott beschlos-

sen hat, dass es für euch besser ist, wenn einer von euch vorher stirbt? Da hast du schon wieder den Grundstein für Schmerz gelegt. Bringt das Denkmuster dir was? »Ich sollte mit ihm alt werden.« Wirst du deshalb älter mit ihm?
Nein. Ich werde so alt, wie es sein soll.
MORITZ: Wie würdest du dich ohne die fixe Idee fühlen, du solltest mit deinem Mann alt werden?
Ich würde wahrscheinlich den Augenblick mehr genießen.
MORITZ: Während du mit ihm zusammen bist, würdest du jede Sekunde genießen. Die Gehirnteile von dir, die sich mit der ungewissen Zukunft eures Altwerdens beschäftigen, wären frei für diesen Augenblick, die würden deinen Mann lieben in diesem Moment. – Setz mal »mein Denken« ein?
Ich möchte mit meinem Denken alt werden?
MORITZ: ... und mich nicht selbst zerstören. – Oder du könntest auch sagen: Mit *dieser Art von Denken* möchte ich **nicht** alt werden, denn das ist die Hölle. Es lässt mich nicht den Augenblick genießen, den ich erlebe. Es projiziert eine illusionäre Zukunft in meine wirkliche Gegenwart und vergiftet sie unnötig.

Mein Mann sollte mich immer vergöttern

MORITZ: »Dein Mann sollte dich immer vergöttern«, wie ist die Wirklichkeit? Manchmal tut er es, manchmal nicht. Wie fühlt sich das an, wenn er dich gerade nicht vergöttert? Wie behandelst du ihn, wenn du denkst, er sollte dich vergöttern, und er geht lieber zum Fußball?
VANESSA: *Dann kriegt er gezeigt, dass er das zu tun hat, und dann wird alles nur noch schlimmer!*
MORITZ: Und wie fühlt sich das an?
Ganz schlecht, allein gelassen mit meinem Drama, weil er sich

dann erst recht nicht um mich kümmert, sondern sagt: »Ich habe keine Lust, wenn ich das SOLL.«
MORITZ: Sehr schmerzhaft.
Ja. Enttäuschend vor allem.
MORITZ: Wie ginge es dir, wenn du nicht denken würdest, dein Mann solle dich vergöttern? Besonders in der Zeit, in der er es nicht tut?
Ich wäre leichter, unbeschwert. Ich wäre nicht so abhängig von ihm. Ich würde mich nicht so klein machen.
MORITZ: »Mein Mann sollte mich vergöttern« – wie ist die Umkehrung?
Ich sollte meinen Mann vergöttern? Nein, das mag ich nicht.
MORITZ: Da siehst du, was du ihm die ganze Zeit zumutest!
*Frauen müssen vergöttert werden. Frauen sind Göttinnen, Männer sind die, an die man sich anlehnt, manchmal, wenn man es braucht. (Lachen.) Im Ernst – ich sollte **mein Denken** nicht vergöttern.*
MORITZ: Keine schlechte Umkehrung. Du vergötterst nämlich dein Denken, wenn du es über die Realität stellst. Ich finde es schön, dass du aussprichst, was unsere Seifenopern, unsere Lore-Romane uns lehren, denn wir haben alle diese kindlichen Vorstellungen in uns. Sie werden von Generation zu Generation weitergegeben, und wir glauben daran, auch wenn ein realistischer Zensor unserer Gedanken nicht erlaubt, dass wir das auch wirklich einfordern. Aber innerlich tun wir es eben doch und dann sind wir böse, weil die Wirklichkeit anders ist. – Es gibt noch eine schöne Umkehrung.
Ich sollte MICH vergöttern?
MORITZ: Wenn es etwas an dir zu vergöttern gibt, dann bist du die Einzige, von der du es bekommen kannst.
Deswegen will ich es ja wohl vom anderen, weil ich es selbst nicht kann.

MORITZ: Die Umkehrungen müssen nicht gelebt werden, aber sie sind oft die Medizin, die dir zeigt, wie du dich heilen kannst. Wenn du überhaupt Vergötterung brauchst, dann kannst **du** es dir geben, aber niemals der andere. Es funktioniert vielleicht für einen Moment, aber dann kann es sein, dass du deinem Mann das Vergöttern gar nicht glaubst.

Genau, ich hätte sofort den Verdacht, da ist was faul. Er muss ein schlechtes Gewissen haben. Da ist was im Busch. Oder er will was von mir.

MORITZ: Du brauchst Vergötterung? Ist das wahr? Was hast du davon, dass du denkst, du brauchst sie?

Eigentlich kasteie ich mich immer nur selber. Wie Sabrina Fox* sagt: Ich habe endlich wieder einen Grund, ein neues Bild im Zimmer des Selbstmitleids aufzuhängen.

MORITZ: Wie behandelst du andere, wenn du denkst du brauchst Vergötterung?

Sehr undankbar.

MORITZ: Wie würdest du handeln, wenn du es nicht denken würdest?

Ich würde mich mit so einem Scheiß gar nicht aufhalten, sondern würde mich um das kümmern, was wirklich schön ist. Ich würde vielleicht die wahre Vergötterung sehen, das Schöne in meinem Leben, das was funktioniert.

MORITZ: »Ich brauche Vergötterung« – wie ist die Umkehrung?

Mein Denken braucht Vergötterung?

MORITZ: Das ist einfach wahrer als die ursprüngliche Aussage. Das Denken braucht Vergötterung, um zu existieren. Wenn du ihm das entziehst, hört es auf. Du hast dein Denken zu deinem Gott gemacht, zu deinem Popanz. Und das haben wir

---

* Spirituelle Lehrerin und Autorin, die selbst die WORK-Methode praktiziert und empfiehlt.

alle: »Ich habe Recht,« sagt es, »betet mich an, und ich werde eure Vorstellungen wahr machen!« Menschen brauchen keine Vergötterung, du brauchst keine Vergötterung, weil du bereits Gott bist! Das automatische Denken hingegen begehrt Vergötterung, weil es so wenig göttlich ist. Entziehe ihm deine Verehrung, und es wird sterben. Das automatische Denken will vergöttert werden, weil sich ohne Vergötterung herausstellen würde, dass es nur weißes Rauschen im Gehirn ist, fast ohne Substanz, ein Traumgebilde.

- Jeder spricht im Grunde zu sich selbst. Wir sprechen zu den anderen, aber wir meinen uns selbst.
- Was in der Zukunft liegt, kann nicht wahr sein im Sinne der Methode.
- Erfahrungen müssen sich nicht wiederholen – Angst erhöht allerdings die Wahrscheinlichkeit, dass es dazu kommen könnte.
- THE WORK wirkt hauptsächlich durch Anwendung und weniger durch intellektuelles Verständnis.
- Untersuchen Sie Ihre Gefühle stets ganz genau.
- Unterscheiden Sie zwischen wirklichen Körpergefühlen und dem, was Sie nur im Kopf denken.
- Unsere kindlichen Vorstellungen und Denkmuster leben oft unerkannt in uns weiter.
- Was wir wahrnehmen, sind nur Spiegelungen unseres eigenen Geistes.
- Menschen sind, wie sie sind. Wir verletzen uns selbst.
- Anderen voller Liebe erlauben zu sein, wie sie sind, heißt nicht, sich alles gefallen zu lassen.
- Unser Denken steht in unserer Macht.

– 4 –

Sexualität

Über kaum ein Thema wird so viel gedacht, geredet, empfunden und gelitten. Dabei ist es doch eigentlich so einfach: Du hast Sex, wenn du ihn hast, und du hast keinen Sex, wenn du keinen hast. Woher weißt du, dass du jetzt Sex haben solltest? Du hast ihn. Woher weißt du, dass du gerade keinen Sex haben solltest? Du hast ihn nicht. Das Thema Sex ist wunderbar, um die Methode zu benutzen. Verlangen nach Sex gibt dir ebenso direkten Aufschluss über dein augenblickliches Denken wie der Überdruss. Sex ist in deinem Denken gespiegelt, damit du dich schnell weiterentwickelst.

Du brauchst Sex? Ist das wahr? Es ist eine Lüge, niemand braucht ihn. Du brauchst mehr oder weniger davon? Kannst du das wirklich wissen? Was hast du davon, wenn du das eine oder andere denkst? Immer Frust, so oder so. Wie ginge es dir, wenn du nie wieder darüber nachdenken würdest? Dein Kopf wäre frei, und du würdest genießen, was auch immer sich dir bietet.

Stephan möchte immer Sex

BEATE: *Stephan möchte immer sofort Sex, anstatt nur zu schmusen.*
MORITZ: Ist das wahr?
Für mich schon.

MORITZ: Was hast du davon, dass du das denkst?
Das ist manchmal so, dass ich im Bett einfach vorsichtig bin, dass ich mich nicht an ihn kuschle, weil ich denke, sonst will er gleich wieder mit mir schlafen.
MORITZ: Wie fühlt sich das an?
Nicht so gut. Weil ich dann nicht mache, was ich eigentlich möchte: schmusen.
MORITZ: Wie behandelst du ihn in Gedanken, wenn du denkst, dass er immer nur Sex will?
Wie ein Sexmonster.
MORITZ: Wie fühlt sich das an, mit einem Sexmonster zusammenzuleben?
Das fühlt sich bedrohlich an, nicht gut.
MORITZ: Wie würde es sich anfühlen, wenn du nicht denken würdest, er will immer nur Sex?
Dann wäre ich wesentlich lockerer.
MORITZ: Und du kannst immer Nein sagen. Du kannst immer sagen, dass du nur schmusen willst. In wessen Macht steht das, was er will?
In seiner.
MORITZ: Und du kannst es nicht mal hundertprozentig wissen, dass es das ist, was er wirklich will. In wessen Macht steht es, worauf du eingehst?
In meiner Macht. – Die Umkehrung wäre: Ich möchte immer sofort Sex, anstatt nur zu schmusen?
MORITZ: In deinen Gedanken. Du denkst immer sofort an Sex, anstatt nur zu schmusen. Wenn er dich nur anfasst, dann hast du schon den Sex im Kopf, den du nicht willst.
*Stimmt. **Ich denke immer sofort an Sex, anstatt nur zu schmusen!***
MORITZ: Und du sollst dein Denken gar nicht ändern. Wir untersuchen nur deine Geschichte. Was hast du noch aufgeschrieben?

Stephan sollte mit mir schmusen, wenn ich keine Lust auf Sex habe und zu müde bin.
MORITZ: Er sollte nur schmusen, wie ist die Realität?
Er will trotzdem Sex.
MORITZ: Und kannst du das wirklich wissen?
Nein. Das kann ich nicht wirklich wissen.
MORITZ: Was hast du davon, dass du denkst, du seist zu müde und er wolle nur Sex?
Dann denke ich oft, dass er zu egoistisch ist und immer nur haben will und mir nicht gibt, was ich will.
MORITZ: Wie fühlt es sich an, das über ihn zu denken?
In dem Moment grenze ich mich natürlich ab von ihm. Das fühlt sich distanziert an, nicht gut, nicht liebevoll.
MORITZ: Und kannst du dadurch besser schlafen?
Nein. Im Gegenteil. Ich ärgere mich auch über mich selbst, wenn ich dann nachgebe. Ich behandle mich dann ganz schlecht. Ich fühle mich dann wie benutzt.
MORITZ: Und er wollte nur Sex. Wer wärst du, wenn du ihm erlauben würdest, Sex zu wollen, auch wenn du müde bist? Ich sage nicht, dass du es auch mit ihm tun sollst. Aber wie würde es sich anfühlen, wenn du ihm in Gedanken erlauben würdest, es zu wollen?
*Das wäre in Ordnung. Es würde sich gut anfühlen. Vor allem: Wenn es anders wäre, würde es mich ja auch stören. Wenn er **nicht** immer wollte oder zu selten. (Lacht.)*
MORITZ: Das würde dich wahrscheinlich noch viel mehr stören. Drehe es mal um.
Ich sollte mit ihm schmusen, wenn ich keine Lust auf Sex habe und zu müde bin.
MORITZ: Es ist deine Verantwortung. Du solltest nur mit ihm schmusen, anstatt nachzugeben und dich dann zu ärgern.
Stimmt. Aber dann kriege ich ein schlechtes Gewissen. Ich

denke dann, dass er von mir denkt, dass ich nichts mehr von ihm will.

MORITZ: Wessen Angelegenheit ist es, was er denkt? Kümmere du dich um deine Gedanken, und er kann sich um seine Gedanken kümmern. Einer räumt in seinem Kopf auf, der andere wird nachziehen. Wenn du es nicht tust, dann kommt der Rattenschwanz der schädlichen Folgegedanken. Vom mangelnden Schmusen über seinen besonderen Egoismus zu den Männern im Allgemeinen und deinem ganzen Leben, das nirgendwo genau so ist, wie du es dir wünschst. – Und du kannst übrigens auch im Schlaf Sex haben.

Wie geht das denn?

MORITZ: Wenn du keinerlei Gedanken hast, kannst du dabei einschlafen. Lass dich in den Schlaf schaukeln.

Der Stephan wackelt mir aber zu sehr. Der kommt dann gerade erst auf Touren.

MORITZ: Drehe es um: »Mein Denken wackelt mir zu sehr, das kommt dann gerade erst auf Touren.« Ich schwöre dir, es ist immer nur dein Denken.

Mein Penis ist zu klein

DIETMAR: *Mein Penis ist zu klein.*

MORITZ: Kannst du wissen, dass du mehr Spaß mit deiner Freundin hättest, wenn dein Penis größer wäre? Was hast du davon, dass du denkst, dein Penis sollte größer sein?

Ich fühle mich minderwertig. Ich denke, ich reiche nicht aus für meine Freundin, ich vergleiche mich mit anderen Männern. Ich habe Fantasien, dass jeder Mann, der ihr begegnet, einen größeren hätte und dass sie darauf abfahren könnte. Ich habe Angst, dass ich sie verliere...

MORITZ: Wie behandelst du sie?

Ich denke, sie ist nur sexfixiert. Ich weiß vom Kopf her, dass das nicht stimmt, aber diese Gedanken kommen immer wieder. Ich behandle sie im Grunde wie ein Tier. In Tierfilmen sieht man ja, dass die Weibchen immer den nehmen, der am größten und am kräftigsten ist.

MORITZ: Hat sie schon mal etwas über deinen Penis gesagt?

Sie sagt, er wäre genau richtig. Aber ich habe eben trotzdem die Angst, wenn sie es mal mit einem anderen probieren würde, dass sie dann auf den Geschmack käme.

MORITZ: Und wie fühlt sich das alles an?

Es beschäftigt mich. Ich male mir schlimme Szenarien aus. Ich habe mir schon mal einen Penisvergrößerer gekauft, so ein Saugdings, aber das hat überhaupt nichts gebracht. – Der Gedanke lenkt mich auch ab beim Sex, ich bin dann nie ganz bei meiner Partnerin, ich kann den Sex im Grunde nie hundertprozentig genießen. Ich fühle das ja auch dauernd, dass nicht genug da ist.

MORITZ: Wie fühlt sich das an?

»Eine Gurke im Hausflur«, sagt man bei uns. Ich will immer tiefer rein, als ich kann.

MORITZ: Gibt es einen Grund, an diesem Denkmuster festzuhalten? Ist dein Penis dadurch größer geworden?

Ich brauche das Denkmuster vielleicht dazu, dass es mir auffällt, wenn in einer Zeitschrift ein tolles Mittel oder eine Methode angeboten wird?

MORITZ: Meinst du nicht, dass dir das auch ohne dein schmerzhaftes Denkmuster auffallen könnte? – Wer wärst du, wenn du nie wieder denken würdest, dein Penis sei nicht groß genug?

Ein unrealistischer Mensch.

MORITZ: Unrealistisch bist du jetzt, denn du siehst ihn ja ständig mit einer Größe, die er nicht hat.

Nein, ich sehe seine Kleinheit.
MORITZ: Und du vergleichst mit etwas, das du dir vorstellst. Was wäre, wenn du gar nichts darüber denken würdest?
Ich würde vielleicht das Beste daraus machen. Ich würde so viel genießen, wie ich kann.
MORITZ: Wie würdest du deine Freundin behandeln?
Nicht anders als bisher.
MORITZ: Du hättest ein paar dumme Gedanken weniger und könntest in Gedanken mehr bei ihr sein. Wie würdest du andere Männer in Gedanken behandeln?
Ich wäre nicht neidisch, ich würde mir keine Gedanken machen, ob das so einer ist, der einen größeren hat als ich. Ich gucke ja auch immer heimlich in der Sauna...
MORITZ: Wäre das nicht entspannter? Der Teil von dir, der bisher mit deiner Penisgröße beschäftigt war, käme dir, deinen schönen Gefühlen und deinen Mitmenschen zugute. Unterschätze nicht die Energiemenge, die vom Denken verbraucht wird. Es ist wahrscheinlich ein Viertel unseres täglichen Energiebedarfs. – Drehe das jetzt mal um: »Mein Penis sollte größer sein«?
Mein Denken sollte größer sein.
MORITZ: Dein Denken über diese Sache könnte großzügiger sein. Oder: »Mein Denken über diese Sache sollte kleiner sein.« Denn du hast dein Denken über deinen Penis ganz schön aufgeblasen. Dein Penis ist dein Lehrmeister, der dir sagt: Denke kleiner!

Mein Mann möchte immer wieder Aktfotos von mir machen

Stephan ist Berufsfotograf und hat eine sehr hübsche Frau namens Beate. Er möchte immer mal wieder Aktfotos von ihr machen, aber leider hat sie erhebliche Widerstände dagegen.

Die wenigen Male, als sie es ihm gestattete, hatte sie jeweils sehr lange gebraucht, bis sie widerwillig Ja sagte. Das hatte ihn geärgert, er meinte, sie solle ihm doch mehr vertrauen, denn er wisse sehr wohl, wie schön sie sei und wie gut diese Fotos werden würden.

Stephan liegt offensichtlich sehr viel an dem Thema, er sieht einerseits darin die Verwirklichung seiner künstlerischen Kreativität, andererseits liebt er seine Frau ebenso wie ihren Körper und möchte auch prickelnde Erotik erleben und seine Sexualität auf diese Weise verwirklichen.

Was ihn besonders stört, ist die Tatsache, dass Beate einerseits nicht nur Spaß an der Sache hat, sondern sogar sexuell erregt ist, sich andererseits aber extrem ziert, bevor sie sich überwinden kann.

STEPHAN: *Beate sollte nicht immer erst mal Nein sagen, wenn ich erotische Fotos von ihr machen möchte.*
MORITZ: Wie ist die Wirklichkeit? So ist sie. Sie sagt erst mal Nein. Das ist die Wahrheit. Wie reagierst du, wenn du denkst, sie sollte gleich Ja sagen?
Da bin ich gestoppt. Ich habe das Gefühl, meine Kreativität und Inspiration werden behindert.
MORITZ: Wie behandelst du sie dann?
Nicht mehr so offen. – Also ich denke, sie könnte im Vorfeld geschickter taktieren, denn hinterher findet sie es ja immer sehr gut.
MORITZ: Dreh das doch mal eben um: »Sie könnte im Vorfeld geschickter taktieren«?
Ich könnte im Vorfeld geschickter taktieren? Ups! Ja, das stimmt natürlich.
MORITZ: Da hättest du eher eine Chance, als wenn du es von ihr verlangst. – Wie wäre es, wenn du ihr grundsätzlich das

Recht zugestehen würdest, im Vorfeld erst mal Nein zu sagen?

Das wäre besser für mich. – Ich kann sie ja auch gut verstehen. Man muss sich irgendwo in der Stadt auf einem öffentlichen Platz nackt ausziehen!

MORITZ: Ach, sie soll sich auf einem öffentlichen Platz nackt ausziehen?

Tja, das ist bei erotischer Fotografie nun mal so.

MORITZ: Das wusste ich nicht – ich dachte, das macht man im Studio.

Nein, nein, man muss schon mal provozieren als Kreativer.

MORITZ: Wie ist die Wirklichkeit? Zieht sie sich nackt aus?

Ja, ja. Doch, doch, sie macht es. Aber mit Widerstand.

MORITZ: Also sie soll keinen Widerstand haben? So ist sie. So sind die Frauen. Sie haben Widerstand, wenn sie sich auf öffentlichen Plätzen nackt ausziehen sollen. Und kannst du wissen, dass es für sie besser wäre, wenn sie da keinen Widerstand hätte?

Also ich stelle mir das so vor: Zwei Komplizen suchen erotische Situationen auf.

MORITZ: Und – macht sie da mit? Nein! Was hast du davon, dass du denkst, sie sollte sich als deine Komplizin auf öffentlichen Plätzen nackt ausziehen und erotisch fotografieren lassen, und du merkst, dass sie da Widerstände hat?

Ich fühle mich verraten und verkauft.

MORITZ: Wie behandelst du sie dann?

Frustriert. Wie ein frustrierter Kreativer. Das fühlt sich für mich Scheiße an.

MORITZ: Und bringt es dir was, zu denken, sie sollte dein Komplize sein?

Das würde mich antörnen.

MORITZ: Wenn sie es täte. Sie tut es aber nicht. Bringt dir dein

Traum etwas außer Frust? Hat es bisher was gebracht? Wer wärst du, wenn du ihr erlauben würdest, sich dann fotografieren zu lassen, wenn sie es will?

Dann wäre ich ein glücklicher Kreativer.

MORITZ: Und wer wärst du, wenn sie gerade keine Lust hat?

Ein Abwartender. Geduldig.

MORITZ: Und die Umkehrung?

Ich sollte mich auf öffentlichen Plätzen nackt ausziehen und erotisch fotografieren lassen? Ja, das törnt ganz schön an. Mich haben auch schon Frauen angesprochen, die mich fotografieren wollten. Das hat schon was Eigenes. Das ist eine schöne Erfahrung, das mal zu riskieren. Da gibt es ja noch ganz andere Sachen. Mit zwei Frauen und so.

MORITZ: Und macht sie da mit?

Nein, da hat sie Schiss. Vielleicht hat sie Schiss, dass es ihr zu sehr gefallen würde.

MORITZ: Und in wessen Macht steht das, was ihr gefällt und wofür sie sich entscheidet? Wann sie Schiss hat und wann nicht? – In wessen Macht steht das, was du magst und wofür du dich entscheidest?

Was sie mag, steht in ihrer emotionalen Macht.

MORITZ: Wie fühlt es sich an, sich da einzumischen und ihr etwas aufs Auge drücken zu wollen, was sie nicht mag?

So nüchtern betrachtet kann man sich da gar nicht einmischen. – Aber es tut halt weh. Ich weiß nicht, ob du das kennst, du hast eine Idee und du bist absolut überzeugt davon, und jeder sagt immer erst mal: »Nein, das ist zu kompliziert, und wie lang das dauert, und das ist so anstrengend.« Natürlich ist es nicht einfach und kostet viele Anstrengungen, aber hinterher kann man sich freuen, mal etwas gewagt zu haben.

MORITZ: Wie fühlt es sich an, von anderen zu verlangen, dass sie in diesen Dingen genauso denken wie du?

Stressig. Absolut stressig.

MORITZ: Wie behandelst du sie, wenn du sie überzeugen willst, und du merkst, dass sie es nicht will?

Das ist nicht gut für die Beziehung. Aber manchmal ist man einfach besessen von einer Idee.

MORITZ: Wie fühlt es sich an, zu denken, dass sie da mitziehen muss oder sollte?

Wenn sie mitziehen würde, wäre es faszinierend, aber so ist es stressig.

MORITZ: Sie zieht mit, wenn sie es will. Wer wärst du, wenn du ihr das erlauben würdest?

Das wäre toll. Sehr elegant. Weich. Eigentlich wäre das richtig gut. Man kann es ja im Grunde nur auf diese Weise machen, wenn man keinen Stress will.

MORITZ: Genau so ist es.

Was mich an der ganzen Sache frustriert, ist die Tatsache, dass sie sich vorher immer wer weiß wie lange ziert, aber wenn es dann so weit ist, findet sie es ultrageil.

MORITZ: Ist das wahr?

Ja, hinterher ist sie patschnaß.

MORITZ: Also sie soll es von Anfang an ultrageil finden?

Na ja, es wäre spannender. Aber sie sagt immer erst mal Nein.

MORITZ: Sie sagt Nein. Ist das wahr?

Sie sagt Nein.

MORITZ: Kannst du wissen, dass ihr Nein ein Nein ist? Sie scheint ja offensichtlich letzten Endes doch eine Menge Spaß zu haben, so wie du das schilderst. Was hast du davon, dass du denkst, ihr anfängliches Nein wäre ein endgültiges Nein?

Ich bin jedes Mal frustriert, und es grummelt, und ich bin mies gelaunt. Ich sehe eine entgangene Gelegenheit.

MORITZ: Wie wäre das, wenn du ihr scheinbares Nein nicht als

wirkliches Nein sehen würdest, sondern als Teil des Spiels, das sie spielt?
Das wäre natürlich clever. Das wäre schlau! Da bin ich noch gar nicht drauf gekommen.
MORITZ: Wie wärst du dann?
Ich wäre raffinierter als sie.
MORITZ: Hast du mal Tierfilme gesehen, in denen die Männchen die Weibchen jagen und zu bezirzen versuchen? Die Weibchen sagen immer Nein und rennen weg. Es ist ein uraltes Spiel. – Wie ist die Umkehrung? Sie sollte es von Anfang an ultrageil finden und nicht erst mal Nein sagen?
Ich sollte es von Anfang an ultrageil finden und nicht erst mal Nein sagen? Das wäre schlau!
MORITZ: Denn du bist ja derjenige, der erst mal ein echtes Nein sagt zu ihrem Nein, das gar kein wirkliches Nein ist.
Das wäre gut gespielt. Wenn mir das gelänge... Aber da ist der Frust; wenn sie Nein sagt, ist nämlich die ganze Erotik flöten.
MORITZ: Ihr Nein ist nicht erotisch. Ist das wahr? Was hast du davon, dass du das denkst?
Ich bin frustriert. Ich denke, ich würde sie vergewaltigen, wenn ich weiter in sie dringe.
MORITZ: Wer wärst du, wenn du nicht denken würdest, ihr Nein ist nicht erotisch?
Dann wäre ich der Verführer. Dann würde ich mich nicht stoppen lassen.
MORITZ: Wenn Tiere so denken würden wie du, wären sie längst ausgestorben. Ihr Nein ist nicht erotisch, dreh's um?
***Mein** Nein ist nicht erotisch. Das stimmt.*
MORITZ: Ihr Nein ist sehr wohl erotisch, wie ich deinen Schilderungen entnehme. Sonst wäre sie ja nicht hinterher patschnaß, wie du sagst.
Da scheint eine Logik drin zu sein. Genial.

Ich hoffe, Sie haben aus diesem Transkript nicht herausgelesen, dass ich sagen will, dass Frauen generell beim Sex ein Ja meinen, wenn sie Nein sagen! Dies trifft nur auf diesen speziellen Fall zu, denn es handelt sich um ein Paar, das sich aufgrund der gegenseitigen Anziehung gewählt hat und dieses Spiel offensichtlich gerne spielt. Auch im Tierreich ist es ja nicht anders: Auch dort wählt das Weibchen sich einen bestimmten Partner (meist das stärkste Männchen), den es dann allerdings gerne eine Weile hinhält. Aber lesen Sie erst einmal weiter, nun aus der Sicht von Stephans Partnerin Beate:

BEATE: *Stephan sollte mich nicht immer wieder damit nerven, dass er mich nackt fotografieren will.*
MORITZ: Ist es wahr? Fragt er immer wieder? Seit wie viel Jahren? Was hast du davon, dass du denkst, er sollte das nicht?
Ich fühle mich genervt. Ich fühle mich dann wie missbraucht. Ich bin dann natürlich auch mit meiner Verklemmtheit konfrontiert.
MORITZ: Wie wärst du, wenn du ihm erlauben würdest, zu fragen?
Dann wäre ich offener für ihn und seine Wünsche.
MORITZ: Es heißt ja nicht, dass du alles machen musst, was er will.
Da steckt ja viel mehr dahinter. Im Grunde finde ich es gut, so fotografiert zu werden, es macht mir eigentlich auch Spaß. Aber ich denke, ich bin dafür nicht schön genug.
MORITZ: Du bist nicht schön genug, um nackt fotografiert zu werden? Ist das wahr?
Das denke ich. Ja.
MORITZ: Und ist es wahr?
Von hinten geht es ja noch, aber von vorne...

MORITZ: Du bist von vorne nicht schön genug, um nackt fotografiert zu werden? Ist das wahr?

Ist wahrscheinlich Ansichtssache. Ich sehe das halt so. Aber ob es wahr ist?

MORITZ: Was hast du davon, dass du denkst, du bist nicht schön genug, um von vorne nackt fotografiert zu werden?

Da fühle ich mich erst recht hässlich.

MORITZ: Wie behandelst du dich dann? Wie behandelst du ihn?

Schlecht. Ich erlaube weder mir noch ihm, mich schön zu finden.

MORITZ: Wie behandelst du die Menschen, denen diese Bilder gefallen?

Ich ignoriere sie praktisch. Ich denke, die haben keinen guten Geschmack. Die sind primitiv. Und ich habe Angst davor, dass jemand denken könnte, das sei nicht erotisch.

MORITZ: Wessen Angelegenheit ist es, wer deine Bilder erotisch findet? Wie fühlt es sich an, sich in den Angelegenheiten dieser Leute aufzuhalten?

Schlecht. Hoffnungslos.

MORITZ: Wie würdest du dich verhalten, wenn du nicht denken würdest: »Ich bin nicht schön genug«, und wenn du dir keine Gedanken machen würdest, was andere erotisch finden?

Dann würde ich lockerer damit umgehen. Dann wäre ich wahrscheinlich auch erotischer.

MORITZ: Und die Umkehrung von »Ich bin nicht schön genug«?

Mein Denken ist nicht schön genug. Genau! Ja! Da hängt es eigentlich.

MORITZ: Kann es überhaupt sein, dass etwas *nicht* erotisch ist, was mit deinem Körper zu tun hat?

Das ist alles subjektiv. Jeder hat eine andere Vorstellung, was erotisch ist.

MORITZ: Gibt es überhaupt Erotik? Ich sehe nur Schönheit, Schöpfung, Göttlichkeit. – Dein nächster Satz?

Stephan sollte nicht von mir verlangen, dass ich mich in der Öffentlichkeit nackt fotografieren lasse.

MORITZ: Ist das wahr?

Na ja, ich war nicht ganz nackt. Ich hatte einen Mantel an, aber darunter war ich nackt. Und dann sollte ich diesen Mantel ausziehen. Ich fand das ätzend, wenn dann Leute vorbeikamen und mir dabei zugeguckt haben.

MORITZ: Fremde Leute sollten dich nicht nackt sehen, ist das wahr? Was hast du davon, dass du denkst, sie sollten dich nicht nackt sehen, und dann siehst du, dass sie gucken, und du bist nackt?

Dann schäme ich mich irgendwie.

MORITZ: Wie fühlt sich das an?

Beengend.

MORITZ: Wie behandelst du dich?

Ich fühle mich schamlos. »So was macht man doch nicht!« Dann habe ich so ein Männchen im Ohr oder meine Mutter: »Um Gottes willen, Kind, was machst du denn da?«

MORITZ: Wie fühlt sich das an, die Mutter im Ohr zu haben?

Furchtbar.

MORITZ: Wie behandelst du Stephan in dieser Situation?

Wie einen perversen geilen Bock.

MORITZ: Wie behandelst du die Leute, die zugucken?

Von denen denke ich auch, dass sie bloß geil sind.

MORITZ: Wie fühlt sich das an?

Ich denke einfach schlecht von den Leuten. Das ist auch nicht gut.

MORITZ: Mach mal die Augen zu und sieh diese Situation wie

durch das Objektiv einer Kamera, ohne jegliche Denkmuster. Wie fühlt es sich dann an?
Dann ist es eigentlich völlig in Ordnung.
MORITZ: Göttlich. Selbst wenn du hundert Jahre alt und schrumpelig wärst – ohne Glaubenssatz ist es einfach wunderbar. – Wer wärst du, wenn du nie wieder denken würdest, Stephan dürfe dich nicht nackt in der Öffentlichkeit fotografieren?
Dann wäre ich frei.
MORITZ: Dafür hast du dir diesen Mann gesucht. Nicht viele Frauen haben solche Männer. Warum hast du ausgerechnet einen, der dich so sehr frei machen will?
Weißt du, im Grunde will ich nur nicht so dastehen, als ob ich das jetzt wahnsinnig klasse finden würde. Ein braves Mädchen darf es nicht geil finden, sich nackt fotografieren zu lassen. Mein Denken ist eigentlich liberal, ich denke, was beiden gefällt, ist in Ordnung, aber bei manchen Sachen habe ich das Gefühl, meine Erziehung ist mir im Wege. Ich mag nicht beobachtet werden, wenn ich geil bin.
MORITZ: Was hast du davon, dass du das denkst?
Ich denke, das gehört sich nicht, das ist ganz blöd.
MORITZ: Wie fühlt sich das an?
Es macht mich natürlich auch an. Ich habe das Gefühl, das ist verboten.
MORITZ: Was hast du davon, dass du denkst, brave Mädchen machen das nicht?
Dann nehme ich mir eigentlich die Lust. Ich verbiete mir selber, Lust und Spaß zu haben.
MORITZ: Wie wärst du, wenn du nicht denken würdest, das sei verboten, man dürfe sich nicht beobachten lassen?
Echt geil, eh! (Lacht.)
MORITZ: Wie würde sich das dann anfühlen?

Gut. Das würde sich gut anfühlen!
MORITZ: Und du kannst trotzdem so tun, als wärest du das brave Mädchen, das so etwas nicht tut. Du könntest Spaß an diesem Spiel haben.

Ich bin sexuell nichts wert

JUTTA: *Ich bin sexuell nichts wert.*
MORITZ: Ist das wahr?
Ich fühle so.
MORITZ: Aber ist es auch wahr?
Da musst du meinen Mann fragen. – Für ihn bin ich was wert.
MORITZ: Den Eindruck machst du mir auch. – Was hast du davon, dass du denkst, du bist sexuell nichts wert?
Ich bestätige mir selbst, dass ich kein Selbstwertgefühl habe.
MORITZ: Wie fühlt sich das an? Bringt dir das Denkmuster irgendwas?
Hemmungen. Ich fühle mich nicht gut. Frust.
MORITZ: Wie würdest du leben, wenn du nicht denken würdest, ich bin sexuell nichts wert?
Ich würde lustig leben. – Umgedreht: Meine Gedanken sind sexuell nichts wert.
MORITZ: Das kannst du aber singen! Beim Sex stören Gedanken nur. Deine Gedanken sind sexuell nichts wert; das stimmt hundertprozentig.
Das ist zerstörerisch.

Ich ekle mich vor Sperma

CHRISTA: *Ich ekle mich vor Sperma.*
MORITZ: Ist das wahr?
Ja. Nicht immer, aber oft.

Moritz: Was hast du davon, wenn du das denkst?
Dass ich Sex nicht genießen kann. Ich bleibe auf Distanz, ich nehme nicht am Leben teil. Das fühlt sich sehr, sehr schlecht an.
Moritz: Wie würde es sich anfühlen, wenn du es nicht denken würdest?
Dann könnte ich alles genießen. Alles überall, in jeder Form.
Moritz: Und du musst nichts ändern. Du brauchst nicht an dir herumzumodeln, wir untersuchen es nur. – Die Umkehrung?
Ich ekle mich vor meinem Denken?
Moritz: Sperma, das sind lebendige kleine Zellen. Das ist Gott, Leben. Es kann also sein, dass wahrer ist: Du ekelst dich in Wirklichkeit vor deinem Denken über Sperma. Das könnte man jetzt weiter untersuchen. Wir können uns nicht vor etwas ekeln, das außerhalb von uns ist, weil es außerhalb nichts gibt. Wir nehmen nur uns selbst wahr.
Du sagst, Sperma sei Leben. Kann es sein, dass ich mich vor dem Leben ekle?
Moritz: Ist das wahr, du ekelst dich vor dem Leben?
Oft ja. Ich finde es manchmal zum Kotzen.
Moritz: Was hast du davon?
Ich sehe nicht, was rings umher geschieht. Ich mache die Augen zu, um mich nicht zu ekeln, um überhaupt nichts mehr zu sehen, wahrzunehmen. Ich schließe mich ein in mich selbst, immer mehr. Ich sehe das Leben nicht mehr, ich spüre es nicht mehr. Es fühlt sich tot an. Das ist das, was ich die letzten Jahre gespürt habe: Ich bin mehr tot als lebendig.
Moritz: Siehst du einen Grund, das loszulassen?
Ja, ich will das nicht länger.
Moritz: Wie würdest du leben, wenn du nie wieder denken würdest: »Ich ekle mich vor dem Leben, ich finde das Leben zum Kotzen«?

Ich könnte das Leben in allen Schattierungen sehen, ich würde nur noch Leben um mich wahrnehmen. Das wäre wunderbar. Freude, Bewegung, Sprudeln, Energie. Gewaltig. Leben pur.
MORITZ: Fühle das.
Ich habe gerade so schöne Bilder: Vulkanausbruch, Wasserfall, Feuer, so richtig volle Power. Wow! – Mein nächster Glaubenssatz ist: Ich sollte nicht sein.
MORITZ: Wie ist die Wirklichkeit? Du bist. Es ist also eine Lüge, zu denken: »Ich sollte nicht sein.« Was hast du davon, dass du denkst: »Ich sollte nicht sein«?
Unheimlich viel Schmerz. Wenn ich mir mein Leben so anschaue – ich habe alles getan, um mich toter als tot zu machen. Dieses Denkmuster stammt aus meiner Kindheit. Und ich habe das immer mehr kultiviert, indem ich mich immer mehr umgebracht habe. Das war meine Religion.
MORITZ: Was wäre, wenn du nicht denken würdest, ich sollte nicht sein?
Leben in seiner schönsten, edelsten, strahlendsten Form.
MORITZ: Und setze mal »mein Denken« ein?
Mein Denken sollte nicht sein. Wunderbar. Das ist es. Mein Denken sollte nicht sein.
MORITZ: Womit wir natürlich das automatische Denken meinen. Es stimmt immer. Das ist die Medizin!
Danach suche ich die ganze Zeit. Jetzt bin ich angelangt.
MORITZ: Immer wenn du den Schmerz spürst, wird es dich erinnern. Wenn du dich vor irgendetwas ekelst oder denkst, das sollte nicht sein, dann wirst du wissen, dass dein Rezept lautet: »Mein Denken sollte nicht sein.« Dann bist du wieder frei. Und du hast diese Weisheit in deinem Herzen gefunden. Du brauchtest keinen Meister und keine Bücher, du musstest

nichts glauben. Diese geistige Wahrheit war in dir, die ganze Zeit.
Horch, das ist gigantisch, es ist ... es ist ... ES IST!

Männer sind nur auf Sex aus

CHRISTA: *Männer sind nur auf Sex aus.*
MORITZ: Ist das wahr?
Meine Mutter hat mir das erzählt, und ich habe es auch so erlebt. Er wollte Sex und ich nicht. Deshalb habe ich das geglaubt. Und dann habe ich mich zurückgezogen.
MORITZ: Kannst du wissen, dass es besser für die Menschheit wäre, wenn die Männer nicht auf Sex aus wären?
Dann wären wir alle nicht mehr da.
MORITZ: In wessen Macht steht es, ob Männer auf Sex aus sind oder nicht?
In der Macht der Männer. Und in der Macht der Schöpfung.
MORITZ: Sie hat das so eingerichtet, damit wir nicht aussterben. Wie fühlt es sich an, mit der Schöpfung zu hadern, gegen die Schöpfung zu kämpfen? Sich in den Plan Gottes einzumischen, der so gewaltig ist? Wie behandelst du Männer, wenn du denkst, sie seien nur auf Sex aus?
Ich ziehe mich halt zurück, immer mehr, immer mehr ...
MORITZ: Wie fühlt sich das an?
Nicht gut, weil ich vielleicht auch gern Sex hätte, ich habe halt nur Blockaden, Schuldgefühle oder was auch immer. – Tja, wie behandle ich die Männer? Abweisend. Es ist ein ständiger Kampf.
MORITZ: Wie behandelst du andere Frauen, die Sex und Männer mögen?
Früher habe ich sie sehr negativ betrachtet, jetzt beneide ich sie nur noch.

MORITZ: Das ist schon mal ein erster Schritt. Aber Neid fühlt sich ja auch nicht so toll an. Wie wäre es, wenn du gar nicht mehr denken könntest, Männer seien nur auf Sex aus?

Dann könnte ich alles genießen.

MORITZ: Genau. Männer, Frauen... – »Männer sind nur auf Sex aus«, dreh das um.

Mein Denken ist nur auf Sex aus?

MORITZ: Es kann sein, dass der Sex mit seiner Negativität sehr viel Raum in deinem Denken eingenommen hat.

Das stimmt.

MORITZ: Was ist das Gegenteil von Sex, worauf warst du aus? Was ist die Antihaltung, auf die du aus warst?

Da fällt mir ein, ich habe mich die letzten Jahre in meine Hobbys gestürzt, Basteln, Puppenmachen, Nähen, Tupper-Partys, Blumenstecken, Marionetten, Töpfern – ich war unheimlich produktiv, bis ich gemerkt habe: Ich war vor etwas auf der Flucht. Ich brauchte Ablenkung, um mich nicht mit mir selbst beschäftigen zu müssen, um der Wahrheit nicht ins Auge zu schauen.

MORITZ: Das ist ein schöner Gegensatz: Sex ist Reproduktion und Kommunikation, Liebe, Ausdehnung, Sichöffnen, und du hast genau das Gegenteil gemacht: Flucht vor den Menschen, Sichschließen...

...wie so eine Muschel, total dicht, Genau, das ist es, das ist es. Und ich habe die Flucht ergriffen. Ich habe dann abends Tupper-Partys veranstaltet, um nicht zu Hause zu sein. – Als nächstes habe ich aufgeschrieben: »Nimm dich vor Männern in Acht!«

MORITZ: Ist das wahr?

Manchmal wäre es gut, denn ich bin schon sehr verletzt worden.

MORITZ: Du bist sehr verletzt worden, ist das wahr?

In meiner tiefsten Seele, ja.
MORITZ: Ist das wirklich wahr? Kannst du wirklich wissen, dass es wahr ist, dass du verletzt worden bist?
In letzter Konsequenz nicht. Ich habe es halt so empfunden.
MORITZ: Ich hatte auf unserem Seminar keine Verletzung an dir bemerkt.
Du hast recht.
MORITZ: Was hast du davon, dass du denkst, du seist sehr, sehr verletzt worden?
Ich habe einen Schmerz, der sich anfühlt, als hätte ich ein Messer im Herzen.
MORITZ: Und wie musst du dich verhalten, damit es nicht wieder passiert?
Ich muss mich in Acht nehmen. Ich muss mich zurückziehen, ich darf nichts von mir zeigen.
MORITZ: Wie fühlt sich das an?
Beschissen.
MORITZ: Wie lange hat diese Verletzung gedauert?
Einige Minuten.
MORITZ: Und wie lange ist das jetzt her?
Sieben Jahre.
MORITZ: Wer hat wen länger verletzt?
Ich habe mich viel, viel länger verletzt. Und ich habe ihn auch sieben Jahre lang verletzt.
MORITZ: Siehst du einen Grund, dieses Denkmuster loszulassen?
O ja. Es bringt mich sonst um.
MORITZ: Und wenn du nicht denken würdest, ich bin so sehr verletzt worden?
Ich wäre am Leben und nicht halbtot.
MORITZ: Fühle das! – »Der hätte mich nicht verletzen sollen«, dreh das um?

*Ich sollte **ihn** nicht verletzen, ich sollte **mich** nicht verletzen.*

MORITZ: Da kannst du etwas tun! Vor allem solltest du dich und ihn nicht immer noch weiter verletzen. Gegen die Vergangenheit kannst du nichts tun, denn sie existiert nicht. Gegen ihn kannst du nichts tun, denn er ist nicht mehr da. Das alles steht nicht in deiner Macht. Aber dein Denken steht in deiner Macht: »Ich sollte **mich** nicht verletzen!«

– 5 –

In Beziehung zu sich selbst leben

Ehepartner oder andere Menschen verletzen uns – wenn wir das genau untersuchen, stellen wir **immer** fest, dass es nicht wahr ist. Sie können uns nicht verletzen. Sie sind einfach so, wie sie sind. Wir verletzen uns selbst durch die Gedanken, die wir um diese Sache ranken. Sogar, wenn wir meinen, jemand täte es bewusst, oder wenn jemand sagt, er täte es mit voller Absicht – das ändert nichts an der Tatsache, dass dieser Mensch so ist, wie er ist, und in diesem Moment offensichtlich nicht anders sein kann.

Und wir müssen nicht alles akzeptieren, was uns geschieht, wir können uns wehren, wir können vor Gericht gehen, wir können angemessen reagieren. Dem anderen voller Liebe erlauben zu sein, wie er ist, heißt nicht, sich alles gefallen zu lassen. Aber es heißt sehr wohl, sich nicht selbst zu verletzen, indem man mit seinen Gedanken immer wieder zu dieser Sache wandert, sie immer wieder voller Schmerz durchlebt, ähnliche Erlebnisse der Vergangenheit hervorholt, in Gedanken gegen diesen Menschen kämpft oder sich gar Bestrafungen ausmalt. Diese Bestrafungen sind nur für uns selbst gedacht, sie treffen nur uns; sie können uns allerdings erinnern, dass wir frei werden können von dieser Selbstverletzung, indem wir die Methode anwenden. Niemand kann uns so grausam verletzen, wie wir es selbst tun, indem wir erlauben, dass unsere Denkmuster in unserem Kopf unzensiert und ungestört wuchern. Wann immer Sie sich verletzt fühlen, schreiben Sie es auf, stellen Sie die Fragen, kehren Sie es um! Ohne die Untersuchung bleibt das, was Sie hier lesen, nur eitles Spiel mit Worten!

Mein Mann hat mich hintergangen

Mein Mann hat mich sehr enttäuscht, weil er mich hintergangen und belogen hat.
MORITZ: Wie hat er das gemacht?
Er hat in alkoholisiertem Zustand meine beste Freundin angerufen und sie gebeten, zu ihm zu kommen. Das hat meine Freundin mir dann erzählt.
MORITZ: Und was ist das Schlimme daran?
Dass er mir das verschwiegen hat.
MORITZ: Er hätte dir erzählen sollen, dass er deine Freundin angerufen hat? Er hat es nicht getan. So ist die Wirklichkeit. Kannst du wirklich wissen, dass es besser für ihn gewesen wäre, wenn er etwas gesagt hätte?
Eher nicht.
MORITZ: Er wird seinen Grund gehabt haben. Vielleicht hatte er einfach nur Angst vor dir. Kannst du wissen, dass es für dich besser gewesen wäre, wenn er es gesagt hätte? Was hast du von dieser fixen Idee?
Ich fände es ehrlicher.
MORITZ: Wenn er es getan hätte. Aber er hat es ja nicht getan. So sind die Männer. Also was hast du davon, dass du denkst, er hätte das sagen sollen?
Er hätte mich gewürdigt.
MORITZ: Wenn er es getan hätte. Die Welt ist aber nicht so, wie wir sie haben wollen. Wie fühlst du dich, wenn du denkst, er sollte anders sein, als er ist?

Sehr wütend.

MORITZ: Und diese Wut kommt von dem Glaubenssatz, er hätte etwas sagen sollen. Denn er hat ja buchstäblich gar nichts getan. Also, wer hat gelogen? Du hast dich selbst belogen über die Eigenschaften deines Mannes und über die Welt und über die Wirklichkeit. Die Lüge ist das, was wehtut, nicht das, was Männer tun. – Wer wärst du, wenn du ihm überlassen würdest, dir zu sagen, was er sagen möchte? Wenn er so sein dürfte, wie er ist. Mal sagt er was, mal sagt er nichts. So wie du es ja sicher auch machst! Du hast ja auch nichts gesagt, oder? Du hättest deinen Mann ja fragen können, ob er dir nichts zu sagen hat, oder? Ihr seid euch gleich. Du sagst nichts, er sagt nichts…

(Lacht.)

MORITZ: Wie fühlt sich das an, einen Menschen so tyrannisch zu behandeln, dass man ihm befiehlt: »Du hast mir gefälligst alles zu sagen«?

Es macht mich irgendwie stark, wenn ich das denke.

MORITZ: Wirklich? Ist ein Polizist mit Pistole und Schlagstock wirklich stark? Wessen Angelegenheit ist es, wem du wann und was erzählst?

Meine.

MORITZ: Wessen Angelegenheit ist es, wem er wann und was erzählt?

Dann wohl seine.

MORITZ: Und sich in fremde Angelegenheiten zu mischen ist Schmerz. Du läufst rum wie ein Polizist, der anderen Vorschriften macht, was sie zu tun und zu lassen haben.

Aber er ist doch mein Mann!

MORITZ: Wie fühlt es sich an, wenn man seinem Mann Vorschriften macht mit der Begründung: Du bist mein Mann? Du hast gefälligst zu tun, was ich sage!

Aber er soll nicht lügen! Das darf er nicht!
MORITZ: Wie fühlt es sich an, anderen Vorschriften zu machen?
Das geht ans Herz.
MORITZ: Alle Welt lügt, du auch, denn du hast ja auch nichts gesagt.
Heute morgen habe ich allerdings was gesagt.
MORITZ: Da hat er doch sicher auch geantwortet.
Stimmt.
MORITZ: So – die ganze Menschheit lügt, nur dein Mann darf das nicht. Also wenn ich jemandem solche Vorschriften machen würde, dann würde ich mich wie ein Kerkermeister fühlen. »Du bist mein Mann, du hast mir zu gehorchen!« Und du hältst dich ja selbst nicht dran, du bist kein gutes Vorbild.
Ich dachte eigentlich schon.
MORITZ: Anstatt ihn zu fragen, was war, hast du geschwiegen. Die Umkehrung »Ich hätte etwas sagen sollen« ist also vielleicht wahrer als die ursprüngliche Aussage.
Ich bin halt so enttäuscht und gedemütigt.
MORITZ: Er hat dich gedemütigt. Wie hat er das gemacht?
Weil er mich hintergangen hat.
MORITZ: Wodurch?
Indem er sich hinter meinem Rücken an meine Freundin rangemacht hat.
MORITZ: Und kannst du wirklich wissen, dass er sich an sie rangemacht hat?
Wenn er sie anruft und sagt, sie möchte zu ihm kommen?
MORITZ: Kannst du wissen, dass er sich wirklich an sie rangemacht hat?
Ja – telefonisch.
MORITZ: Du hast mich ja jetzt auch angerufen, hast du dich damit an mich rangemacht?
(Lacht.) Nein, ich will ja was anderes von dir.

Moritz: Was hat er denn genau gesagt, dass dich denken macht, er habe sich »rangemacht«?
Er hat sie gebeten, zu kommen.
Moritz: Okay. Und was hast du davon, dass du denkst, das darf er nicht?
Wenn ich nicht da bin, was will er dann mit meiner Freundin?
Moritz: Was hast du davon, wie fühlst du dich, wenn du merkst, er hat sie angerufen und gebeten zu kommen, und du willst das nicht?
Ich habe so einen Krampf in der Brust.
Moritz: Ja. Das ist genau das, was du von dem Denkmuster hast. Mach bitte mal die Augen zu, stell dir deinen Mann vor, er nimmt den Telefonhörer, er ruft deine Freundin an, er sagt: »Kannst du bitte zu mir kommen.« Und du hast keinerlei Glaubenssatz, dass er das nicht darf oder dass das schlecht ist oder das er ein sexuelles Abenteuer plant oder was auch immer du dir vorgestellt hast. Was siehst du?
Dass er gerne mit ihr zusammen sein möchte.
Moritz: Selbst das kann man nicht wissen. Er hat sie ja nur *gebeten* zu kommen. Hat er ihr gesagt, was er genau von ihr wollte?
Nein.
Moritz: Ist das nicht etwas Wunderbares: ein Mann, der telefoniert? Seine Hände funktionieren, seine Gedächtnis funktioniert. Kein Schlaganfall. Er konnte wählen, er konnte sprechen, und er mag deine Freundin.
Ich mag sie auch, die muss man mögen.
Moritz: Ich sehe eigentlich nur Liebe, Gesundheit. Ich kenne ein Paar, da sitzt der Mann im Rollstuhl und die Frau muss für ihn das Telefon bedienen. Ohne Denkmuster: ein gesunder Mann, eine gesunde Frau, Freundschaft. Wer wärst du

also, wenn du keine Glaubenssätze hättest, was der Mann zu tun oder zu lassen hat?
Dann wäre ich ein liebevoller Mensch.
MORITZ: Genau. Und ist es nicht das, was du wirklich willst? Ist es nicht das, was dein Mann eigentlich verdient hat? Ist es nicht das, was deine Freundin verdient hat? – Das Nächste?
Ich habe aufgeschrieben, dass ich erwartet hätte, dass er mir das sofort beichtet.
MORITZ: Dein Mann soll beichten, wie ist die Realität?
Das tut er nicht.
MORITZ: Wie fühlt sich das an, eine Beichte von deinem Mann zu erwarten?
Wie ein Tyrann.
MORITZ: Wie ein tyrannischer Priester in der Kirche. Das ist für mich nichts Liebevolles zwischen Ehepartnern. Wie behandelst du den Mann, wenn du denkst, er hat zu beichten?
Von oben herab.
MORITZ: Was stellst du dir vor, was er da eigentlich zu beichten hätte?
Dass es ihm Leid tun soll, dass ich das Opfer bin.
MORITZ: Wie fühlt sich das an?
Irgendwie krank. Irgendwie arm.
MORITZ: Krankheit, Armut. Das ist das, was du von dem Denkmuster hast. Wie wäre es, wenn du deinem Mann erlauben würdest, zu beichten, was er möchte und wann er möchte?
Dann wäre alles lockerer.
MORITZ: Dreh's um, er sollte beichten?
Ich sollte beichten?
MORITZ: Ich sollte beichten, was ich für eine Tyrannin bin, was ich für kindische Vorstellungen habe, was ich für schmutzige Fantasien habe... Die WORK zu machen ist eine gute Form von

Beichte. Beichten vor sich selbst! – Was ist denn das Schlimmste, was zwischen den beiden hätte geschehen können?

Dass sie hier in meinem Haus Sex gemacht hätten.

MORITZ: Und was wäre daran so schlimm?

Es wäre ein Betrug.

MORITZ: Was wäre dann schlimm?

Meine Eitelkeit wäre verletzt.

MORITZ: Und was ist daran so schlimm?

Ich würde mich kleiner fühlen.

MORITZ: Das hast du alles jetzt schon! Und was wäre daran das Schlimmste?

Das tut weh.

MORITZ: Das tut es jetzt auch schon. Und was ist daran das Schlimmste, wenn es so wehtut?

Mein Kopf tut weh.

MORITZ: Und was ist daran das Schlimmste? Die hatten Sex, dein Kopf tut weh, du fühlst dich klein…

Ich habe keinen Anteil daran. Ich will das kontrollieren.

MORITZ: Das hast du auch schon. Du hast keinen Anteil und keine Kontrolle. Was ist daran so schlimm?

Es zerreißt mich.

MORITZ: Was ist daran so schlimm?

Ich platze.

MORITZ: Und was ist daran so schlimm?

Dann bin ich weg. Dann haben sie mich nicht mehr.

MORITZ: Was ist daran so schlimm?

(Lacht.) Eigentlich gar nichts.

MORITZ: Also, du gehst gar kein großes Risiko ein, selbst wenn du ihnen erlauben würdest, das zu tun. Erstens hast du die Gefühle sowieso schon, ob sie es tun oder nicht, und zweitens ist das Ende sowieso nicht schlimm. Du bist geplatzt und weg.

***

Was ich soeben angewendet habe, nennt sich die »Worst case«-Technik, sie fragt jeweils nach dem schlimmsten anzunehmenden Ereignis, das folgen könnte, wenn ich ein bestimmtes Denkmuster fallen lasse. Ich erläutere diese interessante Fragetechnik näher im entsprechenden Kapitel auf Seite 295 ff.

Wollen Sie die Wahrheit wirklich wissen?

Die erste und wichtigste Frage der Methode ist die Frage nach der Wahrheit. »Ist es wahr?«

Mancher hat zunächst Verständnisprobleme, wenn er diese Frage hört. Hilfsweise fragen Sie: »Wie ist die Wirklichkeit? Wie sind die Fakten?«

Byron Katie sagt sehr oft »Wirklichkeit ist die höchste Wahrheit! Woher weiß ich, dass mein Partner fremdgehen sollte? Er tut es. Das heißt nicht, dass ich es gutheiße, es heißt auch nicht, dass ich weiter mit ihm zusammen sein muss oder möchte.«

Ich weiß aus Erfahrung, dass manche Menschen geradezu böse werden, wenn sie dies hören. Sie haben möglicherweise einen anderen Wahrheitsbegriff, der aus einer der zahllosen philosophischen Schulen stammt. So findet z.B. Platon die Wahrheit in den geistigen Ideen und gerade nicht in der physischen Wirklichkeit. Sinneswahrnehmung ist für ihn eher Täuschung, da sie sich wandelt, geistige Ideale hingegen sind »wahr«, weil sie sich niemals wandeln. Wer so denkt, wird zunächst Probleme haben, sich mit den Fragen von THE WORK anzufreunden, denn hier ist es ja genau umgekehrt.

Im Begriff »Richtigkeit« spüren Sie vielleicht, wie sich diese beiden gegensätzlichen Auffassungen vermischen. Es ist sachlich richtig, dass Menschen lügen, aber wir empfinden es als ethisch falsch und demzufolge »nicht richtig«. Mancher macht keinen Unterschied zwischen dem Begriff »wahr« und dem Begriff »richtig«. Hierauf weist der Brockhaus hin, wenn er unter dem Stichwort »Wahrheit« sagt, Wahrheit sei die Übereinstimmung eines Satzes mit den Tatsachen, wohingegen unter »Richtigkeit« die formale Gültigkeit eines Satzes verstanden werde. Viele Menschen sind sich ihrer eigenen Definitionen nicht bewusst und merken auch nicht, dass andere Menschen möglicherweise andere Definitionen benutzen.

Behalten Sie also bitte im Gedächtnis, dass in diesem Buch Wahrheit mit Wirklichkeit praktisch gleichgesetzt wird.

(Wenn Sie sehr tief in sich hineinfühlen, könnte es sein, dass Sie entdecken, dass die scheinbar gegensätzlichen Wahrheitsbegriffe sich aneinander annähern, ja, sich irgendwo sogar durchdringen – nämlich dann, wenn Sie feststellen, dass Wirklichkeit, Realität, Fakten letztendlich auch Denkmuster sind und dass möglicherweise Denkmuster die einzige wahre, letztendliche Realität und damit einzige Wahrheit darstellen.)

Aber wie gesagt, THE WORK ist keine Philosophie, sondern steht mit beiden Beinen auf der Erde, sie versucht auf fast archaische, kindliche, einfache Weise an die Dinge heranzugehen.

Im Sinne der Fragetechnik ist es zum Beispiel wahr, dass Menschen lügen und betrügen. Es ist unwahr, dass sie es nicht tun sollten, denn sie tun es. »Sie sollten nicht lügen und betrügen« ist ein schöner Traum von einer besseren Welt. Dass dieser Traum seit Jahrtausenden geträumt wird, hat an der Realität nichts geändert, er wurde dadurch nicht wahrer. Den Traum zur Wahrheit erklären zu wollen erzeugt einen ständigen Schmerz, nämlich immer dann, wenn uns die Wirklichkeit ins Gedächtnis gerufen wird.

Ich selbst lüge und betrüge möglichst nicht, denn dann fühle ich mich wohl, aber wenn ich es von anderen verlange, dann tut das nur weh. Das heißt nicht, dass ich nicht darum bitten kann, nicht zu lügen und zu betrügen, das heißt nicht, dass ich nicht die Konsequenzen von Lug und Trug aufzeige! Es heißt auch nicht, dass Lügner und Betrüger nicht bestraft werden sollten! Es gibt Gesetze, und es gibt eine Gesellschaft, die auf ihre Einhaltung achtet. Aber ich tue mir selbst nicht mehr weh, indem ich innerlich gegen die Wirklichkeit kämpfe und den Lügner und Betrüger hasse und miesmuffelig durch die Welt schleiche und versuche, mich zu schützen und abzukapseln, weil mich jemand belügen und betrügen könnte. Ich falle deshalb nicht treuherzig auf alles herein, ich schütze mich dennoch auf vernünftige Weise. Und wenn ich dann doch betrogen und belogen werde, mache ich die Work und stelle wieder einmal fest, wie meine eigene Ethik und Moral aussehen und wie ich leben sollte.

Die meisten von uns glauben, dass wir schmerzhafte, diktatorische, »musturbatorische« Denkmuster brauchen, damit die Dinge nicht aus dem Ruder laufen, damit wir etwas tun, damit wir uns wehren können. Aber ist das wirklich wahr? Bleibe ich im Bett liegen ohne den schmerzhaften Glaubenssatz: »Ich muss arbeiten und Geld verdienen«? Das ist nicht meine Erfahrung.

Werden wir alle zu Mördern, wenn wir unseren Mitmenschen nicht mehr vorbeten »Du sollst nicht töten«? (Beachten Sie bitte, dass da keinesfalls gesagt wird: »Ich soll nicht töten.« Vielleicht wird ja in der Welt so viel getötet, weil der Zeigefinger sich in Richtung der anderen erhebt – sie dürfen und sollen nicht töten, aber was ist mit **mir**?)

Brauche ich den schmerzhaften kollektiven Glaubenssatz »Kein Mann sollte eine Frau vergewaltigen«, um Vergewaltigung zu verhindern? Hat er bisher Vergewaltigung verhindert? Ich sehe das nicht. Wie gesagt, ich heiße es nicht gut, ich tue es nicht, weil ich mich und die Frauen liebe, aber brauche ich das

Denkmuster wirklich? Wenn ich zufälligerweise in der Nähe bin und bemerke Vergewaltigung, dann werde ich mich auf den Vergewaltiger stürzen und ihn an seinem Tun hindern. Ich werde die Polizei rufen und es den Gerichten überlassen, ihn zu bestrafen. Aber ich werde ihn nicht hassen und mit diesem Hass mein Leben vergiften.

Wenn ich mit dem Gedanken »Kein Mann sollte eine Frau vergewaltigen« durch die Straßen gehe, werde ich mich nicht wohl fühlen, denn ich muss mir ja eine Vorstellung machen, was da alles passieren könnte. Begegne ich Männern, gehe ich durch einen einsamen Park oder dunkle Straßen, wird mir mein Denkmuster einfallen, und ich stelle mir genau das vor, was ich nicht möchte. Wenn ich eine Frau bin, wird mir das Denkmuster Angst machen, wenn ich ein Mann bin, werde ich daran denken, dass ich nicht einmal einen solchen Gedanken haben sollte. Aber ich habe ihn ja schon, indem ich denke: »Das darf nicht sein.« Es könnte sein, dass in kranken Seelen allein durch die verbotene Vorstellung der Same zur Tat gelegt wird! Auf jeden Fall scheint das Denkmuster nicht zu verhindern, dass es manchmal geschieht.

In meiner Realität verursache ich mir selbst nur Schmerz, indem ich denke, dies oder jenes darf nicht sein, darf nicht geschehen. Schmerz vorher, denn ich male mir aus, wie es geschehen könnte, Schmerz während es geschieht, denn ich hasse es, Schmerz danach, denn ich hasse die Erinnerung, den Gedanken daran, ich hasse die Beteiligten, ich hasse den Gott, der »so etwas zugelassen hat«.

Ich glaube, wir könnten uns besser schützen oder wehren, wenn wir keine vorgefertigten Gedanken in unserem Kopf wälzen. Nach meiner Erfahrung machen Denkmuster blind für die Wirklichkeit, denn die Aufmerksamkeit ist absorbiert. Denkmuster können leicht zu sich selbst erfüllenden Prophezeiungen werden, allein schon, weil meine Aufmerksamkeit abgelenkt ist. (Zwei Beispiele: Vergewaltiger bevorzugen ängstliche Frauen, sie haben ein Gespür für jene, die sich bereits das Schlimmste ausmalen; Diebe bestehlen sehr gerne nervöse, überängstliche Reisende, die sichtbar von ihrer Angst, bestohlen zu werden, hypnotisiert sind.)

Ich möchte hier keine Philosophie verbreiten oder eine Lehre, wie andere denken und leben sollten. Ich teile nur mit, was ich für mich herausgefunden habe, und ich lade Sie ein, ihre eigenen Gedanken ebenso zu untersuchen, wie ich es tat.

Ich fand heraus, dass ich keine Gesetze und Gebote und Verbote in meinen Gedanken brauche, weil ich automatisch so handle, wie es für mich richtig ist. Spüre ich Schmerz, so weiß ich, dass mein Denken nicht synchron mit meinem Herzen ist. »Du sollst nicht stehlen« hat mich nicht davon abgehalten, es zu tun, wohingegen ein feines Unwohlsein tief in mir drinnen mir ganz genau sagt: »Geh zurück zu dieser Verkäuferin und gib ihr das Geld zurück, das sie dir zu viel herausgegeben hat.«

Damasio beschreibt in seinem schon erwähnten Buch »Ich fühle, also bin ich« den Fall eines Mannes, dessen autobiografisches Bewusstsein derart zerstört ist, dass er sich keinerlei neue Fakten länger als 45 Sekunden merken kann. Bei einem besonders für diesen Fall entworfenen Experiment wird David – so der Name des Patienten – immer wieder mit bestimmten Menschen konfrontiert, die ihn entweder besonders gut oder besonders schlecht behandeln. David hat nachweislich keinerlei Erinnerung an diese Leute, er kennt weder ihre Gesichter noch ihre Namen, noch weiß er, wie sie sich früher ihm gegenüber verhielten. Dennoch zeigt er in seinem Verhalten nach einigen Wiederholungen des Experiments deutliche Präferenzen, irgendetwas in ihm »weiß« genau, welche der Personen sein Freund und welche sein Feind ist.

David hält sich gern in der Gegenwart attraktiver Frauen auf, und um das Ergebnis signifikanter zu machen, wählte der Experimentator eine besonders hübsche Kollegin, um sie als »bad guy« (den Bösen) fungieren zu lassen. David machte nach kurzer Zeit einen deutlichen Bogen um diese Dame, ohne zu wissen oder angeben zu können, warum er dies tat.

Dieses Experiment zeigt sehr schön, dass wir auf unsere Intuition vertrauen können, dass wir keine besonderen Denkmuster, nicht einmal bewusstes Denken brauchen, um uns automatisch so zu verhalten, wie es für unser Überleben am besten ist. Denn das ist der Sinn von Emotionen und Gefühlen: unser Überleben zu sichern, uns besser überleben zu lassen.

Mein Partner zieht mich herunter

Ich habe Dieter und Carina zu einer Zeit kennen gelernt, als die Beziehung gerade am Zerbrechen war. Zu Beginn dachten wohl beide, es sei durch THE WORK etwas zu retten, aber nicht zuletzt durch die Methode wurde ganz offenbar, dass diese Lebenswege auseinander gehen würden – die Methode führt zu mehr Wahrheit, zu mehr Freiheit, zu einem authentischeren Leben. Sie dient nicht dazu, etwas zu erhalten, das niemanden mehr nährt. Im Vergleich dazu, was beide über ihre jeweiligen vorherigen Trennungen erzählten, ging diese Trennung nun relativ sanft vonstatten. (Beide haben inzwischen neue Wege eingeschlagen und sind gute Freunde geblieben.) Aus der Schlussphase dieser Beziehung (gesehen aus Dieters Sicht) stammt der folgende Ausschnitt aus unserer Sitzung:

DIETER: *Carina sollte mich nicht in ihre Lebensängste und in ihre Hoffnungslosigkeit hineinziehen.*
MORITZ: Ein anderer Mensch kann dich in seine Hoffnungslosigkeit hineinziehen, ist das wahr?
Das habe ich früher gedacht.
MORITZ: Und ist es wahr?
Ich hatte diesen Eindruck.
MORITZ: Aber ist es wirklich wahr? Stell es dir mal bildlich vor, wie soll das gehen?
Sie setzt sich neben mich auf die Couch und sagt: »Hör dir meine Lebensängste an! Bleib hier sitzen!« Sie hält mich fest!
MORITZ: Und dann zieht sie dich in ihre Lebensängste rein?
Das geht wahrscheinlich physikalisch nicht.
MORITZ: Und was hast du davon, dass du das denkst?
Viele Sachen. Ich kann mich ärgern darüber. Ich kann sie beschuldigen, dass sie das tut.
MORITZ: Wie fühlt sich das an?
Ich lenke von mir selbst ab. Das fühlt sich nicht gut an. Ich bin dann nicht bei mir, bei meiner Freude, bei meiner Kraft.
MORITZ: Mach bitte die Augen zu und stell dir die Situation vor. Was siehst du, was sie tut, wenn du keinerlei Denkmuster darüber hast, was sie tun darf und was sie nicht tun darf?
Sie redet.
MORITZ: Eine Frau, die sich ausspricht. Ist das nicht etwas Wunderbares? Jemand, der so viel Vertrauen zu dir hat?
Es ist etwas Wunderbares, wenn ich nicht zur selben Zeit auf einer ganz anderen mentalen und gefühlsmäßigen Schiene fahre. Ich fühlte mich zu dem Zeitpunkt kräftig, und ich wollte mir diese Kraft nicht nehmen lassen.
MORITZ: Du hättest Nein sagen können. Du hättest sagen können: »Ich bin gerade mit meinen eigenen Problemen beschäftigt!«

Das tut man aber nicht.
MORITZ: »Das tut man aber nicht.« Ist das wahr?
Das ist nicht wahr.
MORITZ: Du hast es mit dir geschehen lassen, weil du etwas von ihr wolltest? Was war das?
Ich wollte nichts, ich habe mich ihr aus Freundschaft zur Verfügung gestellt.
MORITZ: Also wolltest du ihre Freundschaft.
Ich wollte ihr einen Gefallen tun, ich wollte nicht hartherzig sein.
MORITZ: Du wolltest, dass sie nicht auf dich böse ist?
Ja.
MORITZ: Also, du hast dich aus freien Stücken zu ihr gesetzt, weil du wolltest, dass sie dir wohlgesinnt ist. Du wolltest den liebevollen Partner spielen, obwohl du die Kraft gar nicht hattest.
Ich hatte die Kraft, aber ich wollte sie in diesem Augenblick für mich selber behalten.
MORITZ: Und das hast du ihr verschwiegen.
Wenn ich es gesagt hätte, hätte sie das nicht verstanden.
MORITZ: Kannst du das wirklich wissen?
Nein.
MORITZ: Wie wäre es gewesen, wenn du gar nichts gedacht hättest über ihre »Lebensängste und ihre Hoffnungslosigkeit«?
Ich wäre natürlich souverän gewesen, Herr über meine Gefühle, über mein Denken, über mein Tun.
MORITZ: Also drehe es um.
Ich sollte mich nicht in meine Lebensängste und in meine Hoffnungslosigkeit hineinziehen lassen?
MORITZ: Ist das nicht viel wahrer? Da hast du die wahre Ursache deiner Frustration. – Mich kann niemand in seine Lebensängste und in seine Hoffnungslosigkeit hineinziehen. Du

kannst mir eine Geschichte erzählen, und ich kann mich erinnern, dass ich eine ähnliche Geschichte habe. Aber dann habe ich mich selbst in diese meine Ängste hineingezogen. Was hat das mit dir zu tun? Ich kann mir deine Geschichte liebevoll anhören, aber wer sich hineinzieht, das bin immer ich.

Können Sie Nein sagen?

Wenn ich zu einem Menschen Ja sage und eigentlich Nein meine, so ist das in Wirklichkeit fast immer ein viel schlimmeres »Nein« als ein direktes Nein. Mein Mund hat zwar Ja gesagt, aber anschließend leide ich und versuche den Menschen irgendwie mit meinen schlechten Gefühlen zu bestrafen. Der weiß vielleicht gar nichts davon, er hat gutgläubig mein Angebot angenommen und wundert sich nun, was denn plötzlich »in mich gefahren« ist. Eine direkte Auseinandersetzung wird es vielleicht nie geben, weil ich ja die Schuld nicht beim anderen, sondern bei mir suchen muss. Manche Freundschaft ist auf Grund eines falschen »Ja« aus schlechtem Gewissen zerbrochen, vielleicht gibt es sogar Ehen, die nur zustande kamen, weil jemand nicht Nein sagen konnte? Oder weil jemand nicht zugeben wollte, dass er eigentlich seine Meinung geändert hatte?

Dieter aus der Sitzung hätte Nein sagen können, aber er wollte seine Freundin nicht verärgern. Das Ergebnis war aber, dass er sich stattdessen ärgerte. Sicher spürte sie das sofort und bekam auf diese Weise nicht, was sie wollte: einen liebevollen Zuhörer. Hätte er Nein gesagt, wären beide weniger frustriert gewesen.

Ein ehrliches, authentisches Nein ist ebenso Liebe wie ein

ehrliches, authentisches Ja. Ein Freund bittet mich, ihm 3000 Mark zu leihen, und ich sage einfach Nein, weil ich das so will. Es brauchen keine Begründungen gegeben zu werden. Wir werden Freunde bleiben. Ist der Mensch mir böse, so waren wir keine Freunde. Es gehört zur persönlichen Integrität, die eigene Wahrheit zu sprechen und zu leben.

Byron Katie verteilt auf ihren Ausbildungsseminaren ein eingeschweißtes Kärtchen, auf dem verschiedene Möglichkeiten aufgedruckt sind, wie man liebevoll, aber bestimmt Nein sagen kann. Wem es schwerfällt, Nein zu sagen, der kann es im Portemonnaie mit sich führen und bei Bedarf hervorholen und die Antworten einfach ablesen. Es geht etwa so:

Ich akzeptiere, was du sagst, und meine Antwort ist Nein.
Ich habe dich gern, und meine Antwort ist Nein.
Ich freue mich, dass du fragst, und meine Antwort ist Nein.
Es kann sein, dass du Recht hast, und meine Antwort ist Nein.
Ich verstehe dein Argument, und meine Antwort ist Nein.
Ich höre dich, und meine Antwort ist Nein.
Ich verstehe vollkommen, und meine Antwort ist Nein.
Ich habe gehört, was du meinst, und meine Antwort ist Nein.
Ich sehe deinen Standpunkt, und meine Antwort ist Nein.
Es tut mir leid, aber meine Antwort ist Nein. Was schlägst du vor?

Der Baum der Erkenntnis – wie die Methode wirklich funktioniert

Haben Sie schon einmal Darstellungen des Gehirns gesehen, auf denen es wie ein großer Baum aussieht, mit sehr vielen verzweigten Ästen? Stellen Sie sich vor, dass jeder Zweig ein Denkmuster darstellt. Denkmuster, die wir häufig benutzen, stellen dicke Äste dar; was wir selten denken, entspricht einem sehr dünnen Zweig, und was wir nie gedacht haben, ist nur als Möglichkeit angelegt – an solchen Stellen des Baumes könnte mal irgendwann ein Ästchen wachsen.

Sehen Sie Ihr Denken als Vogel auf diesem Baum, dieser Vogel kann sehr schnell hin und her hüpfen, auf den Ästen laufen oder auch fliegen.

Bedenken Sie: Der Vogel kann nicht an zwei Stellen zur selben Zeit sein, er kann auch nie ganze Äste oder gar den ganzen Baum auf einmal im Griff seiner kleinen Krallen haben! Unser Denken springt von Thema zu Thema, es bilden sich Gedankenketten, und jede Gedankenkette entspricht einem Zweig oder gar mehreren Zweigen. Je öfter wir in Form des Vögelchens einen Zweig des Baumes besuchen, um so dicker wird dieser werden. Nach einer gewissen Zeit ergeben sich vorgefertigte Flugbahnen des Vogels zwischen den Zweigen, was wiederum neue Zweige erzeugt. Es bildet sich ein regelrechtes Gestrüpp.

Nun gibt es Zweige dieses Baumes, die schmerzhaft sind, und Zweige, die uns Freude bereiten. Die Untersuchung schickt das Vögelchen jeweils zu einem »freudigen« Zweig, wann immer wir uns gerade auf einem »schmerzhaften« Zweig niedergelassen haben. Auf diese Weise wird die Verweildauer auf den »schmerzhaften« Zweigen verkürzt und die Verweildauer auf den »freudigen« Zweigen verlängert. Die Ersteren schrumpfen und die Letzteren verstärken sich und wachsen. Gleichzeitig lernt der Vogel, dass er wirklich absolut frei ist, sich in diesem Baum zu bewegen, zu fliegen, wohin er möchte – ja, er lernt vielleicht sogar, den ganzen Baum zeitweise zu verlassen!

Wenn Sie die Nummer Sechs anwenden, dann bringen Sie an einem bestimmten Ast ein Glöckchen an – lassen Sie sich dort nieder, so hören Sie den Ton, der Sie daran erinnert, dass sie frei sind und sich zu freudigeren Ästen = Denkmustern bewegen können.

Vielleicht bildet sich das undurchdringliche Gestrüpp unserer automatischen »Rattenschwanzgedanken« allmählich zurück, und wir erhalten einen schönen, schlanken und »ordentlichen« Baum, in dem alle Äste ganz klar zum Himmel ragen und Antennen für das Göttliche bilden, das wir sind und das uns umgibt.

Unser bewusstes Denken, unser »Bewusst-Sein« mag gar nicht an den Baum gebunden sein, es kann sich frei bewegen, wohin es auch immer möchte! Wir bestimmen seine Bahn und wir bestimmen seinen Aufenthaltsort.

Es kann sein, dass diese Metapher den tatsächlichen Verhältnissen im Gehirn recht nahe kommt, denn es ist eine Tatsache, dass Nerven im Gehirn baumartig wachsen, dass Verbindungen zwischen Gehirnteilen durch Benutzung stärker und fester werden und dass man neue Verknüpfungen durch neue Denkmuster tatsächlich physisch im Gehirn herstellt. Manche Menschen vermeinen sogar körperlich zu spüren, wie das geschieht – ein eigenartiges Gefühl. Ein Kind sagte: »Ich habe das Gefühl, du greifst mir in den Kopf und veränderst da etwas, wenn du mir diese Fragen stellst.«

Natürlich sind viele der Zweige schon lange in uns angelegt, bevor wir überhaupt auf die Welt kommen. Beispielsweise fühlen wir – alle gesunden Menschen – Trauer, wenn eine uns nahe stehende Person stirbt. Dieses Gefühl tritt automatisch auf; wir können nichts dagegen tun, und das sollten wir auch nicht. Trauer gehört einfach zum Menschsein. Wenn wir sie akzeptieren, ist es eine wunderbare, ein tiefe Erfahrung. Was hingegen nicht in uns angelegt ist, ist ewiger Hader bis an unser Lebensende, Selbstzerstörung, Blutrache gegen etwaige Verursacher, endlose gerichtliche Streitigkeiten mit all ihren Aufregungen und so weiter. Insofern können wir durch unsere Denkweise beeinflussen, ob der »Zweig der Trauer« in unserem Gehirn verstärkt wird und ob unser Denken »in vernünftigen Bahnen« verläuft.

Mein Mann starb durch einen Autounfall

SVENJA: *Mein Mann ist tot.*
MORITZ: So ist die Wirklichkeit. Und kannst du wissen, dass es besser für ihn wäre, wenn er noch leben würde?
Ich denke sogar, dass es besser für ihn ist, dass er tot ist.
MORITZ: Wie reagierst du, wenn du denkst, er sollte noch leben, und du weißt gleichzeitig, er ist tot? Wie lebst du?
Nicht so gut. Ich lebe im Grunde nur halb.
MORITZ: Wie lange hat sein Sterben gedauert?
Sechs Wochen.
MORITZ: Und wie lange stirbt er schon in deinen Gedanken?
Seit neun Jahren.
MORITZ: Katie sagt: »Die Wirklichkeit ist niemals so grausam zu uns wie wir selbst, indem wir uns immer weiter gegen sie sträuben.« – Mach mal die Umkehrung von: »Mein Mann sollte nicht tot sein«?
Ich sollte nicht tot sein?
MORITZ: Das ist das, was dein Mann dir pausenlos zuruft. Er ist dein Lehrer! Lebe, lebe, lebe, sei nicht halbtot!

Der Baum der Erkenntnis 247

Aber ich habe das Gefühl, dass er mich nicht loslässt!
MORITZ: Dein Mann lässt dich nicht los – ist das wahr? Kannst du es wirklich wissen? Was hast du von diesem Denkmuster?
Dass ich dann wirklich nicht loskomme.
MORITZ: Wie fühlt sich das an?
Nicht gut. Auch wieder tot.
MORITZ: Bringt der Gedanke dir etwas Positives? Ich sage nicht, dass er nicht wahr ist – ich frage dich nur.
Nein, der Gedanke bringt mir nichts, das ist mir klar. Das ist mir völlig klar.
MORITZ: Ich erinnere mich an ein Bild, das ich als Kind gesehen habe, da kam eine Knochenhand aus einem Grab und hielt einen Lebenden am Knöchel fest. – Wie ginge es dir, wenn du das alles fallen lassen würdest? Und ich bitte dich nicht, es fallen zu lassen!
Dann würde ich leben.
MORITZ: Und dreh das Denkmuster mal um: »Mein Mann lässt mich nicht los«?
*Ich lasse meinen Mann nicht los. Ich lasse **mich** nicht los. Mein Denken lässt mich nicht los.*
MORITZ: Ist das alles nicht wahrer? Der Wahrheitsgehalt deines ursprünglichen Denkmusters ist ungewiß, aber die Umkehrungen scheinen mir alle zuzutreffen, oder?
Ich habe ja schon versucht, den Glaubenssatz loszulassen und meinen Mann loszulassen, aber es gelingt mir nur zeitweise.
MORITZ: Die Methode einfach immer wieder anzuwenden funktioniert da viel besser, in meiner Erfahrung jedenfalls. Katie sagt immer: »Wir können Gedanken nicht loslassen – sie lassen uns los.« Vielleicht ist es einfacher, in Zukunft die Fragen zu stellen, anstatt ergebnislos zu versuchen, das Denkmuster loszulassen? – Wer wärst du, wenn du nicht denken würdest, mein Mann sollte nicht tot sein?

Dann wäre ich ich und könnte mein Leben neu beginnen. Mit meinen Talenten. Ich könnte das endlich alles umsetzen, was Gott mir mitgegeben hat.

MORITZ: Das Wunderbare ist, dass der bisher schmerzhafte Gedanke an deinen toten Mann dich in Zukunft daran erinnern kann: »Lauf jetzt endlich los und nutze deine dir von Gott gegebenen Talente, lebe!« – Mach mal die Nummer Sechs damit!

Ich bin bereit, wieder zu erleben, dass ich denke, mein Mann sollte nicht tot sein.

MORITZ: Immer wenn der Gedanke in Zukunft wieder kommt, kann er dich erinnern, dass du leben solltest, hier und jetzt. Immer wenn diese Bilder von dem Unfall kommen, können sie dich erinnern. Bisher hast du sie benutzt, um dich mehr und mehr zu töten, aber mit der Methode kannst du sie benutzen, um mehr und mehr zu leben.

Ich freue mich darauf, wieder zu erleben, dass ich denke, mein Mann sollte nicht tot sein.

MORITZ: Irgendwann wirst du feststellen, dass der Sinn des Schmerzes darin besteht, uns aufzuwecken, uns zu erwecken, uns auf den rechten Weg zu bringen. Schmerz ist Gottes Hand auf unserer Schulter, die uns erinnert. Dein Mann liebt dich über seinen Tod hinaus so sehr, dass er dir nach neun Jahren immer noch deinen Weg zeigt: »Lebe, liebe, jetzt.«

Ich brauche eine glückliche Beziehung

SARA: *Es macht mich traurig, dass ich im Moment keine glückliche, erfüllende Beziehung habe.*

MORITZ: Du solltest eine glückliche, erfüllende Beziehung haben? Wie ist die Wirklichkeit?

Ich habe keine.

MORITZ: Was hast du davon, dass du denkst, du solltest das haben, und du merkst, du hast es nicht? Wie fühlt sich das an?
Ich bin unzufrieden. Ich fühle eine Spannung in mir. Ich habe das Gefühl, ich bring's irgendwie nicht.
MORITZ: Genau. Was hast du noch davon?
Ich fühle mich hilflos. Ich habe null Ideen, wie ich es anstellen könnte.
MORITZ: Wie behandelst du deine Umwelt, wenn du denkst, du solltest eine glückliche, erfüllende Beziehung haben, und du weißt, du hast sie nicht?
Ich jammere herum.
MORITZ: Wie fühlt sich das an? Wie behandelst du dich?
Ich setze mich herab.
MORITZ: Wie behandelst du potenzielle Beziehungen, Männer?
Ziemlich angespannt.
MORITZ: Wie behandelst du Frauen?
Ich habe zum Beispiel eine Freundin, die mich ständig verkuppeln will, und das nervt. Und wenn ich mit Frauen zusammen bin, die auch keine Beziehung haben, beklagen wir uns gemeinsam.
MORITZ: Das klingt alles nach Stress. Bringt dir das Denkmuster etwas?
Ich habe das Gefühl, wenn ich mich damit abfinde, bin ich unnormal. Dann habe ich mich aufgegeben.
MORITZ: Meinst du, du brauchst das Denkmuster, um eine Beziehung zu haben? – Wenn du nie wieder denken würdest, ich muss eine Beziehung haben, glaubst du, dass du dann auch nie wieder eine haben würdest?
Es klappt ja eh nicht. Andererseits denke ich, ich brauche es als »Unzufriedenheitsmotor«, der mich in die Gänge bringt, auf die Straße treibt, in die Disko und zum Friseur.

Moritz: Seit wie vielen Jahren funktioniert der nicht, dieser »Unzufriedenheitsmotor«?

(Lacht.) Seit fünf Jahren.

Moritz: Und wenn du ihn abschalten würdest, könntest du keine Beziehung mehr haben? – Wie würdest du dich fühlen, wenn du nie wieder denken würdest, ich brauche eine Beziehung?

Das würde mir Angst machen. Dann hätte ich das Gefühl, ein Monster zu sein.

Moritz: Ich sage nicht, du sollst deinen geliebten Glaubenssatz fallen lassen. Und selbst wenn du ihn fallen ließest, könntest du ihn dir jederzeit wieder zulegen – ich bitte dich nur, dir vorzustellen, wer du wärst, wenn du ihn nicht hättest. Stell dir vor, du gehst durch die Welt ohne jeden Gedanken wie: »Ich soll eine Beziehung haben.«

Ich wäre eigentlich – ziemlich zufrieden.

Moritz: Und könnte da nicht trotzdem ein netter Mann auftauchen? Und du könntest trotzdem sagen: Hallo! Und wenn der sagt: »Hey, du gefällst mir«, könntest du nicht trotzdem sagen: »Du mir auch«?

Ich habe immer das Gefühl, ich müsste Regeln des Flirtens einhalten. Und wenn ich das nicht mache, dann bin ich wieder wie ein Kind, ein Neutrum, und dann merke ich gar nicht, dass das ein Mann ist.

Moritz: Ist das wahr, dass du das dann nicht merken würdest?

Wahrscheinlich nicht.

Moritz: Probiere es aus. Du kannst dir das Denkmuster jederzeit wieder zulegen, wenn es nicht klappt. Mach mal bitte die Augen zu und sieh, wie du dein Leben lebst ohne zu denken: »Ich sollte eine Beziehung haben und ich bin unwert, mit mir ist etwas nicht in Ordnung.« Du denkst gar nichts mehr da-

rüber. Wie würdest du dann leben? Wie würdest du die Männer und deine Umgebung behandeln?
Ich wäre freundschaftlicher, mehr wie ein Kind.
MORITZ: Es könnte sein, dass das deine Chancen steigert! Viele Männer mögen Kindfrauen. – Jetzt versuche mal die Umkehrungen zu finden.
*Ich sollte im Moment **keine** glückliche, erfüllende Beziehung haben. Oder: Ich sollte im Moment eine glückliche, erfüllende Beziehung **mit mir** haben. Das ist beides wahrer. – Mein nächstes Denkmuster ist: »Ich hätte gern ein Gegenüber, jemanden, der mich liebt, der mir Anerkennung als Frau gibt.«*
MORITZ: Du brauchst Anerkennung als Frau, ist das wahr?
Also ich merke, dass es mir wahnsinnig schwer fällt, mich selbst anzuerkennen.
MORITZ: Ist es wahr, dass du Anerkennung als Frau brauchst?
Ja, um so richtig glücklich zu sein, um aufzublühen, denke ich schon.
MORITZ: Was hast du davon, dass du das denkst?
Was ich davon habe, ist das Gefühl, nicht zu blühen oder nicht zu leben.
MORITZ: Und dieses Gefühl kommt nur von deinem Denkmuster und nicht von der mangelnden Anerkennung.
Ich mache eigentlich die anderen dadurch schlechter, als sie sind. Ich bewerte.
MORITZ: Wie behandelst du die Welt, wenn du denkst, du brauchst Anerkennung als Frau, und du kannst nicht aufblühen ohne sie? Wie behandelst du dich?
Ich bin sauer auf die Welt. Ich fühle mich nicht wert.
MORITZ: Wie würdest du fühlen und leben ohne den Gedanken: »Ich brauche Anerkennung als Frau, um aufzublühen«?
Freier. Vor allem nicht so bewertend, ich wäre mehr im Hier und

Jetzt. Ich würde mehr mit dem sein, was das Leben bringt. Ich würde keinen Unterschied zwischen verschiedenen Arten von Glück machen.

MORITZ: Und würdest du dann nicht mehr blühen? Es kann sein, dass du dann auch mehr Anerkennung bekämst, während du mit dir selbst blühst und im Hier und Jetzt bist. – Hast du mehr Anerkennung bekommen, dadurch dass du dachtest, du solltest das haben?

Letztlich nicht, weil ich so krampfig danach gesucht habe.

MORITZ: Soll ich dir mal ein bisschen Anerkennung geben? Meinst du, das bringt dir wirklich was? Meine Erfahrung ist: Wenn man Anerkennung gibt, glauben es die anderen oft nicht. Oder sie denken: Der will was von mir.

Ich finde es am besten, wenn ich mich selber schon gut finde und die anderen das dann auch sagen.

MORITZ: So – was du wirklich brauchst, ist nicht die Anerkennung von anderen, sondern…

…von mir selber.

MORITZ: Das ist die Umkehrung. Lies mal den ganzen Satz.

Ich wäre gern mein eigenes Gegenüber, würde mich gerne selber lieben und mir selber gerne Anerkennung als Frau geben.

MORITZ: Die jetzige Situation ist dazu da, dich daran zu erinnern. Wenn du das alles hättest, was du dir wünschst, wärst du vielleicht in einem Zustand von Hypnose oder Schlaf. Aber diese kleinen Schmerzen, die du dir da selbst zufügst, sind im Grunde das Göttliche, das zu dir sagt: »Gib dir selbst Anerkennung, liebe dich selbst, spüre das Hier und Jetzt, spüre deine Energie.«

Was ich von außen erwarte, ist ja im Grunde genommen wie eine Droge, die ich mir zuführen muss.

MORITZ: Das kommt noch dazu. Männer kommen und gehen, Anerkennung kommt und geht, aber mit dir selber bleibst du immer zusammen. Und es gibt außerdem noch das Problem, dass die Männer auch Anerkennung wollen. Die suchen sich Frauen, um Anerkennung zu kriegen und nicht, um sie zu geben!

Die Erfahrung habe ich schon gemacht.

MORITZ: Fangen wir bei uns an, geben wir erst mal die Anerkennung dem, der es am meisten braucht: uns selbst. Dann sind wir so reich, dass wir es auch weitergeben können. Nach meiner Erfahrung kriege ich dann auch von außen eine Menge Anerkennung.

Ich will nicht noch fünf Jahre in so einem Grauschleier leben, ohne Intimität, Romantik und Zärtlichkeit.

MORITZ: Du brauchst Intimität, Romantik und Zärtlichkeit?

Ich denke, es wäre schöner.

MORITZ: Aber ist es auch wahr, dass du das brauchst?

Nicht, um zu überleben. Aber um intensiv zu leben und um glücklich zu leben.

MORITZ: Und ist es wirklich wahr? Kannst du wirklich wissen, dass du das alles brauchst, um glücklich zu leben? Was hast du davon, dass du denkst, du brauchst Intimität, Romantik und Zärtlichkeit?

Ich denke halt manchmal, ich möchte nicht so kauzig werden. Wie so eine Frau, die dann nur noch mit ihrer Katze spricht.

MORITZ: Und das Denkmuster verhindert das Kauzige?

Nein. Im Gegenteil. Ich bin es ja schon.

MORITZ: Es funktioniert nicht. Die Wirklichkeit ist: Du hast keine Intimität, Romantik und Zärtlichkeit. Der Glaube, du müsstest das haben, bringt er dir, was du wünschst?

Nein.

MORITZ: Verhindert das Denkmuster Kauzigkeit? Wenn du das fallen ließest, würdest du dann plötzlich sehr kauzig werden?

Ich habe eher das Gefühl, das Denkmuster beschleunigt das noch. Ich sitze da mit meiner Katze auf dem Schoß und dann gucke ich mir irgendwelche Liebesfilme an, und das Gefühl der Trennung nimmt eher zu. Mein Ideal und die Wirklichkeit gehen immer mehr auseinander.

MORITZ: Wie wärst du, wenn du nie wieder denken würdest, ich sollte Intimität, Romantik und Zärtlichkeit haben?

Irgendwie wäre ich dann erwachsener.

MORITZ: Und könntest du nicht trotzdem intim, romantisch und zärtlich sein, wenn sich die Gelegenheit ergibt?

Doch, das glaube ich schon. Ich wäre weniger in meiner Fantasiewelt. Ich wäre erwachsener, mehr so, wie ich wirklich bin.

MORITZ: Ich sehe deine Chancen steigen. Wenn du weißt, wo du genau stehst, kannst du deinen Weg auch besser finden. Dreh deinen Satz mal um; du könntest dein Denken einsetzen.

Mein Denken soll nicht noch fünf Jahre in so einem Grauschleier leben, ohne Intimität, Romantik und Zärtlichkeit.

MORITZ: Dein Denken lebt doch offensichtlich in einem Grauschleier. Du bist eine schöne junge Frau, und die Welt steht dir offen. Wir könnten über einen Grauschleier anfangen zu reden, wenn du in den Slums von Biafra leben würdest. Zahnlos, einbeinig, aidskrank.

Ich bin es nicht wert, einen tollen Mann zu kriegen.

MORITZ: Ist das wahr? Spüre in dein Herz.

Nein. Das ist nicht wahr.

MORITZ: »Ich bin es nicht wert.« Was hast du davon, dass du das denkst? Und wir alle denken so etwas – manchmal. Bringt das Denkmuster dir irgendetwas?

Das bringt mir eigentlich nur, dass ich mich klein und mickrig mache.

MORITZ: Bringt das Denkmuster dir etwas Positives?

So ein bisschen, dass ich meine Ruhe habe. (Lacht.) Ich stelle mich aufs Abstellgleis.
MORITZ: Wie ginge es dir, wenn du das Denkmuster gar nicht haben könntest: »Ich bin es nicht wert, einen tollen Mann zu haben«?
Dann wäre ich eigentlich ziemlich toll. Dann wäre das Ganze vollständiger. Dann gäbe es da nicht einen tollen Mann und das kleine Lieschen, sondern beide wären toll.
MORITZ: Das klingt erwachsener.
Es wäre realistischer. Ich würde den anderen auch mehr als Menschen sehen. Da gäbe es auch eine interessante Umkehrung: Ich bin es wert, ein tolles Denken zu haben!
MORITZ: Super. Ein tolles Denken ist alles, was du brauchst. Und: *Ich bin es wert, einen tollen Mann zu kriegen*, das kann ich sehen, dass das auch wahrer ist. Ich weiß, dass du hier im Sessel sitzt. Das ist das Höchste. Irgendwann stehst du auf und dazu brauchst du kein Denkmuster. Dann ergibt sich die nächste Situation. Wenn du denkst, ich bin es nicht wert, blendest du das Mögliche aus. Du beschneidest deine Möglichkeiten. Ich glaube, unsere Denkmuster machen uns nur blind für die Wirklichkeit.

* * *

Diese Sitzung mit Sara hat mich besonders beeindruckt, weil ich immer wieder feststellte, dass sich ihre Haltung, ihr Ausdruck, ihre ganze Ausstrahlung blitzartig änderten, je nachdem, ob sie bei der Frage »Was hast du davon?« in ihren persönlichen Denksumpf hineinsank oder ob sie sich vorstellte, wer sie ohne die selbstzerstörerischen Denkmuster sein würde. Bei der Antwort auf Frage 2 sank sie auch physisch in sich zusammen, sie wurde kleiner und wirkte auf mich als Mann tatsächlich recht unattraktiv. Bei den Antworten auf Frage 3 erhob sie sich stolz, begann zu strahlen, und ich bemerkte plötzlich ihre ausgeprägten Formen. Ich gab ihr entsprechendes Feedback, und es befriedigte mich, dass mein Freund, der ihr die Sitzung bei mir empfohlen hatte, mir später erzählte, sie habe das Gefühl gehabt, ich hätte mit ihr geflirtet.

Es kann sein, dass dieser erstaunliche Effekt schon immer eintrat und dass ich ihn vorher nur nicht bemerkt hatte, denn seit dieser Sitzung beobachte ich ihn immer öfter.

Ich möchte hier auch einmal auflisten, was die mehr als zweijährige Anwendung der Methode in meinem eigenen Leben bewirkt hat:

Die Beziehung zu meiner Partnerin ist eine ständige Quelle der Freude, der Kraft und des Entzückens für mich. Ich habe das Gefühl, sie ist wirklich auch physisch ein Teil von mir. Sie ist mir näher, als sogar meine Mutter es jemals war.

Ich rege mich nur noch selten auf, und wenn ich es tue, freue ich mich, da ich weiß, ich habe ein interessantes WORK-Thema.

Ich liebe Menschen ungleich mehr als früher. In viele Menschen, mit denen ich in Berührung komme, verliebe ich mich geradezu.

Ich habe das Gefühl, dass ich hundertprozentig das tue, was ich tun sollte, dass ich hundertprozentig an dem Platz bin, an dem ich sein sollte.

Ich beschäftige mich kaum noch mit der Zukunft, bin fast nur in der Gegenwart.

Obwohl ich im Gegensatz zu früher nicht mehr nach dem Sinn meines Lebens suche, habe ich das Gefühl, dass es hundertprozentig sinnvoll ist.

Ich bin zufrieden mit dem, was ich habe.

Ich mache mir keine Sorgen mehr um Geld.

Es ist für mich ein sehr eigenartiges Gefühl, sich nicht mehr über gebrochene Vereinbarungen zu ärgern, obwohl das jeder erwartet, inklusive des Delinquenten selbst. Ich ziehe natürlich trotzdem meine Konsequenzen, aber ich kann diesen Menschen weiter lieben.

In manchen Situationen ist der Ärger doch da und sogar viel größer als früher. Aber ich beobachte ihn nur, als wäre ich ein Schauspieler, der sich selbst im Film sieht. Das ist ein witziges Gefühl, und ich muss manchmal gleichzeitig lachen. Ich kann meinen kindischen Ärger besser rauslassen, wenn er schon mal da ist.

Als ich mit der Methode in Berührung kam, machte Byron Katie mit mir die WORK über meinen Vermieter, der auf eine ungesetzlich hohe Mieterhöhung klagte.* Das war damals eine ständige Quelle der Frustration für mich. Seitdem sind fast drei Jahre vergangen, und ich habe diesen Prozess wie einen spannenden Krimi genossen. Ich ging voller Freude zu den Verhandlungen und vertrat mich vor Gericht selbst. Dass ich dieser Tage auch noch den Prozess gewann, war nur ein Sahnehäubchen, denn auch wenn ich ihn verloren hätte, hätte mich das Spiel als solches erfreut.

Ich habe kaum noch Ängste. Besonders der Tod kann mich nicht mehr schrecken. Verschüttet und lebendig begraben zu sein war meine schlimmste Vorstellung. Jetzt weiß ich: Die Fragen sind immer möglich, außer man ist bewusstlos. Oder ein schlimmer Unfall wie in Eschede, Enschede, Entebbe? Schreiende Menschen, brennende Wracks, sinkende Schiffe? Für mich kein Problem mehr. Falls überhaupt nötig, kann ich im letzten Moment die Fragen stellen:

---

* Abgedruckt in »Byron Katies The Work« (Goldmann TB). Dieser Vermieter ist übrigens die Bundesrepublik Deutschland, und ich finde es im Sinne dieses Buches sehr passend, dass ich im Grunde mit mir selber prozessiert habe.

Meine Arme und Beine sollten nicht wegfliegen? Ist das wahr? Nein, sie sind schon weg. Was habe ich davon, dass ich das denke? Ich vermiese mir die letzten zehn Sekunden meines Lebens. Wie fühlte ich mich ohne diese Gedanken? Ich würde die herrliche Filmszene genießen, das Blut, die Schreie, das Durcheinander. Ich würde den Tod fröhlich willkommen heißen, gleich bin ich so weit! Herrlich, aufregend, himmlisch!!!

- Alle Denkmuster sind letzten Endes gleich unwahr. Wenn wir schon Denkmuster benutzen, warum nicht ein für uns vorteilhaftes wählen?
- Die Weisheit ist immer in uns selbst. Sie kann nur in uns gefunden werden.
- Fragen Sie sich, was ein Denkmuster Ihnen bringt, auch wenn es wahr scheint.
- Denkmuster lassen uns los, nicht umgekehrt.
- Der Sinn des Schmerzes ist stets unser Erwachen.
- Sie können sich jedes Denkmuster jederzeit wieder zulegen.
- Wenn wir schon Anerkennung brauchen, geben wir sie uns doch erst ein mal selbst!
- Nur wer weiß, wo er sich be-findet, kann auch seinen Weg finden.
- Unsere Denkmuster machen uns blind für die Realität.

– 6 –

Familie

Sie haben es sicher schon selbst realisiert: Das ganze Leben besteht aus Beziehungen. Man könnte die gesamte Schöpfung eher als Geflecht von Beziehungen denn als etwas anderes definieren. Alles hängt mit allem zusammen, alles wirkt auf alles andere ein, alles kommuniziert miteinander. Keine schlechte Bezeichnung für das Göttliche, keine schlechte Definition für das Große Unnennbare Eine: Beziehungen.

Ohne das könnten wir uns und die Welt nicht erfahren, es gäbe keine physikalischen Kräfte, keine Energie, keine Wechselwirkungen – es gäbe nur winzig kleine tote Elementarteilchen im Universum, die ohne jede Reaktion nebeneinander existierten. Das ist undenkbar.

Ich habe zu Anfang dieses Buches geschrieben, dass wir keine wirklich gute Beziehung zu einem Teil der Welt haben können, wenn diese in einem anderen Lebensbereich gestört ist; das ist insofern logisch, als es in Wirklichkeit keine »Teile« gibt. Wir sind eins mit allem. Von daher gesehen kann es auch keine »schlechten« Beziehungen geben. Allerdings betrachtet unser Denken so manches als schlecht, und das wirkt sich auf der Ebene des Denkens natürlich nicht positiv aus. Von einer höheren Warte aus gesehen, entfaltet sich alles nach den kosmischen Gesetzen und ist daher richtig, wie es ist, aber auf der Ebene unseres Ego leiden wir. Das wiederum ist gut, denn es erinnert uns daran, diese begrenzte Sicht zu verlassen und uns eine weitere, größere Vision zuzulegen. THE WORK scheint mir ein ausgezeichnetes Werkzeug hierfür zu sein.

Gerade rief eine ehemalige Seminarteilnehmerin an, und ich fragte sie, wie es ihr gehe. Wollen Sie ihre Antwort hören? Sie lautet: »Ich habe keinerlei Probleme mehr – es sei denn, ich bin **gegen** irgend etwas.«

Ich habe im folgenden Transkripte aus meinen Seminaren oder Telefoninterviews zusammengestellt, die die unzähligen Möglichkeiten, die Methode anzuwenden, illustrieren und Ihnen zeigen, wie wir in unseren Beziehungen zu unseren Mitmenschen glücklicher und freier werden können. Ich beginne mit Denkmustern, die wir über uns selbst haben, denn wenn wir uns selbst nicht lieben, wie wir sind, werden wir auch andere nicht lieben können. Ich beziehe sodann Themen wie Familie, Beruf und schließlich »die Gesellschaft« und »Gott« ein. Bedenken Sie, dass dieses ganze »Umfeld« in Wirklichkeit *nur für uns* existiert. Es ist immer nur *unser* Denken, *unser* Bewusstsein.

Ich sollte mehr Kontakte haben – ich bin Hausfrau und wertlos

Ich sollte mehr Kontakte haben.
MORITZ: Ist es wahr? Hast du die Kontakte? Du hast die Kontakte, die du hast. Was hast du davon, dass du denkst, du solltest **mehr** Kontakte haben?
Mehr Einsamkeit. Meine Einsamkeit wird mir mehr bewusst.
MORITZ: Wie fühlt sich das an?
Nicht gut, noch einsamer, noch isolierter.
MORITZ: Das ist ein Teufelskreis. Du bist einsam, du rebellierst innerlich dagegen, das macht dich noch einsamer und du wirst dadurch unattraktiver für mögliche Kontakte. – Bringt das Denkmuster dir etwas? Brauchst du es, um eine Kontakt-

anzeige aufzugeben? Gibt es einen Grund, daran festzuhalten?

Die Hoffnung, dass es anders wird.

MORITZ: Hoffnung ist im Grunde ein anderes Wort für Denkmuster. Hat die Hoffnung sich bisher erfüllt? Solange du hoffst, wirst du wahrscheinlich nichts tun, um mehr Kontakte zu haben. Stell dir vor, du stehst an einer Haltestelle und du weißt nicht, wann der Bus kommt. Wird deine Hoffnung den Bus beeinflussen? Wird dein Denkmuster, der Bus solle kommen, den Bus beeinflussen? Nein. Beides lenkt dich nur von der Gegenwart ab, und du nimmst nicht wahr, was sich dir in diesem Moment bietet. Ein Maikäfer, der vielleicht vorbeifliegt, eine alte Frau, ein Auto, Wolken, dann fängt es an zu regnen – alles wunderbare Dinge, aber du kannst sie nicht genießen, weil du hoffst, dass der Bus bald kommt. Viele Menschen verpassen ihr Leben auf diese Weise, denn wenn der Bus dann da ist, machen sie sich Gedanken, ob sie dort ankommen werden, wo sie hinwollen, und das geht immer so weiter.

Ich würde mich niemals an eine Haltestelle stellen, von der ich nicht weiß, wann der Bus kommt und ob überhaupt einer kommt.

MORITZ: Das Leben ist so eine Bushaltestelle. Man weiß nicht was kommt und wann es kommt. – Wie ginge es dir ohne den Gedanken: »Ich sollte mehr Kontakte haben«?

Ich wäre mehr mit mir selber zufrieden.

MORITZ: Und du willst mehr Kontakte, wozu?

Damit ich auch mal mit jemand anderem was unternehmen kann und nicht immer allein bin.

MORITZ: Wozu möchtest du mit anderen etwas unternehmen?

Um mich auszutauschen.

MORITZ: Wozu möchtest du dich austauschen?

Um die gemeinsamen Erlebnisse Revue passieren zu lassen.
MORITZ: Wozu?
(Lange Pause.) Ich hätte keine Langeweile.
MORITZ: Und wenn du keine Langeweile mehr hast, was hast du dann?
Ich tue etwas, was mir Spaß macht.
MORITZ: Und was hast du davon? Wozu brauchst du Spaß?
Um ausgeglichener, zufriedener zu sein.
MORITZ: Das alles kannst du viel einfacher haben, indem du das Denkmuster fallen lässt. Und ich bitte dich nicht, es fallen zu lassen. Du könntest aber sehen, dass du einen Riesenumweg gehst, um über mehr Kontakte das zu bekommen, was du über weniger Denken haben kannst.
Stimmt. Gleich hier und jetzt die Zufriedenheit und schauen, was dann kommt.
MORITZ: Das Geheimnis ist: Wenn du mit dir selbst zufrieden bist, kommen die Kontakte von allein. Wer will mit unzufriedenen Kontaktsuchenden zusammen sein? Du magst doch auch lieber zufriedene Menschen, oder? – Die Umkehrung? »Ich sollte **mehr** Kontakte haben« ist eine Lüge, denn du hast so viel Kontakte, wie du hast.
Mein Denken sollte mehr Kontakte haben?
MORITZ: Kontakt mit sich selbst. Kontakt mit dir. Die Fragetechnik ist eine gute Art für das Denken, mit dir selbst Kontakt aufzunehmen. Dein Denken sollte mehr Kontakt mit der Wirklichkeit haben!
Das ist punktgenau. – Mein nächstes Denkmuster ist: Ich sollte mehr Selbstwertgefühl haben.
MORITZ: Hast du es? Hast du mehr davon? Alle Glaubenssätze, die anfangen: »Ich sollte **mehr** von etwas haben« sind Lügen, sind unerfüllbar, sind hoffnungslos. Du hast so viel Selbstwertgefühl, wie du hast. Ende. – Wie fühlt es sich an, wenn

man MEHR haben will, und man hat es nicht? Hat man dann mehr Selbstwertgefühl?
Eher weniger. Weil man ja die Marke sehr hoch angesetzt hat, und man selber paddelt da unten rum, und dann ist die Diskrepanz klarer zu erkennen.
MORITZ: Schön ausgedrückt. So – hat das Denkmuster dir irgendwas gebracht? Nein. Und ich bitte dich nicht, es fallen zu lassen. Wer wärst du, wenn du nicht denken würdest, ich sollte mehr Selbstwertgefühl haben?
Das weiß ich nicht.
MORITZ: Mach mal die Augen zu, sieh dich selbst wie mit dem Objektiv einer Kamera, was siehst du?
Eine weibliche Person. – Ich hasse Kameras.
MORITZ: Deshalb stellen wir uns die auch nur vor. – Du siehst eine weibliche Person, was macht die gerade?
Die sitzt hier und kämpft mit sich.
MORITZ: Ist das wirklich wahr? Wo sieht die Kamera den Kampf?
Die Kamera sieht den Kampf nicht.
MORITZ: Der Kampf existiert gar nicht. Was siehst du?
Weibliche Person, sitzend, sie hat ein Buch auf dem Schoß, die Augen geschlossen.
MORITZ: Das ist das, was ich auch sehe. Mehr ist da nicht. Es gibt Menschen, Männer und Frauen, und die können sitzen, gehen, stehen oder liegen, das ist alles. Ich sitze auf diesem Stuhl hier, und du sitzt auf diesem Stuhl dort. Alles was du darum herumspinnst – fehlendes Selbstwertgefühl und dergleichen, sind Hirngespinste, die wirklich nur dort existieren – im Hirn. Tatsache ist, dass du automatisch Selbstwertgefühl hast, wenn du weißt, wer du bist: nämlich eine Frau, die auf einem Stuhl sitzt.
Wenn man jetzt die Größe meines Selbstwertgefühls bestimmen

würde, dann käme heraus, dass das noch kleiner ist als Stuart Little, diese Maus aus dem Film.
MORITZ: Ich sehe dich einssechsundfünfzig groß hier sitzen. Wo ist der Stuart Little? In deinem Kopf. Jeder Mensch dieser Welt, jede Kamera dieser Welt sieht dich hier in voller Größe, und nur dein Denken sieht dich als Stuart Little. – Ich garantiere dir, je mehr du lernst, die Wirklichkeit einfach so zu sehen, wie sie ist, um so mehr wirst du dein natürlich vorhandenes Selbstwertgefühl spüren.
Wenn aber die Wirklichkeit dahin steuert, dass man klein gemacht wird?
MORITZ: Wie wirst du denn klein gemacht?
Wenn ich zum Beispiel einkaufen gehe und nichts zum Anziehen finde, da heißt es: »Gehen Sie doch mal in die Kinderabteilung.« Das sind Frauen, die jünger sind als ich, die mir vorschreiben wollen, was ich anzuziehen oder wie ich mich zu benehmen habe oder wie ich mein Kind zu erziehen habe. Ich habe das Gefühl, permanent von anderen erzogen zu werden.
MORITZ: Die Leute sollten nicht versuchen, dich zu erziehen, ist das wahr? Tun sie es? Versuchen sie es?
Ich habe das Gefühl: Ja.
MORITZ: So ist die Wirklichkeit.
Aber ich möchte das nicht, dass es so ist.
MORITZ: Es ist aber so. Bringt es dir etwas, zu denken, es soll anders sein? Hören sie deshalb auf? Was hast du von der fixen Idee, die Leute sollten dich nicht erziehen, und sie versuchen es dauernd? Wie behandelst du die Leute?
Immer Habachtstellung. Immer distanziert. Vorsichtig.
MORITZ: Und wie fühlt sich das an?
Wie isoliert.
MORITZ: Wie ginge es dir, wenn du nicht denken würdest, die Leute sollten dich nicht erziehen?

Noch mehr verunsichert.

MORITZ: Kannst du das wirklich wissen, dass du dann mehr verunsichert wärst? – Mach mal wieder die Augen zu, du bist im Kleiderladen, und die Verkäuferin sagt: »Ziehen Sie doch lieber das an, das steht Ihnen besser. Sie sollten das und das und soundso tragen.« Wie sieht das Objektiv der Kamera das?

Zwei Frauen, die sprechen, die Kleider anhaben.

MORITZ: Die Erziehung ist in deinem Kopf. – Verkäuferinnen sind dazu da, so etwas zu sagen, dafür werden sie bezahlt. Und alle Menschen versuchen, sich gegenseitig zu erziehen, damit sie nicht bei sich selber gucken müssen. Jeder versucht, dich zu ändern, damit er sich nicht selber ändern muss. Aber wenn du versuchst, das zu verhindern, dann willst du doch die anderen ändern! Was hältst du also von der Umkehrung: »Ich sollte nicht versuchen, die anderen zu erziehen«? Du versuchst, die Verkäuferinnen zu erziehen, deinen Mann, deine Kinder – und du hast keinen Erfolg, so wie die anderen bei dir auch keinen Erfolg haben.

Das stimmt. – Mein nächstes Denkmuster lautet: Hausfrau sein bedeutet, nichts wert zu sein.

MORITZ: Ist es wahr?

Für mich schon.

MORITZ: Ist es wirklich wahr?

Meine Wahrheit ist: Ja.

MORITZ: Spüre mal ganz tief in dich rein und spüre ob das wirklich wahr ist: »Hausfrau zu sein, bedeutet, nichts wert zu sein.« – Was hast du davon, dass du das denkst? Wie fühlt sich das an? Wie lebst du den ganzen Tag, während du Hausfrau bist?

Freudlos, energielos, gereizt, gelähmt, negativ.

MORITZ: Hat das Denkmuster Vorteile? – Wie würdest du dich

fühlen ohne den Gedanken »Hausfrau sein bedeutet, nichts wert zu sein«?

Glücklicher während meiner Tätigkeiten. Die Umkehrung wäre: Mein Denken bedeutet, nichts wert zu sein?

MORITZ: In einer gewissen Weise hast du damit Recht, denn es ist dein Denken, das dir deinen Wert nimmt, indem es dich vergessen macht, wie wertvoll du bist. Wenn du einfach nur bügeln oder kochen würdest für dein Kind, ohne dich dadurch als Hausfrau zu definieren, dann würdest du sehen, dass diese Tätigkeiten in sich einen Wert haben. Weil dein Mann sich freut, wenn er ein frisch gebügeltes Hemd anzieht, oder weil dein Kind satt wird. Oder einfach weil du es tust.

Ich blockiere mich da selbst. Hm.

MORITZ: Die Definition »Hausfrau« ist eine Lüge des Denkens. Für mich gibt es keine Hausfrauen, nur Menschen, die sitzen, gehen, stehen oder liegen und etwas tun. Was man tut, spielt gar keine Rolle. Erst das Bewusstsein, das wir dabei haben, macht unsere Tätigkeiten zum Himmel oder zur Hölle. Die größten Heiligen sagen: Wenn du spirituell wirklich alles erreicht hast, was man erreichen kann, was machst du dann? Du scheißt, du isst, du gehst zur Quelle und holst Wasser, du hackst Holz ...

... du schläfst ...

MORITZ: ... und das Gras wächst von allein. Mehr kann man nicht erreichen. Einfach sein. Gemeinsam alles lieben.

Meine Kinder sollten nicht Scheiße sagen

Meine Kinder sollten nicht Scheiße sagen und Arschloch.
MORITZ: Wie ist es in Wirklichkeit?
Sie sagen es und Erwachsene auch, und da mag ich es auch

nicht. Das stört meine Kreise, das stört meine Harmonie. Das tut mir weh!

MORITZ: Das ist das, was du von deinem Denkmuster hast! Diese schlechten Gefühle kommen nicht von dem Wort Scheiße, sondern sie kommen von den Vorstellungen, die du selber in deinem Kopf erzeugst. Wenn ein Chinese das zu dir auf Chinesisch sagen würde, dann würdest du dich freuen, weil du vielleicht denkst, er wünscht dir einen guten Morgen. Was dich stört, sind deine Vorstellungen. Vorstellungen beeinflussen deinen Körper nachweislich ebenso wie die Wirklichkeit. Und du fügst eine Menge Unflat hinzu, denn echte Scheiße ist eigentlich nichts Schlimmes. Aber du hast Vorstellungen, dass man das nicht sagen darf, dass man bestraft wird, wenn man es sagt, dass man aneckt, wenn man es sagt und so weiter und so weiter. – Wer wärst du, wenn du uns allen erlauben würdest, Scheiße und Arschloch zu sagen?

Ich wäre ein großzügiger Mensch.

MORITZ: Großzügig, ist das nicht toll? Großzügig zu werden ist dein Job. Deshalb werden Leute in deiner Umgebung exzessiv Scheiße, Arschloch, Pisse, Kacke sagen. Hierfür hast du dir deine Kinder angeschafft. Die Kinder lernen das im Kindergarten, damit wir lernen, großzügig zu werden. »Meine Kinder sollten nicht Scheiße und Arschloch sagen«, dreh's um?

Ich sollte nicht Scheiße und Arschloch sagen!

MORITZ: Ja – und zwar in deinem Kopf. Und es ist schließlich deine Philosophie, solche Worte nicht zu gebrauchen und unsere Philosophie ist es offensichtlich, das doch zu tun. Du lebst in Deutschland. Wir haben nachweislich die meisten derartigen Ausdrücke auf der ganzen Welt und wir wenden sie auch öfter an als jedes andere Volk. Du bist hier geboren, um endlich großzügig zu werden. Mach mal die Augen zu und höre ohne Denkmuster solche Worte wie Scheiße, Arschloch, Fotze...

Uaaaah, das mag ich auch nicht!

MORITZ: Höre es mal ohne Glaubenssatz! Du wirst merken, dass es keinen wirklichen essenziellen Unterschied zwischen dem Tschilpen von Spatzen und dem Klang meiner Stimme gibt. Das sind Luftdruckschwankungen. Wenn niemand da ist, der hört, dann gibt es nicht mal diese Geräusche! Es ist Gott, der die Schöpfung in Schwingung versetzt! Ich weiß – es ist schwer, das nachzuvollziehen, denn unsere Vorstellungen haften so fest an unseren Symbolen. Schau dir die Vorstellungen an, die du mit solchen Worten verbindest, um großzügig zu werden mit dir selbst. Wie behandelst du dich selbst, wenn du diese Worte ablehnst, denen du ja nicht entgehen kannst und die immer häufiger benutzt werden...

...im Fernsehen, in Büchern, es wird immer schlimmer, es gibt sogar Lieder, in denen das vorkommt!

MORITZ: Genau! Was tust du dir an, wenn du jedes Mal deine Harmonie störst, sobald du so etwas hörst?

Ich quäle mich. – Aber ich finde es respektlos, wenn meine Tochter von anderen Mädchen spricht und das Wort Fotze benutzt.

MORITZ: Weißt du, was sie für Vorstellungen damit verbindet? Weißt du, ob sie weiß, was du damit verbindest? – Deine Tochter sollte andere Mädchen nicht als Fotze bezeichnen, wie ist die Wirklichkeit? Sie tut es. So sind die Kinder. Wie fühlt es sich an, das nicht zu mögen?

Ein ständiger Kampf.

MORITZ: Wer ist respektlos gegen sich? Wer ist respektlos gegen seine Tochter? Ihr ein unschuldiges Wort zu verbieten! Wo ist der Unterschied zwischen Möse und Rose? Unsere Kinder haben einen Riesenspaß. Das erste Wort, das ein Kind im Kindergarten lernt, ist Arschloch. Und sie sind ja nicht doof, sie wissen genau, was sie bei den Erwachsenen auslösen. Schau dir ihre Gesichter an, wenn sie Arschloch sagen. – Wie behandelst du deine Tochter, wenn du es ihr verbietest?

Ich bevormunde sie.

MORITZ: Wie fühlt sich das an?

Schlecht. Ich möchte es eigentlich nicht. Aber ich möchte ihr schon Grenzen setzen!

MORITZ: Es hindert dich niemand, deine Tochter zu bitten, es nicht zu benutzen. Oder ihr zu erklären, was sie auf dem Sommerfest des Bundeskanzlers damit auslöst. Aber im Moment sehe ich, dass sie es aus Liebe zu dir sagt, damit du lernst, respektvoll zu sein, sie nicht zu bevormunden und vor allem dich selbst respektvoll und großzügig zu behandeln. Wer wärst du, wenn du es ihr erlauben würdest?

Eine großzügige Frau.

MORITZ: Spüre diese innere Großzügigkeit mit dir selbst.

Ja, das ist schön.

MORITZ: Und mach die Nummer Sechs damit! Diese Worte sind Gottes Berührungen auf deiner Schulter. Werde großzügig. Werde respektvoll. Und du wirst merken, dass die Häufigkeit, mit der die Kinder das in deiner Gegenwart benutzen, von selbst abnimmt. Sie sagen das dann nicht mehr und suchen sich andere, von denen sie wissen, dass es deren Knopf drückt. Liebe.

Meine Kinder sollten nicht so viel fernsehen

CHRISTA: *Meine Kinder sollten nicht so viel fernsehen.*

MORITZ: Wie ist die Wirklichkeit?

Sie tun es.

MORITZ: Was hast du davon, dass du denkst, sie sollten das nicht?
Ärger. Bevormundung. Ich lebe nicht gut, denn ich habe die Verantwortung für alle und muss die auf meinen Schultern tragen. Ich denke, ich wäre der liebe Gott, der weiß, was für die Kinder gut ist.
MORITZ: Wie siehst du die Zukunft deiner Kinder, wenn du denkst, sie sehen zu viel fern?
Schlimm. Sie werden immer brutaler und dümmer. Sie können sich nicht mit sich selber beschäftigen, sie können nur in primitiven Bildern denken, lernen keine vernünftige Sprache.
MORITZ: Solche Denkmuster kann man auf das ganze Land, auf die ganze Welt ausdehnen.
Ja, ich sehe, dass die ganze Welt immer brutaler wird, immer mehr verdummt.
MORITZ: Wie fühlt es sich an, in einer solchen Welt zu leben?
Da möchte man nur noch weg.
MORITZ: Und wer wärst du, wenn du nie wieder denken würdest, die Kinder sollten nicht so viel fernsehen?
Hach. Ich könnte die Glotze als Babysitter nehmen und in der Zeit ein Buch lesen! Nein im Ernst, ich könnte sie lassen, muss mir nicht so viel Gedanken machen, wenn ich zum Beispiel abends weggehe auf einen Kurs, dass sie bloß nicht zu lange vor der Mattscheibe sitzen. Dann kann ich mich da viel besser konzentrieren.
MORITZ: Du könntest dich darauf konzentrieren, eine bessere, liebevollere Mutter zu werden, anstatt eine missmutige, meckernde Wärterin. – Die Umkehrung?
Ich sollte nicht so viel fernsehen. Ja, das stimmt. Wenn ich dauernd denke: »O Gott, o Gott, die sehen zu viel fern, und das tut denen nicht gut und aus denen wird nichts werden«, dann

sehe ich ja fern – in die Zukunft, anstatt im Hier und Jetzt zu leben und glücklich zu sein.

MORITZ: Fernsehen ist dazu da, uns unsere Denkmuster immer wieder bewusst zu machen. Das Fernsehen ist eine der schönsten Metaphern für unser Denken, es zeigt, dass es keine neuen Gedanken gibt, es zeigt, dass Denken in Wirklichkeit kollektiv ist. Es zeigt, dass alle Gedanken sich letzten Endes gegenseitig aufheben.

Das Fernsehen spiegelt sehr genau, wie unsere Köpfe funktionieren: Viele Sender, wir können wählen, auf welches Programm wir uns einstellen, von schmerzhaft bis lustvoll. Aber gleichzeitig sind das nur leuchtende Pünktchen auf einem Bildschirm – was auch immer er zeigt, sie haben keine wirkliche Bedeutung. Sie sind wie das Zwitschern der Vögel – Luftdruckschwankungen ohne Sinn, wenn wir ihnen keinen geben. Lass es unbeachtet laufen und spüre die Wirklichkeit oder schalte es ab, wenn du kannst. Es macht keinen Unterschied – alles ist eins.

Ich bin eine schlechte Mutter

ANNE: *Ich bin eine schlechte Mutter.*
MORITZ: Ist das wahr? Spüre mal in dich rein.
Ich könnte sicher vieles besser machen.
MORITZ: Aber ist es wahr, dass du deshalb eine schlechte Mutter bist?
Ich weiß es nicht. Ich kann es eigentlich gar nicht beurteilen.
MORITZ: Wessen Angelegenheit?
Ist das Gottes Angelegenheit?
MORITZ: Alles ist Gottes Angelegenheit. Du bist, wie du bist. – Was hast du davon, dass du denkst: »Ich bin eine schlechte Mutter«? Was bist du in dem Moment, in dem du das denkst?

Dann bin ich ein Nichts.
MORITZ: Wie fühlt sich das an?
So, wie ich jetzt aussehe. Verheult und beschissen.
MORITZ: Wie wäre es, wenn du gar nicht mehr denken könntest: »Ich bin eine schlechte Mutter«?
Dann wäre der Druck weg, irgendwas sein zu müssen. Ich merke, dass ich mich an diesen Satz klammere. Ich habe heute morgen in deinem Buch gelesen:»Diese Glaubenssätze verschaffen uns eine Art Identität«, und ich habe gefühlt, wie schwer es mir fällt, mir vorzustellen, ich hätte diese Denkmuster nicht mehr. Das ist so, als wäre ich dann gar nicht mehr da.
MORITZ: Es kann sein, dass das die Sache ziemlich gut trifft. Wie fühlt es sich an, in dieser Form nicht mehr da zu sein?
Das macht mir Angst. Ich kann mir das gar nicht vorstellen. Ich weiß aber, dass dahinter die Freiheit ist. – Ich hatte gestern den Gedanken:»Wenn ich spirituell mehr entwickelt wäre, könnte ich mit meinem Sohn besser umgehen.«
MORITZ: Ist das wahr? Kannst du das wissen? Was hast du davon, dass du es denkst?
Dann könnte ich ihn lassen, wie er ist.
MORITZ: Wenn es so wäre. Aber es ist ja nicht so. Also was hast du davon, dass du denkst, es sollte anders sein, als es ist?
Druck, Druck, Druck.
MORITZ: Was könnte geschehen, wenn du nie wieder denken würdest, etwas sollte anders sein, als es ist?
Dann könnte ich durch dieses Tor gehen. Ich wäre frei. Absolut frei.
MORITZ: Du hast eben gesagt, du siehst verheult und beschissen aus. – Du weißt schon, es ist nicht wahr, hm?
Verheult fühle ich mich schon, weil ich seit gestern Nacht heule.

MORITZ: Wie geht es dir, wenn du denkst, du sähest verheult und beschissen aus?

Das macht's nur noch schlimmer.

MORITZ: Wie behandelst du dich? Wie behandelst du uns?

Beschissen. Ich denke, ihr müsst es ertragen.

MORITZ: Du denkst, dass wir arme Schweine seien, die dein unmöglich aussehendes Verheultsein ertragen müssten? Wie fühlt sich das an, wenn man so denkt? Wessen Angelegenheit ist es, wie wir dich finden? Wie wäre es, wenn du nicht denken würdest: »Ich sehe verheult und beschissen aus«?

Dann könnte ich es so lassen, wie es ist; das würde sich ruhiger, besser anfühlen. Und umgedreht: Mein Denken sieht verheult und beschissen aus?

MORITZ: Allein die Tatsache, dass das Denken das ausspricht, macht das Denken verheult und beschissen, denn das Denken IST DAS, was es gerade denkt, mehr nicht. Aber **du** bist im selben Moment wunderschön, und das kannst du auch genau spüren – das kann dir jeder hier im Raum bestätigen. (Zustimmendes Gemurmel.)

Du meinst innen?

MORITZ: Außen und innen. Was ich sehe, ist eine Frau, die sich bemüht, Erkenntnis zu gewinnen, und das ist etwas Wunderschönes. – Und wir wollen uns nicht ändern – wir untersuchen nur unser automatisches Denken.

Mit Kindern arbeiten

Bei der Beschäftigung mit THE WORK taucht immer mal wieder die Frage auf, ob sie auch für Kinder geeignet sei. Ich habe damit nicht sehr viel Erfahrung, mir fiel aber auf, dass manche Kinder sich ungern ihre (immerhin gerade erst mühsam erworbenen!) Denkmuster »bearbeiten« lassen. Ich würde einem

Kind nur die Fragen stellen, wenn es von sich aus darum bittet.

Anna Lena ist elf Jahre alt und hat bereits an einem meiner Seminare teilgenommen. Während der Arbeit an diesem Buch rief sie mich an und fragte mich, ob ich mal die Work mit ihr machen könne.

Anna Lena: *Mein Vater soll nicht ausziehen.*
Moritz: Wie ist die Wirklichkeit? In wessen Macht steht es, ob er es tut, oder nicht?
In seiner.
Moritz: Und wie fühlt es sich an, sich da einzumischen?
Scheiße.
Moritz: Wie ginge es dir, wenn du ihm erlauben würdest, auszuziehen? Stell dir mal vor, du wolltest etwas sehr dringend, und stell dir weiter vor, deine Familie würde dir das großzügig erlauben.
Das fände ich gut.
Moritz: Also, wie würdest du dich fühlen, wenn du es ihm auch erlauben würdest, wenn er es doch dringend will?
Gut.
Moritz: Und die Umkehrung? Ich sollte nicht ausziehen. Stimmt's? Deine Mutter braucht dich jetzt schließlich. Und du solltest vor allem nicht aus dir selbst ausziehen! Wenn man böse auf jemanden ist, dann beschäftigt man sich mit seinen Angelegenheiten, und dann zieht man in gewisser Weise aus sich selbst aus. – Was tut dir noch weh?
Dass es meiner Mutter jetzt schlecht geht, weil er eine neue Freundin hat.
Moritz: So – deiner Mutter geht es schlecht? Kannst du das wirklich wissen?
Sie macht so ziemlich den Eindruck.

MORITZ: Und kannst du wissen, dass es auf lange Sicht wirklich schlecht ist, wenn es ihr gelegentlich schlecht geht?
Sie hat Migräne und ist krank.
MORITZ: Kannst du wissen, dass es auf lange Sicht besser wäre, wenn es einem nie schlecht ginge und man nie krank wäre? – Was hast du davon, dass du denkst, meiner Mutter sollte es nicht schlecht gehen, und du merkst aber, es geht ihr schlecht. Wie fühlst du dich dann?
Ich fühle mich schlecht, wenn ich weiß, dass es ihr schlecht geht.
MORITZ: Und fühlt sich deine Mutter besser, wenn es dir auch noch schlecht geht? – Gibt es einen guten Grund, warum es dir auch schlecht gehen sollte, wenn es ihr schlecht geht? Bringt es irgendwas für irgendjemand, wenn du denkst, mir muss es auch schlecht gehen?
Nee, eigentlich nicht.
MORITZ: Wie wäre es, wenn du deiner Mutter erlauben würdest, dass sie sich schlecht fühlt, wenn du denken würdest, okay, so sind die Menschen, mal geht es ihnen schlecht und mal geht es ihnen gut?
Das wäre besser.
MORITZ: Dann fühlt sich wenigstens einer in der Familie gut. Und wenn es dir gut geht, kannst du ja vielleicht etwas tun, damit es ihr auch besser geht. Aber wenn es dir auch schlecht geht, dann dreht sich die Sache im Kreis, dann steckst du vielleicht sogar deine Geschwister noch an, und allen geht es immer schlechter. – Also: deiner Mutter sollte es nicht schlecht gehen, dreh's um?
Mir sollte es nicht schlecht gehen.
MORITZ: Das ist wahrer. Deiner Mutter geht es schlecht, so ist es im Moment. Da kannst du nicht viel tun. Aber mir sollte es nicht schlecht gehen, da kannst du etwas tun. – Hast du noch einen Schmerz?

Ich bin im Moment halt traurig.
MORITZ: Und magst du dich gerne traurig fühlen?
Nein.
MORITZ: Oha. Das bedeutet, dass du eine ganze lange Zeit in deinem Leben etwas fühlen wirst, was zwar zum Leben gehört, was du aber nicht fühlen willst. Was hast du davon, dass du das nicht willst?
Eigentlich gar nichts.
MORITZ: Du wirst nur noch trauriger. Und was wäre, wenn du nicht denken würdest, du solltest nicht traurig sein? Wenn du deine Traurigkeit akzeptieren und sagen würdest: »Traurig sein ist in Ordnung«?
Dann würde es mir besser gehen und ich wäre jemand Gutes.
MORITZ: Vielleicht würdest du die Traurigkeit sogar genießen. Traurigkeit kann sehr schön sein, wenn man sie akzeptiert. Wie langweilig wäre das, wenn es einem immer nur gut ginge. Dann würden wir gar nicht merken, wie schön das ist, wenn es uns gut geht! – »Ich sollte traurig sein«, ist die Umkehrung. Oder: »Meine Gedanken sollten nicht traurig sein« – das ist auch wahrer. Du kannst traurig sein und dich trotzdem mit etwas Schönem befassen: ein Bild malen, Musik machen.
Das mache ich gern.

– 7 –

Irrationale Denkmuster aufspüren

Ich habe weiter oben erwähnt, dass der Fragebogen von Byron Katie nur eine von vielen Möglichkeiten darstellt, hinderliche Denkmuster zu finden und aufzuschreiben. Hier eine Liste weiterer allgemeiner Fragen, die Sie ebenso gut benutzen können, um solche Glaubenssätze zu identifizieren:

Wer mag Sie nicht oder erkennt Sie nicht an?
Was können Sie nicht ertragen?
Was an Ihnen selbst empfinden Sie als unzulänglich oder wertlos?
Wovor haben Sie Angst?
Was muss unbedingt in Ihrem Leben geschehen?
Was darf auf keinen Fall geschehen?
Was darf nie wieder geschehen?
Wovon müssten Sie auf jeden Fall mehr haben?
Wovon müssten Sie auf jeden Fall weniger haben?
Was wäre eine absolute Katastrophe für Sie?
Was wäre absolut schrecklich, unerträglich für Sie?
Was geht immer wieder schief in Ihrem Leben?
Worauf haben Sie Anspruch?
Was empfinden Sie als ungerecht?
Welcher negativen Eigenschaft, Gegebenheit sind Sie sich hundertprozentig sicher?

Worauf können Sie auf keinen Fall verzichten?
Welche Gefahren lauern in Ihrer Umgebung?
Welche schlechten Eigenschaften haben Sie ererbt?
Welche Ansichten anderer Menschen halten Sie für absolut falsch?
Was dürften andere Menschen, Gruppen oder Völker auf keinen Fall tun?
Was müsste eigentlich bestraft werden?
In welchen Situationen richten Sie sich nach den Ansichten anderer und ärgern sich darüber?
Welche Situationen vermeiden Sie am liebsten?
Auf wen kann man sich nicht verlassen?
Welches Ereignis oder welche Gegebenheit aus Ihrer Vergangenheit beeinflusst Sie negativ?
Worüber regen Sie sich immer wieder auf?

Man kann jedes Denkmuster, jeden Glaubenssatz, jeden Gedanken, jede Geschichte mit den Vier Fragen untersuchen. Wahr ist letzten Endes gar nichts, allerdings gibt es Denkmuster, die sehr irrational sind und Denkmuster, die ihren Zweck auf einer bestimmten Ebene des Lebens ganz gut erfüllen, wenn man sie anwendet. Die Grenzen können hierbei fließend sein; zum Beispiel dürfte es sehr rational sein, zu denken: »Wenn ich eine Autobahn überquere, könnte ich getötet werden.« (Natürlich kann man sich fragen, ob man dieses Denkmuster braucht, wenn man am Rand einer solchen Autobahn steht – ich vermute, man braucht es nicht, man wird instinktiv das Richtige tun!)

Hingegen wäre es recht irrational, wenn eine Mutter täglich hundertmal denken und aussprechen würde: »Mein Kind könnte auf eine Autobahn laufen und getötet werden«, selbst wenn die Familie in der Nähe einer solchen wohnt.

Angesichts der kleineren oder größeren Irrationalität unserer

Glaubenssätze finde ich es hilfreich, ein Kriterium dafür zu haben, was rational und was irrational ist. In der *rational-emotiven Therapie* (vgl. S. 295) wurden im Laufe der Zeit Hunderte von mehr oder minder tauglichen Tests hierfür entwickelt; einen davon, den von Maultsby*, möchte ich hier zitieren:

Körperliches und gefühlsmäßiges Verhalten ist dann rational, wenn es zumindest drei der folgenden fünf Regeln gehorcht:
1. Es basiert auf der objektiven Realität oder den bekannten relevanten Tatsachen einer Lebenssituation.
2. Es ermöglicht dem Menschen, sein Leben zu schützen.
3. Es ermöglicht dem Menschen, sein angestrebtes Ziel möglichst schnell zu erreichen.
4. Es ermöglicht dem Menschen, ohne größeren Kummer mit anderen umzugehen.
5. Es ermöglicht dem Menschen, schwerwiegende persönliche Konflikte zu verhindern oder schnell auszuschalten.

Wenn Sie also Denkmuster untersuchen, könnten Sie jeweils fragen, ob die Handlungen, die aus dem Denkmuster entstehen, die vorstehenden Kriterien erfüllen.

Ein Beispiel: 1. Es ist eine objektive Tatsache, dass Menschen, die Autobahnen überqueren, mit ziemlicher Sicherheit angefahren und getötet werden. 2. Ich schütze daher mein Leben. 3. Ich würde mein angestrebtes Ziel, gesund und lange zu leben, wahrscheinlich nicht erreichen, wenn ich über die Autobahn laufe. Drei Kriterien sind erfüllt, mein Verhalten und mein Denkmuster sind rational.

---

* Dr. Maxie C. Maultsby jr.: »Hilf Dir selbst zum Glück durch rationale Selbstberatung«, Sweets & Zeitlinger B.V., Lisse, Niederlande, 1982. (Leider vergriffen.)

Im Falle der ängstlichen Mutter sieht das anders aus: 1. Nur wenige Kinder würden von sich aus auf eine befahrene Autobahn laufen, das kommt jedenfalls selten vor. 2. Der Gedanke der Mutter schützt das Kind keinesfalls, denn es macht doch letzten Endes, was es will. 3. Das Ziel der Mutter ist ein gesundes Kind – ihre ständigen Ermahnungen machen es jedoch vielleicht sogar neurotisch und verhindern nichts. 4. Der Umgang mit dem Kind nervt, die Familie wird durch die ständigen Ängste belastet. 5. Häusliche Konflikte mit anderen Familienmitgliedern sind vorprogrammiert.

Sie sehen, das Verhalten der Mutter erfüllt nicht die Kriterien rationalen Verhaltens, wenn sie ihre Ermahnungen ständig laut oder stumm wiederholt. (Natürlich wäre es hingegen rational, dem Kind den Sachverhalt altersangepasst von Zeit zu Zeit klar zu machen oder in einer Bürgerinitiative die Errichtung eines Zauns zu betreiben.)

Ein weiteres wichtiges Kriterium bei der Untersuchung von Denkmustern ist die Frage, was es mir bringt, sie zu wiederholen, selbst wenn sie objektive Realität abbilden. »In jeder Sekunde verhungern soundso viele Kinder.« Das ist wohl eine Tatsache. Was aber habe ich davon, dass ich das bei jeder Gelegenheit denke? Wenn Sie den Maultsby-Test anwenden, werden Sie feststellen, dass die Kriterien zwei bis fünf nicht erfüllt werden.

Des weiteren zu diesem Thema gehört der sogenannte Kameratest, den ich in den Sitzungen immer wieder anwende und den auch Maultsby in seinem Buch empfiehlt. Er kann dazu dienen, festzustellen, was »objektive Realität« (soweit es so etwas überhaupt geben mag) sein könnte. Es ist sehr erstaunlich, dass die wenigsten Menschen es ad hoc schaffen, eine emotionale Situation, die sie erlebt haben, so zu schildern, als sei sie von einer Kamera gefilmt und von einem Tonband aufgezeichnet worden.

Wenn Sie als Interviewer die Frage stellen: »Was hätte eine Videokamera in dieser Situation aufgezeichnet?«, dann bestehen Sie darauf, dass wirklich nur Gesichtsausdrücke, Körperhaltungen, Tonfälle geschildert werden und nicht Gefühle, Interpretationen, Folgerungen, Annahmen.

Eine Kamera sieht, dass ein Mensch mit aufgerissenen Augen gestikuliert und das zugehörige Mikrofon hört, dass er eine sehr laute Stimme hat. Was das bedeutet, ist Interpretation und wird von der Kamera nicht registriert. Es könnte sein, dass der Mensch wütend auf mich ist, es ist aber auch möglich, dass er sich von ein paar unerträglichen Spannungen befreien musste. Wir können es nicht wissen.

Ein Mensch senkt den Kopf, spricht mit leiser Stimme und hat herabgezogene Mundwinkel. Das ist es, was die Kamera registriert. Ob dieser Mensch traurig ist, uns manipulieren will, schauspielert oder gerade einen Todesfall erlebt hat, können wir nicht wissen. Es ist sehr vorteilhaft, sich jeder Interpretation zu enthalten und einfach voller Liebe zu reagieren. »Kann ich dir irgendwie helfen?« darf man immer fragen. Etwas auf sich zu beziehen, was des anderen Angelegenheit ist, ist nur schmerzhaft und führt meist zu endlosen Auseinandersetzungen. Untersuchen Sie Ihr Denken, indem Sie alles aufschreiben, was Sie stört, stellen Sie Fragen, kehren Sie um. Überlassen Sie das Denken, Fühlen und Reagieren der anderen denen, es ist ihre Angelegenheit. Verstehen Sie wörtlich, was andere sagen, und interpretieren Sie nichts, auch wenn es noch so verlockend ist.

Brauchen wir Denkmuster?

Sie sind irgendwann von einem Menschen sehr enttäuscht worden. Man hat Ihre Gutgläubigkeit und Naivität ausgenutzt. Neben den schlechten Gefühlen, die Sie über diese Sache haben, glauben Sie nun auch, dass diese Geschichte Sie davor bewahrt, später immer wieder »reinzufallen«. Aber haben Sie damit Recht? Vielleicht ja. Nur – ist es richtig, dass Sie hierzu die damaligen schlechten Gefühle wieder aktivieren müssen? Würden Sie ab sofort von jedermann ausgenutzt werden, wenn Sie sich vorstellen, wer Sie ohne Ihr Denkmuster »Niemand darf mich ausnutzen« wären?

Sie sollen das Denkmuster, indem Sie die Methode anwenden, ja auch gar nicht fallen lassen, Sie sollen sich nur vorstellen, wer Sie wären, wenn Sie es nicht hätten im Angesicht des Menschen, der Sie ausgenutzt hat, im Angesicht anderer Menschen, mit denen Sie zu tun haben, in Ihrem eigenen Angesicht. Und denken Sie daran, Sie können sich das Denkmuster ja jederzeit wieder zulegen!

Der von mir im Kapitel »Wollen Sie die Wahrheit wirklich wissen?« erwähnte David (Seite 238) aus dem Buch »Ich fühle, also bin ich« ist der Beweis, dass wir gar nichts wissen und be-halten müssen, um uns trotzdem zu ver-halten. Die damalige Emotion, als wir betrogen wurden, war natürlich und richtig, denn sie geschah genau so, wie sie geschah. Ist es aber nötig, sie aufrechtzuerhalten? Vertrauen wir darauf, dass unser Gehirn jetzt so programmiert ist, dass es sich automatisch meldet, wenn uns jemand übers Ohr zu hauen versucht!

Wie wären wir also ohne das Denkmuster: »Niemand darf mich ausnutzen«?

Frei und fröhlich, offen, nicht nachtragend, uns nicht mehr

quälend mit der Vergangenheit und dennoch auf der Hut, wenn eine entsprechende Situation auftritt.

Aber nicht *immer* auf der Hut, denn das wäre zu anstrengend.

Vertrauen Sie auf den Prozess der Vier Fragen!

- Das ganze Leben besteht aus Beziehungen.
- Wir sind eins mit allem, was existiert.
- Wir untersuchen Denkmuster, indem wir in unser Herz spüren.
- THE WORK führt dazu, dass wir unser Ego, unser Denken lieben.
- Es gehört zur persönlichen Integrität, die eigene Wahrheit zu sprechen und zu leben.
- Man kann Denkmuster auf vielerlei Arten finden. Der Fragebogen ist nur ein Hilfsmittel von vielen.
- Prüfen Sie, ob Denkmuster Ihnen nutzen, unabhängig davon, ob sie einem Sachverhalt entsprechen oder nicht.
- Rationales Denken erfüllt wenigstens drei der folgenden fünf Kriterien: Objektivität, Schutz meines Lebens, Förderung meiner Ziele, erfreulicher Umgang mit anderen, Vermeidung lang andauernder Konflikte.
- Der sogenannte Kameratest hilft, objektive Tatsachen von subjektivem Erleben zu trennen.
- Wir müssen schmerzhafte Denkmuster nicht unbedingt aufrechterhalten, um negative Erfahrungen zu vermeiden.
- Interpretieren Sie nichts, verstehen Sie wörtlich, nehmen Sie nur wahr.

Mein Denken steht im Stau

Jede meiner Wahrnehmungen spiegelt mein Denken.

Für Menschen, die sich mit Spiritualität befassen, eine Binsenweisheit. Wie wahr der Satz ist, habe ich erst durch das Praktizieren der Fragetechnik von Byron Katie herausgefunden.

Zunächst nehmen wir nur wahr, was wir kennen. Eine Verhaltensweise, die uns nicht anderweitig vertraut ist, können wir nicht beurteilen. Sie bleibt uns unverständlich. Babys schauen mit großen Augen in die Welt, und kein Straßenverkehr wird ihnen chaotisch erscheinen, kein Schreibtisch »unordentlich«, keine Schwiegermutter wird ihnen zu viel reden – warum? Weil sie all das nicht interpretieren können.

Nur was wir auch kennen, können wir er-kennen.

Des Weiteren ist jede Wahrnehmung sehr vielfältig, aus einer sehr großen Zahl von Reizen zusammengesetzt, aber wir filtern bestimmte Dinge heraus: 1. was wir haben, 2. was wir gerne hätten und 3. was wir nicht mögen.

Was wir an uns selbst angenehm finden, fällt uns auch bei anderen auf – der betreffende Mensch oder die betreffende Situation sind uns sympathisch. Wir suchen stets nach Gemeinsamkeiten!

Es kann Spaß machen, auch positive Aussagen, die wir über andere machen, einmal herumzudrehen. Ich setze dies gerne als Übung am Ende meiner Seminare ein.

Wenn uns etwas Unangenehmes auffällt, dann ist es oft eine Eigenschaft, die wir selbst haben, die wir aber nicht mögen und daher gerne verdrängen. Seit ich die Methode anwende, stelle ich fest, dass dies ohne Ausnahme wahr ist. Am leichtesten kann man das bei anderen Menschen studieren. Je öfter ich es an anderen wahrnehme, um so sicherer bin ich mir, dass ich nicht anders bin als jeder andere. Wenn ich ehrlich nachforsche, stelle ich immer fest, dass es tatsächlich so ist. THE WORK als Technik funktioniert, weil dies eine Tatsache ist.

Wenn ich mich selbst oder äußere Situationen mit den Fragen prüfe, wenn ich Gegebenheiten oder Institutionen untersuche, dann zeigt sich, dass die Umkehrung »Mein Denken« meist wahrer ist als die ursprüngliche Aussage.

Ich mag Verkehrsstaus nicht.
Diesen Satz können die meisten von uns nachvollziehen.

Wenn wir genau untersuchen, was ein Stau ist, stellen wir fest, dass es sich lediglich um eine Ansammlung von blechernen Karossen auf einer Straße handelt. Ich mag es auch nur dann nicht, wenn sich meine eigene Karosse mittendrin befindet. Untersuche ich meine eigene Situation, so stelle ich fest, dass ich auf einer Art Sofa sitze und mich mit meiner Partnerin unterhalte, Radio höre, Zeitung lese oder einfach nur umher schaue. Ich tue also Dinge, die ich normalerweise nicht ungern tue. Was ist so frustrierend an einem Stau? Mein Denken hat die Vorstellung, ich müsse dahinsausen und unbedingt den Termin wahrnehmen, der immer näher rückt. Mein Denken ist nicht mehr synchron mit der Wirklichkeit, die ja auch im Stau wie immer ruhig dahinfließt. Was sich staut, sind lediglich die Gedanken in meinem Kopf.

»Du stehst nicht im Stau, du bist der Stau!«, hat jemand in Riesenlettern auf eine Autobahnbrücke im Rhein-Main-Gebiet gesprüht, unter der sich häufig Staus bilden.

Was ich am Stau nicht mag, ist der Aspekt meines Denkens, der dem Stau gleicht. Das Stehenbleiben, das langsame Dahinkriechen, das Nicht-vom-Fleck-Kommen. Aber die Wirklichkeit bleibt im ewigen Hier und Jetzt, sie ist, wie sie ist. Nichts ist anders am Stau als das, was auch sonst auf unserem Planeten geschieht. Das Baby hinten im Wagen merkt keinen Unterschied, der Hund merkt keinen Unterschied. Unserem Auto ist es egal, wie schnell wir fahren. Und viele Leute bleiben ja auch im Stau sehr lustig, sie telefonieren, lesen Zeitung, unterhalten sich mit ihren Nachbarn, machen Picknick.

Sie können jede Situation Ihres Lebens mit den Vier Fragen untersuchen, Sie werden herausfinden, dass das, was Sie nicht mögen, in Wirklichkeit Ihr Denken in dieser Situation ist.

Manche Situationen allerdings scheinen mir besser geeignet als andere, unser Denken zu spiegeln. Verkehr ist eine davon. Computer eine andere. Das Fernsehen eine dritte. Vielleicht liegt es daran, dass wir uns am liebsten in Dingen oder Situationen spiegeln, die die gleichen oder ähnliche Konstruktionsmerkmale aufweisen, wie das Denken sie selbst hat. Daher eignen sich andere Menschen am allerbesten für Spiegelungen, aber eben auch Computer, weil ihre Funktionsweise unserem Gehirn nachempfunden ist.

Und es mag sein, dass sich auch Straßenverkehr so gut zur Untersuchung eignet, weil er so ähnlich funktioniert wie unser Denken. »Ich bin festgefahren, in mir ist Chaos, ich bin in einer Sackgasse, auf dem Holzweg. Meine Gedanken rasen. Die Dinge entgleiten mir. Alles im grünen Bereich. Ich sehe rot. Halt mal. Es geht weiter. Ich will aussteigen. Mach mal langsam. Die Räder drehen sich. Alles dreht sich. Die Zeit rast. Halt! Galoppierende Gedanken. Gib Gas!«

Meine Freundin sagt nicht die Wahrheit

LUISE: *Meine Freundin Dagmar ist entgegen ihren Beteuerungen nicht ehrlich zu mir.*
MORITZ: Dagmar sollte ehrlich sein; wie ist die Wirklichkeit? –

Kannst du hundertprozentig wissen, dass sie nicht ehrlich ist? Und kannst du wissen, dass es besser für sie wäre, wenn sie ehrlich wäre? Und kannst du wissen, dass es besser für dich wäre, wenn sie ehrlich wäre?
Nein, das kann ich alles nicht wissen. Aber grundsätzlich bin ich der Meinung, dass Ehrlichkeit das Beste ist.
MORITZ: Das ist deine Philosophie, deine Religion, dein Glaube. Aber kannst du wissen, dass es für alle Beteiligten das Allerbeste wäre, wenn sich Dagmar in diesem Fall danach richten würde?
Das nicht. Mit Sicherheit nicht.
MORITZ: Was hast du davon, dass du denkst, sie sollte ehrlich sein, und du merkst, dass sie es nicht ist?
Ich quäle mich selber.
MORITZ: Wie fühlt es sich an, zu denken, die anderen sollten ehrlich sein?
Das ist kein gutes Gefühl. Das ist schrecklich. Ich kreise in Gedanken immer um diese Sache herum.
MORITZ: IHR HABT ALLE EHRLICH ZU SEIN! WER NICHT EHRLICH IST, KRIEGT EINS ÜBER DIE RÜBE! Ich fühle mich da wie Moses, der die Gesetzestafeln in Stein gemeißelt hoch über seinen Kopf hält, damit alle das sehen und sich danach richten. Sehr anstrengend, so durch die Welt zu laufen. Gibt es einen Grund, daran festzuhalten? Werden die anderen dadurch ehrlicher?
Nein, werden sie nicht, das ist mir schon klar.
MORITZ: Wie wärst du, wenn du nicht denken würdest, Dagmar sollte ehrlich sein?
Ich wäre putzmunter und fröhlich und würde meiner Wege gehen.
MORITZ: Wie fühlt es sich an, eine Freundin sein zu lassen, wie sie ist?

*Das ist schon ein gutes Gefühl. – Die Umkehrung ist: **Ich** sollte ehrlich sein.*

MORITZ: Weil es deine Philosophie ist. Lebe es vor, die anderen machen es vielleicht nach. Und es ist unehrlich, zu denken, die anderen sollten ehrlich sein. Sie sind es ja nicht. Es ist eine Lüge.

Eigentlich eine Anmaßung.

MORITZ: Anmaßungen fühlen sich nicht gut an. Dagmar sollte nicht ehrlich sein, weil sie es nicht ist.

Ich sollte nicht denken, dass sie ehrlich sein muss.

MORITZ: **Ich** sollte ehrlich denken. Ehrlich denken heißt, die Wirklichkeit sehen, wie sie ist. Es gibt Menschen, die nicht ehrlich sind. Und kann ich wirklich wissen, dass sie nicht ehrlich sind? Haben sie vielleicht eine andere Vorstellung von Ehrlichkeit? Es gibt ein Buch, in dem man nachlesen kann, dass Lügen eine wichtige Funktion im sozialen Leben erfüllen, ohne die wir *mehr* Schwierigkeiten miteinander hätten. Ehrlichkeit kann manchmal sehr verletzend sein.

*Ich denke auch, ich sollte ehrlicher **zu mir** sein.– Mein nächstes Denkmuster: Ich will, dass sie offener mit mir umgeht.*

MORITZ: Tut sie es? Wie fühlt es sich an, von anderen zu verlangen, sie sollten offener sein?

Ich setze mich unter Erwartungsdruck und Stress.

MORITZ: Und wie behandelst du Dagmar, wenn du denkst, sie sollte offener sein?

Gar nicht gut. Dann habe ich keine liebevollen Gedanken.

MORITZ: Behandelst du Dagmar offen?

Nein, dann ziehe ich mich ebenfalls zurück.

MORITZ: Du lebst nicht vor, was du von anderen erwartest. Das kann nicht funktionieren. Wie würdest du leben ohne den frommen Wunsch, Dagmar sollte offener sein?

Ich wäre auf jeden Fall unbelasteter. Es würde mich nicht so *beschäftigen. – Die Umkehrung ist: **Ich** sollte offener sein – und vielleicht auch mit ihr darüber sprechen. – Das nächste Denkmuster ist: Dagmar sollte nicht nur Andeutungen machen.*

MORITZ: Katzen miauen, Hunde bellen, Dagmar macht Andeutungen, wie Katie immer sagt. So ist sie. Menschen sind verschieden. Ich sehe mein Leben mehr und mehr so, als ob ich durch einen wunderschönen Paradiesgarten ginge und die Menschen seien wie die vielen verschiedenen Gewächse dort. Da gibt es herrliche kleine Blümchen mit winzigen Blüten, da gibt es Stechginster und Kakteen, riesige blühende Magnolienbäume und ganz unscheinbare Pflanzen, die vielleicht ihre Blüten nur bei besonderen Gelegenheiten öffnen. Und dann gibt es riesige Palmen mit Kokosnüssen dran! Alles ist möglich in diesem Garten. Jeder Mensch hat seine Eigenarten, und wenn ich genau hinschaue, hat alles seine eigene Schönheit. Von Dagmar zu verlangen, dass sie ihre Informationen auf den Tisch legt, ist so, als würde ich von dem wunderschönen kleinen Blümchen dort eine Kokosnuß erwarten. Und mancher macht es umgekehrt: Er geht zur Palme und behandelt sie wie ein Maßliebchen, und dann wundert er sich, wenn ihm eine Kokosnuss auf den Kopf fällt. Da kann die Kokospalme doch nichts dafür! Sie tut, was sie tut. Eine Palme wie ein Maßliebchen zu behandeln ist schon eine seltsame Art! Und dann schimpfe ich noch auf die Palme, anstatt zu sehen, das sie einfach tut, was ihrer Natur entspricht. Meine Aufgabe im Leben ist, herauszufinden, was **ich** für eine schöne Pflanze bin und nicht, die anderen nach meinem Wunschbild formen zu wollen. Dagmar ist, wie sie ist, bis sie es nicht mehr ist.

– 8 –

Geld, Beruf, Karriere

Jeder, der mit der WORK in Berührung kommt, fragt sich sehr bald, wie man sie im Beruf einsetzen kann. Nachdem mein erstes Buch über diese Technik erschienen war, wurde ich eingeladen, eine ganze Firma bzw. Firmenabteilung mit der Methode zu schulen. Im folgenden eine Auswahl aus diesem Themenkreis. Sie werden merken, dass es auch hier meist um Beziehungen geht, nicht nur um die Beziehung zum Geld oder zu unseren Berufskollegen, sondern auch darum, wie Geld oder unsere berufliche Situation sich in unseren Zweier- oder familiären Beziehungen auswirkt.

Respektlose Schüler

CHARLY: *Ich bin Lehrer und mag die Schüler nicht, weil sie zu wenig Respekt haben.*
MORITZ: Wie ist die Wirklichkeit?
Viele haben Respekt, aber einige haben keinen.
MORITZ: So ist es. Hoffnungslos. Schon im Tierreich zu beobachten, wenn du zum Beispiel einen Film über junge Raubkatzen siehst. Kannst du wirklich wissen, dass es besser wäre, wenn die Schüler ALLE Respekt hätten? Speziell die, die keinen haben? – Was hast du davon, dass du denkst, sie sollten mehr Respekt haben, und einige haben es nicht?

Ich bin ihnen gegenüber aggressiv. Ich fühle Ärger. Ich behandle mich nicht gut, weil ich nicht locker bin.
MORITZ: Ist das dir selbst gegenüber respektvoll?
Es ist nicht freundlich.
MORITZ: Wie behandelst du die respektlosen Schüler?
Respektlos. Mental auf jeden Fall und in Wirklichkeit auch. Dass ich respektvoll behandelt werden will, da steckt so ein bisschen der Zweifel dahinter, ob ich es überhaupt wert bin. Die Schüler legen im Grunde den Finger in meine eigene Wunde.
MORITZ: Wie wärst du, wenn du dieses ganze Konzept nicht hättest: respektvoll – respektlos?
Freundlicher. Ich würde mich besser behandeln. Ich wäre auch mehr in der Realität, in dem, was geschieht. Ich würde nicht sosehr beurteilen. – Die Umkehrung ist: Ich mag mich nicht, weil ich zu wenig Respekt vor mir habe. Das ist wieder das, was ich meine: Die hauen in eine Wunde rein und deswegen juckt mich das auch. Die halten mir den Spiegel vor.
MORITZ: Und noch eine Umkehrung?
Ich sollte ihnen gegenüber mehr Respekt haben. Das stimmt.
MORITZ: Einer muss anfangen. Lebe du es vor, vielleicht hast du dann eine Chance. Schon es von ihnen zu erwarten ist respektlos, denn sie wissen noch zu wenig. Du kämpfst gegen die Natur. Es gehört zum Erwachsenwerden, respektlos zu sein. Ein uraltes Spiel zwischen Lehrer und Schüler. – Der nächste Glaubenssatz?
Ich will, dass sie friedlich, freundlich, zivilisiert sind und dass sie mir zuhören.
MORITZ: Wie ist die Wirklichkeit?
*Sehr oft tun sie es nicht. Ich will, dass sie **immer** zuhören, aber das ist hoffnungslos. Wenn ich denke, sie sollen mir zuhören,*

*dann tue ich fälschlicherweise so, als würden sie **alle** nicht zuhören und als würden sie **nie** zuhören. Und selbst die, die manchmal nicht zuhören, hören oft eben doch zu. Ich glaube, man muss schon bei den Formulierungen viel ehrlicher sein.*

MORITZ: Deshalb wiederhole ich immer wieder diese gleiche Frage: »Ist es wahr?« – In wessen Macht steht es, wann deine Schüler zuhören und wann nicht?

Letzten Endes ist es deren Entscheidung. – Lehrer sein ist natürlich ein Job, bei dem es wichtig ist, dass die anderen zuhören. Ich kann versuchen, so zu reden, dass sie mir zuhören – das ist mein Machtbereich. Aber ob sie letzten Endes zuhören?

MORITZ: Das ist deren Machtbereich.

Ich kann versuchen, sie nicht zu langweilen, das mache ich nämlich manchmal!

MORITZ: Wer wärst du, wenn du nicht denken würdest, sie sollen immer zuhören?

Jemand, der freundlicher ist. Umgänglicher. – Die Umkehrung: Ich sollte mir zuhören. Da sind sie auch wieder Spiegel und treffen meinen wunden Punkt, weil ich mir selbst nicht zuhöre.

MORITZ: Du bist der Einzige, der sich wirklich IMMER zuhören kann. Und du könntest deinen Schülern dankbar sein, wenn sie dich immer wieder daran erinnern, dass du dir selbst zuhören willst.

Ich freue mich darauf, wieder zu erleben, dass sie mir nicht zuhören, weil sie mich daran erinnern, dass ich mir selbst zuhören sollte.

MORITZ: Die Vier Fragen sorgen dafür, dass man sich selber zuhört. Byron Katie nennt THE WORK auch »Die große Umkehrung« oder »Das große Nicht-Tun«* aber man könnte sie auch »Das große Sich-selbst-Zuhören« nennen! – Dein nächster Glaubenssatz?

Schüler sind sehr schwierig.

MORITZ: Seit wie viel tausend Jahren? So sind sie! Schüler sind schwierig – Lehrer auch, soweit ich mich erinnere. Und kannst du wissen, dass es besser wäre, wenn das nicht so wäre?

*Ich würde es mir wünschen. Aber es ist ja schon wieder eine Lüge, zu sagen, **die** Schüler sind schwierig. Es sind ja nur einige.*

MORITZ: Was hast du davon, zu denken, deine Schüler seien schwierig?

Negative Gedanken. Das fühlt sich schlecht an. Ich lebe dann wie mit einer Last auf den Schultern.

MORITZ: Wie behandelst du sie?

Wie Probleme.

MORITZ: Wie fühlt es sich an, Probleme zu behandeln anstatt Menschen? Wie behandelst du deine Welt, deine Familie nach einem Tag in der Schule?

Oft kotze ich mich aus. Ich jammere. Das ist nicht so toll. Vor allem da ich weiß, dass es am nächsten Morgen schon wieder weitergeht.

MORITZ: Hast du einen Vorteil davon, an dem Denkmuster festzuhalten, Schüler sollten nicht schwierig sein? Bringt es dir was?

Es bringt eigentlich nur Ärger. Auch abends wenn ich zu Hause bin, sehe ich nur noch die Schüler, die mich geärgert haben, und nicht die, die so sind, wie ich sie gern habe.

MORITZ: Gäbe es einen Grund, das Denkmuster loszulassen? Und ich bitte dich nicht, es loszulassen!

---

* Englisch sehr viel schöner, weil mehrdeutiger: »The Great Turn-Around«, »The Great Undoing«.

Es wäre leichter.

MORITZ: Wer wärst du, wenn du **nicht** denken würdest, deine Schüler dürfen nicht schwierig sein?

*Ein viel freierer Mensch. Viel mehr im Kontakt mit dem, was wirklich geschieht, mit dem, was sie tun. – Die Umkehrung ist: **Ich** bin schwierig. Vor allem, wenn ich denke, die sind schwierig. Und: Mein Denken ist schwierig. Vor allem, weil es nicht das Einfache sieht: Schüler sind ungeduldig, sie reden rein, sie machen nicht mit.*

MORITZ: Mach mal die Augen zu und sieh, was du eben geschildert hast. Wie ist es ohne jedes Denkmuster?

Sie sind guter Laune. Sie machen Späße miteinander, sie reden, sie klopfen Sprüche, sie zeigen ihre Armbanduhren vor, sie zeigen ihre Handys.

MORITZ: Ohne Glaubenssatz – wunderbar, oder?

Das kann ich mir gar nicht vorstellen, ohne Glaubenssatz. Wenn ich da nicht einschreite, dann passiert was. Dann beschweren sich die anderen, die arbeiten wollen.

MORITZ: Was ist das Schlimmste, was passieren würde?

Das, was sowieso schon geschieht, sie beschweren sich über mich, dass ich nicht streng genug bin.

MORITZ: Könntest du auch ohne das Denkmuster »Meine Schüler sind schwierig« Maßnahmen ergreifen? Brauchst du den schmerzhaften Glaubenssatz?

Ich brauche vor allem nicht diese Apokalypse, diese Fantasie, was passiert, wenn ich nicht eingreife.

MORITZ: Was ist das Schlimmste an dieser Apokalypse?

Der Ruf bei den Kollegen. Die Gefahr, Außenseiter zu werden, nicht ernst genommen zu werden.

MORITZ: Was ist das Schlimmste daran? Du wärst der totale Außenseiter, alle würden sich beschweren, keiner nähme dich ernst…

Ich wäre dann im beruflichen Bereich ziemlich allein. Im Grunde bin ich das schon ein Stück. Aber dass die Leute das dann aussprechen! Auch dass ich in der Kantine allein beim Essen sitze, das stört mich gar nicht, weil ich ganz gerne allein bin, aber dass die Leute dann darüber reden...
MORITZ: Das wäre das Schlimmste? Also dein Risiko, wenn du das Denkmuster aufgeben würdest, scheint mir nicht allzu groß zu sein, denn die Kollegen reden so oder so.

Die »Worst case«-Technik

Diese interessante Fragetechnik erinnert wie so vieles in THE WORK an Albert Ellis' *Rational Emotive Therapy*, wo die ihr zugrunde liegende Frage immer wieder auftaucht*. Ihre Anwendung habe ich bei Byron Katie zum ersten Mal erlebt. Ich benutze sie gerne, wenn ich merke, dass jemand krampfhaft an einem Denkmuster festhält, um etwas seiner Meinung nach ganz Schlimmes zu verhindern. Das in meiner Erfahrung typische Beispiel für einen solchen schmerzhaften Glaubenssatz ist: »Ich muss Geld verdienen, weil ich sonst unter der Brücke lande und verhungere.« Auch ich habe diesem Denkmuster gehuldigt und es benutzt, um mich morgens aus dem Bett zu peitschen und mir ungeheuren Druck zu machen; um mich schlecht zu fühlen, wenn ich mal einen Tag lang nicht genug gearbeitet habe; um mir vor dem Einschlafen allergrößte Sorgen über meine Zukunft, meine Alterssicherung, meine finanzielle Lage zu machen. Seit ich dieses Denkmuster in gewissen Zeitabständen immer wieder untersuche, hat es seine Macht spürbar

---

* Z.B. Albert Ellis: »Training der Gefühle – wie Sie sich hartnäckig weigern, unglücklich zu sein«, Mvg-Verlag, Landsberg am Lech 1998. S. 168 ff.

verloren, und der ungeheure Stress ist weg. Ich sehe und nehme alles lockerer und habe inzwischen sogar mehr Geld als früher!

Ich zähle viele sehr reiche Menschen zu meinem Bekannten- und Freundeskreis und ich versichere Ihnen, sie alle haben oder machen sich Sorgen über ihre Finanzen. Sie alle arbeiten sehr hart, um ihren Reichtum zu mehren, und sie alle haben Angst, ihn zu verlieren. Gemessen daran, wie viele Menschen sich schrecklich fürchten, »unter der Brücke zu landen und zu verhungern«, trifft man erstaunlich wenig Leute unter Brücken. Und kennen Sie jemanden, der verhungert ist? Ich glaube, in unseren Breiten ist das Risiko recht gering. Hingegen scheint die Verminderung der Ängste zu diesem Thema kreative Kraft freizusetzen, die sich sogar in klingende Münze umsetzen kann – das ist jedenfalls meine Beobachtung.

Byron Katie hat in ihrem Manuskript »Jeder Krieg gehört aufs Papier« einen Fragebogen abgedruckt, den ich hier für Sie vereinfacht wiedergebe.

Fragen Sie immer weiter, bis Ihnen nichts Schlimmeres mehr einfällt oder bis Sie bei Ihrem Tod angelangt sind. Schreiben Sie alles auf, und untersuchen Sie anschließend die aufgeschriebenen Denkmuster mit den Vier Fragen und den passenden Unterfragen von der hinteren Umschlagseite.

Wenn ich die »Worst case«-Technik einsetze, weiß ich vorher nie, was dabei herauskommen wird, und ich mache mir auch keine Gedanken darum. Ich frage einfach immer weiter. Noch nie ist am Ende etwas aufgetaucht, was man nicht ertragen könnte – im Gegenteil, die meisten Menschen finden heraus, dass das Risiko, das sie ohne das schmerzhafte Denkmuster eingehen würden, denkbar gering ist, denn am Ende steht meist

Der »Worst case«-Fragebogen

- Welches Denkmuster oder welchen Glaubenssatz musst du unbedingt behalten, weil sonst etwas ganz Schlimmes geschehen wird?

_____

_____

- Ist das wahr?
- Kannst du wirklich wissen, dass das wahr ist?
- Wie reagierst du, wie fühlst du dich, wenn du an diesem Gedanken festhältst?
- Was könnte geschehen, wenn du das Denkmuster fallen ließest?

_____

_____

- Was wäre dann das Schlimmste?

_____

_____

- Und dann? Was wäre das Allerschlimmste?

_____

_____

- Und dann? Was wäre dann das Schlimmste, was geschehen könnte? (Etc.)

_____

_____

nichts wirklich Schlimmes. Sehr oft ist es der Tod, und dieser wird von den wenigsten Menschen als wirklich schlimm empfunden. Was wir nicht mögen, sind lediglich die körperlichen oder seelischen Schmerzen, die mit ihm einhergehen mögen. Des Weiteren zeigt sich bei der Technik meist, dass wir viele der Unannehmlichkeiten, die wir gerade verhindern wollen, bereits haben, und zwar genau durch das Denkmuster, das zu ihrer Verhinderung dienen soll.

Im Folgenden ein Beispiel aus meiner Praxis. Ich habe die jeweiligen Denkmuster (= das Schlimmste) in der Sitzung aufgeschrieben, und nachdem wir beim Tod angelangt waren, stellte ich die Vier Fragen über diese Glaubenssätze.

Noch eine Anmerkung: Selbstverständlich kann man auch über den Tod hinausgehen, denn manche Menschen haben weitere Gedanken, was dann im Himmel oder in der Hölle alles noch Schlimmes geschehen könnte. Ewige Verdammnis, Fegefeuer und dergleichen sind diesbezügliche Vorstellungen, die man natürlich alle mit der Fragetechnik untersuchen kann und auch sollte.

Kein Geld – was wäre das Schlimmste, was geschehen kann?

Manfred kam in einem mentalen Zustand in meine Sprechstunde, in dem er sich auf nichts mehr konzentrieren konnte außer auf seine selbstzerstörerischen Gedanken; er schien mir »von des Gedankens Blässe angekränkelt« und nervte damit auch seine Partnerin und seine Freunde zunehmend. Sein Hauptproblem bestand darin, dass er seinen Job (den Vertrieb von Kapitalanlagen) nicht mehr mochte und daher auch keine Umsätze machte. Früher hatte er durch seinen Enthusiasmus die Kunden mitgerissen, jetzt spürte jeder, dass er nicht mehr hinter der Sache stand. In der Zeit, als er noch sehr gut verdiente, hatte er das hochgerechnet und war einige Verpflichtungen eingegangen, die ihn nun drückten. Im Lauf der Sitzung kamen wir an das oben erwähnte, weit verbreitete Denkmuster, für das ich gerne die »Worst case«-Technik einsetze.

MORITZ: Du musst Geld verdienen, ist das wahr?
MANFRED: *Ziemlich wahr! Ich habe Darlehen zu bezahlen, Schulden...*
MORITZ: Du musst deine Schulden bezahlen, ist das wahr?
Nicht wirklich, ich habe Angst vor den Konsequenzen, wenn ich es nicht tue.
MORITZ: Also du **willst** sie bezahlen. Die Situation bleibt gleich, aber die eine Denkweise drückt dich in die Position eines Opfers, und die andere Denkweise macht dich zur Ursache, zum frei handelnden Herrn deines Lebens. Du willst deine Schulden bezahlen, um was zu erreichen?
Ja, Mann, was will ich erreichen? Dann habe ich die Schulden abbezahlt!
MORITZ: Und was hast du dann?
Freiheit!
MORITZ: Und deshalb **willst** du auch Geld verdienen. Was ist das Schlimmste, was geschehen würde, wenn du das Denkmuster nicht mehr hättest: »Ich muss Geld verdienen«?
Ich würde aus unserer Wohnung fliegen, meine Partnerin Renate gleich noch mit, ich hätte keinen Job mehr, ich hätte keine Idee, wie ich etwas zu essen kriegen kann, ich würde anderen zur Last fallen. Und ich würde Renate mitreißen.
MORITZ: Was ist das Schlimmste an all diesen Sachen?
Dass ich nicht nur mich, sondern auch noch andere schädige.
MORITZ: Was wäre dann das Schlimmste?
Es wird ziemlich kalt. Das wäre der totale Ausschluss aus der Gesellschaft.

MORITZ: Was wäre das Schlimmste, wenn du aus der Gesellschaft ausgeschlossen wärst?
Verhungern. Weiterhin keine Idee haben.
MORITZ: Was wäre das Schlimmste, wenn du verhungerst?
Der Schmerz.
MORITZ: Und was wäre dann das Schlimmste? Du wärst ausgestoßen, allein, würdest verhungern, hättest diesen Schmerz...
Ich hätte versagt, ich habe es nicht hingekriegt. Ich wäre ein Looser.
MORITZ: Und was ist daran das Schlimmste?
Die Sinnlosigkeit. Ich kapiere das Leben nicht. Ich kapiere nicht, wie es funktioniert. Ich sterbe.
MORITZ: Und was ist am Sterben das Schlimmste?
Ist das nicht schon schlimm genug?
MORITZ: Ich frage dich, was ist daran das Schlimmste?
Eigentlich ist gar nichts daran schlimm. Ich hätte meinen Frieden.
MORITZ: Das Risiko, das du eingehst, selbst wenn der allerschlimmste Fall eintritt, ist das. Und im Übrigen hast du die meisten Probleme schon. Renate ist schon auf dem Sprung, die Wohnung wackelt, du fühlst dich schon als Looser, du hast schon das Gefühl der Sinnlosigkeit, du kapierst das Leben nicht. Wo wäre dein Risiko, wenn du das Denkmuster fallen ließest? – Aber lass es uns mal weiter untersuchen: Du würdest aus der Wohnung fliegen, wenn du nicht denken würdest, »ich muss Geld verdienen«, ist das wahr? Kannst du das wissen?
Ich kann es definitiv nicht wissen. Es könnte auf der Straße eine neue Gelegenheit kommen.
MORITZ: Was hast du davon, dass du denkst, du könntest aus der Wohnung fliegen? Wie fühlt es sich an, das zu denken?
Ziemlich endzeitmäßig. Druck.

MORITZ: Und wie wäre es ohne das Denkmuster?

Ich hätte den Druck nicht. Ich wäre in der Lage, zu genießen, ich wäre viel mehr in der Lage, frei zu hantieren. Ich wäre viel anziehender.

MORITZ: »Ich würde aus der Wohnung fliegen«, dreh's um?

Mein Denken fliegt aus meinem Kopf!

MORITZ: Vielleicht keine schlechte Idee, dieses Endzeitdenken rausfliegen zu lassen! – Renate ist weg, wenn du kein Geld verdienst, ist das wahr?

Das kann ich gar nicht wissen, das entscheidet sie selber.

MORITZ: Was hast du davon, dass du denkst: »Dann ist sie weg«? Die wird nur gehalten von deiner Kohle?

Das ist ziemlich arm. Ich kann keine Liebe empfinden, wenn ich so denke. Ich liebe dann das Geld und nicht sie.

MORITZ: Wie behandelst du sie, wenn du denkst, sie bleibt nur bei dir, wenn du Geld verdienst?

Das ist nicht fair ihr gegenüber. Es ist auch nicht wahr. Wenn ich das nicht denken würde, wäre ich offener, freier und liebevoller ihr gegenüber.

MORITZ: Und steigt nicht dadurch die Wahrscheinlichkeit, dass Renate bleibt – auch ohne Geld? – Du würdest anderen zur Last fallen, ohne das Denkmuster »Ich muss Geld verdienen«. Kannst du das wissen? Was hast du von diesem Glaubenssatz?

Die Gefahr steigt, dass es wirklich so kommt! Die haben ja jetzt schon nichts von mir mit diesen Ängsten. Ich falle ihnen jetzt schon zur Last.

MORITZ: Wie wäre es, wenn du nicht denken würdest, ich falle anderen zur Last?

Ich wäre sehr frei und zufrieden. Und die Umkehrung: Mein Denken fällt anderen zur Last. Ja, das ist jetzt schon der Fall.

MORITZ: Du würdest andere schädigen, kannst du das wissen?

Mein Denken schädigt andere. Das stimmt. Wer wäre ich denn, wenn ich das sein lasse? Als Erstes wäre ich sehr ruhig. Ich wäre sehr, sehr ruhig. Und dann würde ich einfach nur beobachten.

MORITZ: Wenn jemand total offen und fröhlich ist, dann kommen die neuen Gelegenheiten von selbst, das ist meine Erfahrung. – »Ich wäre ausgeschlossen aus der Gesellschaft, wenn ich kein Geld verdienen würde«, ist das wahr?

Kann ich nicht wissen.

MORITZ: Was hast du von dem Gedanken? Stress? Angst vor dem Sozialamt? Bedeutet Sozialamt Ausschluss aus der Gesellschaft? Wessen Angelegenheit ist es, ob dich die Gesellschaft ausschließt? – Wie wäre es ohne den Rattenschwanz der Gedanken?

Ich würde es einfach auf mich zukommen lassen. Es wäre mir im Grunde echt scheißegal.

MORITZ: Es gibt eine Gesellschaft, ist das wahr?

Wenn du mich so fragst... Das sind ja alles Einzelne. Das sind Gruppen. Das sind Glaubenssysteme...

MORITZ: Und wo befinden sich diese Glaubenssysteme alle? In den Köpfen der Leute. Und von dir aus gesehen nur in deinem Kopf. Du hast diese Gesellschaft kreiert. Es gibt in Wirklichkeit keine Gesellschaft. Es gibt Menschen, die sitzen, die fühlen, die gehen auf der Straße, es gibt Autos, Fernseher, Politiker, aber eine Gesellschaft? Versuche sie irgendwo zu finden. Es ist nur deine Gedankenkonstruktion. – Was hast du davon, dass du denkst, es gibt eine Gesellschaft?

Ich habe Druck. Ich habe Fluchtimpulse – ganz schnell weg!

MORITZ: Genau. Wenn ich glaube, es gibt eine Gesellschaft, dann komme ich mir vor, als stünde ich allein auf einer Waldlichtung, und um mich herum schauen lauter Gewehrläufe aus dem Unterholz. Und nachts sieht man noch lauter leuchtende Augen, die mich ohne Unterlass beobachten und verfolgen. – Wie wärst du, wenn du nicht denken würdest, es gäbe eine Gesellschaft?

Ich wäre unbehelligt. Ich wäre frei, ich könnte tun und lassen, was ich will.

MORITZ: Du wärst der, den ich sehe: ein junger Mann, in seiner vollen Kraft, gesund, voller Ideen, mit einem extrem gut funktionierenden Kopf, gut aussehend. »Mann auf Sessel« sagt Katie immer. »Es gibt eine Gesellschaft« ist eine Lüge, »es gibt ein Denken über die Gesellschaft« ist etwas wahrer.

Das heißt doch im Grunde: weg vom Denken!

MORITZ: Du kannst nicht weg vom Denken! – Das Denken soll weg, ist das wahr?

Nein, ich denke in einer Tour. Selbst im Schlaf habe ich noch Gedanken.

MORITZ: Was hast du davon, dass du denkst, das Denken sollte weg sein?

Es ist eine Lüge, weil es nicht geht. Dann dreht sich das Hamsterrad erst richtig.

MORITZ: Wie wäre es ohne den Gedanken, das Denken müsse weg?

Dann hätte ich ein bisschen weniger Druck. Ich wäre etwas entspannter.

MORITZ: Du könntest vielleicht in Ruhe zuschauen, wie es in dir denkt. – Aber wir untersuchen nur, wir wollen nichts ändern! Die Methode enthüllt lediglich, wozu der Druck da ist.

Das heißt, man sollte lieber die WORK machen, anstatt das Denken abstellen zu wollen?

MORITZ: Ist das nicht viel unterhaltsamer, als das Unmögliche zu versuchen? – Wer wärst du, wenn du deinem Denken erlauben würdest zu denken, was auch immer es will? Ganz egal was? Du könntest zuschauen und es genießen. Du hättest das gleiche Denken, das du schon immer hast, aber es wäre spannende Unterhaltung. Dein Denken ist der spannendste Film, den du dir vorstellen kannst, wenn du es nicht dauernd zensierst und auswählst, was du willst, und was du nicht willst und wenn du dich vor allem nicht mit deinen Gedanken identifizierst oder glaubst, du müsstest auch alles tun, was das Denken dir vorschlägt, oder dürftest nicht tun, was es dir verbietet.

Ein ungeliebter Job

Ich mag nicht, dass ich den Versicherungsjob immer noch mache.
MORITZ: Wie ist die Realität?
Ich mache ihn noch, und manchmal mag ich es und manchmal nicht.
MORITZ: So geht es mir auch immer – mal mag ich eine Sache, dann mag ich sie wieder nicht. Und kannst du wissen, dass es besser wäre, wenn du diesen Job nicht machen würdest? Oder wenn du ihn mehr mögen würdest?
Nein, das kann ich nicht wirklich wissen.
MORITZ: Was hast du davon, dass du denkst, du magst den Versicherungsjob nicht?
Schlechte Laune, Frustration, Genervtsein, Abwehr, ich fühle mich elend, benachteiligt.
MORITZ: So sind wir. Wer wärst du, wenn du nicht denken würdest, ich mag diesen Job nicht? Mach mal die Augen zu und stell dir vor, du machst deinen Job und du hast keinerlei Denkmuster darüber. Was siehst du?
Eine Frau, die mit dem Auto rumfährt und Leute besucht, manchmal ins Büro geht und dort wieder Leute trifft.

MORITZ: Ohne Denkmuster das, was wir mehr oder weniger alle tun.

Ich würde vielleicht versuchen, das Beste daraus zu machen, wenn ich dieses Denkmuster nicht hätte. Ich würde es mehr genießen.

MORITZ: Und du kannst trotzdem in die Zeitung gucken und nach einem anderen Job suchen. Aber solange du den Versicherungsjob noch machst, ist dein Denkmuster ziemlich unpraktisch. Oder bringt es dir irgendwas, es zu haben? Lässt es sich leichter ertragen, im Auto zu sitzen, rumzufahren und mit Leuten zu reden, während du denkst: »Ich mag den Job nicht«? Machst du dadurch höhere Abschlüsse? Gibt es einen Grund, das festzuhalten? Wie ginge es dir ohne das Denkmuster: »Ich mag den Job nicht«?

Ich wäre wahrscheinlich entspannter, ich würde es vielleicht spielerischer nehmen.

MORITZ: Würden dadurch deine Chancen steigen, mehr zu verdienen? Würden dadurch deine Chancen steigen, sogar einen neuen Job zu finden? Es ist schon vorgekommen, dass Leute einen tollen Job angeboten bekommen haben, weil sie so eine positive Ausstrahlung hatten, weil sie so erkennbar gern gearbeitet haben. Leute, die ihren Job gerne machen, werden auch gerne abgeworben. Also die neue Einstellung wäre vorteilhafter. Aber du sollst dich nicht ändern, wir untersuchen es nur. Versuche mal eine Umkehrung zu finden.

Ich mag nicht, dass ich mein Denken immer noch so mache, wie ich es mache?

MORITZ: Genau. Der Job ist nur ein Job, völlig neutral, aber was du in Wirklichkeit nicht magst, ist dein Denken über den Job. Also der Job spiegelt nur dein Denken, sonst gar nichts. Ohne jedes Denkmuster: eine Frau, die lebt, die rumfährt, die Leute trifft, lauter wunderbare Sachen. – Das Nächste?

Ich will, dass ich einen Job finde, der mich mehr erfüllt.
MORITZ: Dagegen ist nichts einzuwenden. Hast du einen Schmerz dabei?
Der Schmerz liegt darin, dass mein jetziger Job mich nicht erfüllt.
MORITZ: Ist das wirklich wahr?
Es mag sein, dass es der Job ist, den ich aus irgendwelchen Gründen haben soll.
MORITZ: Woher weißt du, dass du ihn haben solltest?
Es ist nichts anderes da.
MORITZ: Alles ist da. Woher weißt du, dass du in diesem Moment keinen anderen Job haben solltest? Du hast keinen anderen Job. Dein Job erfüllt dich nicht – was hast du davon, dass du das denkst?
Ich spüre, dass es nicht das ist, was ich wirklich machen will.
MORITZ: Dieses Gefühl hast du von deinem Denkmuster, dass dein Job dich erfüllen sollte. Und die Umkehrung von: »Mein Job sollte mich erfüllen«?
*Ich sollte **mich** erfüllen?*
MORITZ: Wie könnte ein Job einen erfüllen? Wie würdest du dich ohne diese fixe Idee fühlen?
Ich wäre entspannter und würde vielleicht woanders Dinge suchen, die mich erfüllen. Das versuche ich ja auch.
MORITZ: Mach mal die Augen zu und stell dir vor, du fährst zu deinem Job, du besuchst Leute – was hat Erfüllung überhaupt mit dem Job zu tun?
Das hat eigentlich mehr etwas mit meinem Innern zu tun.
MORITZ: Du kannst gehen, sitzen, stehen oder liegen und dich erfüllt fühlen oder nicht erfüllt fühlen. Das hat nur mit deinem Denken zu tun. Es gibt sicher Habenichtse, die sich erfüllt fühlen und es gibt Millionäre, die sich nicht erfüllt fühlen. Obwohl sie sich vielleicht gerade den Bauch vollge-

schlagen haben, fühlen sie sich immer noch leer. Es hat mit den äußeren Verhältnissen nichts zu tun. »Mein Job sollte mich erfüllen« ist Quatsch. Ich sollte **mich** erfüllen. – Das Nächste?
Ich sollte wissen, wo mein wirklicher Platz ist.
MORITZ: Du weißt nicht, wo dein wirklicher Platz ist, ist das wahr? Soll ich es dir sagen? Dein Platz ist da, da wo du sitzt. Und ich kann mir keine Situation vorstellen, in der du das nicht wissen kannst. Du brauchst doch nur zu schauen: Wo bin ich gerade? Dein wirklicher Platz ist immer da, wo du gerade bist.
(Lacht.) Du machst mir gerade meinen ganzen spirituellen Überbau kaputt.
MORITZ: Ich finde das sehr spirituell, zu sagen: Da wo ich bin, ist mein Platz. Woher weiß ich das? Ich bin da. Viele antworten dann: »Ja, jetzt mache ich ja auch etwas, das ich gern mache! Aber in meinem Job...« Schau dich mal um, wenn du im Auto sitzt, dann ist dein wirklicher Platz im Auto, und wenn du zu Menschen fährst, dann ist dein wirklicher Platz bei diesen Menschen. Und du verkaufst ja nicht wirklich Versicherungen, was du wirklich verkaufst, ist Liebe! Was sollen die Leute denn sonst mit dem Stück Papier?
Wie, ich verkaufe Liebe?
MORITZ: Ja, weil es nichts anderes gibt als Liebe. Bei manchen Sachen ist es deutlich, bei manchen ist es nicht so deutlich. Wozu muss ich mein Haus versichern? Um es zu erhalten. Warum brauche ich ein Haus? Um mich darin wohl zu fühlen. Liebe. Was gibt mir die Versicherung? Das Gefühl der Sicherheit, Geborgenheit. Liebe. Und warum müsstest du da überhaupt hinfahren, die Leute können sich mittlerweile im Internet versichern. Viele Leute kaufen etwas, weil der Verkäufer nett ist oder weil er das so wunderbar erklärt hat.

Wieder ist es Liebe. Die besten Verkäufer sind die, die ihre Kunden lieben – und die sich selbst lieben. Und du liebst dich selbst, wenn du sagst: »Mein Platz ist da, wo ich gerade bin.« – Was hast du davon, dass du denkst, ich sollte meinen Platz finden?

Ich bin nicht im Hier und Jetzt. Ich bin in Träumen, ich bin unzufrieden.

MORITZ: Es ist also kein Wunder, dass man Schmerz empfindet, wenn man so denkt. Der Schmerz kommt nicht von außen, sondern von dem Denkmuster. Was wäre, wenn du gar nicht mehr denken könntest: »Ich sollte wissen, wo mein Platz ist«?

Ich wäre unbeschwerter. Ich wäre aufmerksam bei dem, was jetzt ist.

MORITZ: Und dann wärst du erfüllt, dann brauchtest du nichts, dann gäbe es nichts zu finden. Nach meiner Erfahrung verdienen Leute, die so denken, auch Geld. Das kommt von ganz allein. Weil das, was aus Freude gemacht wird, meistens auch anderen Freude bringt. Aber das ist nur ein Nebeneffekt. – Und dreh's mal um.

Mein Denken sollte wissen, wo mein wirklicher Platz ist? Im Hier und Jetzt.

MORITZ: Und du solltest wissen, wo dein Denken ist. Dein Denken ist im Kopf mit irgendwelchen Träumen beschäftigt, aber dein Platz ist währenddessen hier. Und das genießt du. Das Denken überlassen wir dem Denken, unterdessen genießen wir das Sein. – Das Nächste?

Ich brauche von mir mehr Kreativität.

MORITZ: Ist das wahr? Wie fühlt sich das an?

Ich fühle mich unfähig, zu nichts Tollem imstande.

MORITZ: Wie behandelst du dich selbst, wenn du so über dich denkst?

Ich gehe nicht besonders liebevoll mit mir um. Ich achte mich nicht genügend.
MORITZ: Wie behandelst du andere Menschen, wenn du denkst, du bist nicht kreativ genug?
Ich bin eher abweisend, weil ich mich verstecke.
MORITZ: Gibt es einen Grund, an dem Denkmuster festzuhalten? Wirst du kreativer dadurch? Wie ginge es dir ohne das Denkmuster: »Ich bin nicht kreativ genug«?
Ich würde vielleicht mehr Angebote von außen wahrnehmen. Ich hätte nicht so viele Ängste, ich wäre unbelasteter. Ich würde auch mehr ausprobieren, anstatt gleich zu denken: Das wird sowieso nichts.
MORITZ: Das nennt man Kreativität.
Ich würde mir vielleicht mehr zutrauen.
MORITZ: Weißt du, wie viele Zellen man jeden Tag neu bildet? Man beleidigt ja schon seinen Körper, wenn man denkt, man wäre nicht kreativ. Ganz zu schweigen von all den wunderbaren Gedanken, die du produzierst. Setze dein Denken mal in die Umkehrung ein.
Ich brauche von meinem Denken mehr Kreativität.
MORITZ: Ja, dein Denken könnte all die Kreativität bemerken, die rings umher und in dir frei fließt. Und seine eigene Kreativität könnte es auch mehr würdigen.

Meine permanente Jagd nach Geld

FRANZ: *Meine permanente Jagd nach Geld macht mir Stress, Kummer und schmerzt mich.*
MORITZ: Welcher Glaubenssatz steckt dahinter? Ich muss permanent nach Geld jagen? Ist das wirklich wahr? Musst du das?
Ja, das muss ich, das sage ich jetzt einfach mal so provokant.

MORITZ: Was hast du davon, dass du denkst, du **musst** permanent nach Geld jagen?

Mein Leben ist dadurch sehr angestrengt. Es ist nicht das, was ich eigentlich will. Ich setze damit leider auch meine Familie einem enormen Stress aus. Das fühlt sich beschissen an.

MORITZ: Wie behandelst du dich?

Extrem schlecht, extrem. Das steht im Widerspruch zu meiner Bestimmung und zu dem, was ich selber lehre.

MORITZ: Wer wärst du, wenn du nicht denken würdest, ich muss permanent nach Geld jagen?

Dann wäre ich jemand, der sein Ideal verwirklicht hat. Das fühlt sich sehr entspannt an. Das fühlt sich an wie: Die Existenz sorgt für mich bzw. für uns, denn es geht ja auch um mein Team, um meine Familie.

MORITZ: Dreh's mal um? Ich muss permanent nach Geld jagen?

*Ich muss **nicht** permanent dem Geld hinterherjagen?*

MORITZ: Ich halte das für wahrer. Aber setze mal dein Denken ein.

Mein Denken jagt permanent dem Geld nach?

MORITZ: Ist das nicht auch wahrer? Ich sehe dich nicht jagen, ich sehe dich da ganz gemütlich im Sessel sitzen, und im Moment gibst du sogar Geld aus.

In überschaubarem Maße.

MORITZ: Also es stimmt gar nicht, dass du **permanent** dem Geld nachjagst, sonst müsstest du es ja in diesem Augenblick auch tun. Aber es kann sein, dass dein Denken das sehr wohl tut; während du hier sitzt, denkst du vielleicht schon darüber nach, wie du THE WORK für mehr Geld einsetzen kannst. Ich glaube nicht, dass du je wirklich jagst – aber dein Denken tut es.

Das löst sehr viel Resonanz bei mir aus.

MORITZ: Ich verstehe durch diese Methode mehr und mehr,

dass mein Denken genauso funktioniert wie meine Hände, die ich als Werkzeug benutze. Das Denken ist nur entwicklungsgeschichtlich so neu, dass es oft ungeschickt ist. Wenn du Babys beobachtest, siehst du, wie deren Hände zucken und sich sinnlos bewegen und zu greifen versuchen, und nichts funktioniert so richtig. Wir lernen das richtige Denken erst langsam mit der Evolution. Das Denken, das bin nicht ich. Das ist nur ein Werkzeug, dessen Funktion ich beobachten kann.

Mein Denken jagt dem Geld nach – wenn ich es so sehe, leide ich nicht mehr darunter, ich kann die Fixierung erkennen und versuchen, sie aufzulösen.

MORITZ: Wir benutzen die Methode, um zu verstehen. Ich kann beobachten, wie mein Denken dem Geld hinterherjagt, kann mich darüber freuen, kann ihm zuschauen, wie es das macht. Ich kann das Denken lieben wie meine Hand, weil es das tut, um mir zu nutzen. Die Intention deines Denkens ist, dich und deine Familie zu erhalten – eigentlich liebenswert. Wenn du dich nicht mehr identifizierst, kannst du es dem Denken sogar ausdrücklich erlauben: Du wachst morgens auf und stellst dir vor, wie du heute Kohle machen könntest, und sagst zu dir selbst: »Danke, liebes Denken, dass du versuchst für mich zu sorgen, aber ich kann währenddessen trotzdem liegen bleiben oder etwas anderes oder Schöneres machen.«

Das erlaube ich mir selber nicht, und dadurch komme ich in einen Widerstand.

MORITZ: Woher könnte das Denkmuster: »Ich muss permanent nach Geld jagen« stammen?

Da fällt mir als Erstes mein Vater ein. Das war in unserer Familie ein Dauerthema, und ich erkenne, dass es jetzt in meiner Familie ebenso ist.

MORITZ: Viele Denkmuster erben wir von unseren Vorfahren.
– Das Nächste?
Geld sollte einfach kommen, fließen, herbeieilen.
MORITZ: Wie ist die Wirklichkeit?
Wir verdienen sehr gut. Ich bin der Einzige, der unter dieser dauernden Sorge leidet.
MORITZ: Wie lebst du mit dem Gedanken, das Geld sollte herbeieilen, und es tut's eh? Wie fühlt sich das an?
Ich lasse nicht los. Da ist ein Kontrolleur in mir, ein Maniak, der dauernd am Leben gehalten wird, ein Verrückter. Tatsache ist, dass wir im Februar siebzig Prozent unseres Jahresumsatzes in der Tasche haben, und ich mache mich selber, mein Team und meine Frau wahnsinnig und frage mich dauernd: »Was ist, wenn die restlichen dreißig Prozent nicht kommen?«
MORITZ: Ich sehe einen Mann, der neben einem Fluss steht und schimpft »Du fließt, du fließt, wehe, du hörst auf zu fließen«, anstatt sich einfach umzudrehen und zu wissen: Gott lässt den Fluss fließen. – Wer wärst du, wenn du nicht denken würdest, das Geld sollte fließen?
Ich wäre der Zeuge, der Beobachter, der Vertrauende, der Zauberer. Ich wäre viel mehr auf meinem Weg. Ich muss nicht alles kreieren, es ist gesorgt für mich.
MORITZ: Die Umkehrung? Setz dich ein!
Ich sollte einfach kommen, fließen, herbeieilen.
MORITZ: Die höchste Weisheit. Komm ins Hier und Jetzt, komm zu dir selbst, fließe mit dem Leben. Das Geld ist dein großer Meister. – Das Nächste?
Ich will vom Geld, dass es im Überfluss da ist.
MORITZ: Wie ist die Wirklichkeit?
Wir sind eine sehr liquide Firma, aber gleichzeitig sind wir von Banken finanziert.

MORITZ: Kannst du wissen, dass das **kein** Überfluss ist, in dem du lebst? Was hast du davon, dass du denkst, das Geld ist nicht im Überfluss da?

Es hält mich in der Anspannung, es hindert mich, der Weise auf dem Berg zu sein, der den Fluss beobachtet.

MORITZ: Wie behandelst du deine Mitmenschen?

Das ist sehr tragisch, ich reiße zunehmend mein Team und meine Familie in diese Anstrengung hinein, und das schafft Trennung. Wer will mit einem Menschen zusammen sein, der permanent in dieser Anspannung ist?

MORITZ: Und du sollst dich nicht ändern. Du bist vollkommen, wie du bist. Wir untersuchen nur dein Denken. Das ist alles. Ich frage nur: Wie würde dein Leben verlaufen, wenn du nicht denken würdest, ich lebe nicht im Überfluss?

Dann würde ich im Überfluss leben. Ich würde es genießen.

MORITZ: Man kann gar nicht *nicht* im Überfluss leben. Selbst im Knast, schau genau hin und du siehst Überfluss. Selbst in der Dunkelhaft, fühle genau hin, es ist immer noch Überfluss. Versuche mal, deinen Satz wörtlich umzudrehen.

Ich will von mir, dass ich im Überfluss da bin. – Da ist eine tiefe Resonanz in mir. Ich möchte mit diesem Überfluss da sein.

MORITZ: Und du bist es längst, ich nehme das wahr, wieso du nicht? Ich erlebe einen wunderbaren Mann, der voll da ist, mit allem Drum und Dran. Zwei Hände, zwei Füße, er atmet, er ist wach, er hat Augen, sein Kopf funktioniert, er hat eine schöne Gesichtsfarbe – du bist für mich im Überfluss da! Von deinem Geld sehe ich nix, das ist für mich nur eine fixe Idee. Also diese Umkehrung ist viel wahrer. Du kannst das genau so sehen, du kannst es vor allem von innen spüren, jetzt!

Ich spüre es jetzt.

MORITZ: Wieder ist dein Geld dein Meister und Lehrer. Das

Geld zeigt dir, wer du sein willst oder wer du bist. Es gibt noch eine geniale Umkehrung?
*Ich will, dass mein Denken über Geld **nicht** im Überfluss da ist. Das will ich wirklich.*
MORITZ: Was hast du unter Nummer 5?
Geld ist das Blut der physischen Welt. – Ich bin das Blut der physischen Welt. Mein Denken ist das Blut der physischen Welt.
MORITZ: Beides ist vielleicht wahrer als dein ursprünglicher Satz. Wir zirkulieren in der physischen Welt und machen sie lebendig, und das Denken zirkuliert in uns und hält uns am Leben. Mancher könnte auf die Idee kommen, wenn er mit THE WORK beginnt, dass das automatische Denken etwas Schlechtes ist, aber im Gegenteil – wir beginnen, es mehr und mehr zu lieben, weil es dieses unwissende Kind in uns ist. Es hält uns am Leben. Es fließt durch uns alle durch, durch den großen Organismus der Menschheit. Deine Gedanken sind auch meine Gedanken und eure Gedanken. Wir haben sie alle, diese Gedanken, sie sind kollektiv.
Geld hat den Tumor Zins. – Ich habe den Tumor Denken. Mein Denken hat einen Tumor.
MORITZ: Ja, das ist wahrer. Ein Gedanke zeugt tausend Gedanken nach dem Schneeballprinzip. Ich sehe die berühmte weggeworfene Bierdose auf der Straße und lande beim Untergang der Zivilisation. Da war ich Spezialist: »Alle machen das nach, alle sind Idioten, keiner hat Gefühl für seine Umwelt, die nächste Generation wird daran ersticken, die Menschheit wird aussterben, und das ist auch gut so.« Diesen Gedankentumor konnte ich binnen Sekunden in mir wuchern lassen. Und nichts davon war wahr, nichts konnte ich wirklich wissen, und es machte mich todunglücklich, das zu denken. Mein Denken hatte den Tumor Gedankenzins. Man kann

blitzartig ersticken an solchen Gedanken. Ohne diesen Tumor wird die Bierdose zur Liebe, die mich ins Hier und Jetzt bringt.

- Unsere Wahrnehmungen spiegeln unser Denken.
- Wir nehmen nur wahr, was wir kennen und was wir sind.
- Was wir nicht mögen, zeigt uns, was wir verdrängen.
- Es ist sehr anstrengend, den anderen innerlich Vorschriften zu machen – und hoffnungslos.
- Untersuchen Sie Ihre Formulierungen genauestens auf Wahrheit.
- Nur wir selbst können uns wirklich zuhören. THE WORK eignet sich hierzu bestens.
- Oft haben wir bereits, wovor wir uns fürchten.
- Genau untersucht, stellt sich meist heraus, dass das Risiko, ein Denkmuster fallen zu lassen, gar nicht sehr groß wäre.
- Wir **müssen** niemals etwas; wir **wollen** es, um etwas anderes zu erreichen. Zu glauben, man müsse, macht uns zu Opfern. Zu wollen macht uns zum Meister unseres Lebens.
- Untersuchen Sie allgemeine Begriffe – gibt es wirklich, was sie bezeichnen?
- Nur wir selbst können uns Erfüllung bringen. Sie kann nie von außen kommen.
- Denken ist nur ein Werkzeug wie unsere Hände.
- Wir leben immer im Überfluss.
- Wir können unser automatisches Denken lieben.

Muss man wirklich Grenzen setzen?

THEA: *Ich muss Grenzen setzen, um bestimmte Dinge nicht mehr mit mir machen zu lassen.*
MORITZ: Du musst Grenzen setzen, ist das wahr?

Ja, das ist wahr.
MORITZ: Kannst du das wirklich wissen?
Also ich würde jetzt erst mal Ja sagen.
MORITZ: Was hast du von dem Gedanken, dass du Grenzen setzen musst?
Das Resultat ist, dass ich die Leute nicht mehr so an mich ranlasse, dass ich mich nicht mehr so ausgesaugt fühle oder wie ein Pingpongball behandelt werde.
MORITZ: Du glaubst also, wenn du das Denkmuster nicht mehr hättest, würdest du wie ein Pingpongball behandelt werden?
Zumindest fühle ich das so.
MORITZ: Aber ist es auch wahr?
Wenn ich es doch fühle? Ist ein Gefühl nicht wahr?
MORITZ: Natürlich sind Gefühle wahr. Aber ist auch das Denkmuster wahr, welches dieses Gefühl auslöst? »Ich muss Grenzen setzen.« Für mich ist dieses Denkmuster sehr unangenehm, denn ich muss ja schon aufpassen, bevor überhaupt etwas geschehen ist. Ich setze mich zum Beispiel möglichst weit weg, ich ziehe meinen unsichtbaren Panzer an, ich stelle meine Antennen auf und warte geradezu auf eventuelle Grenzverletzungen. Ich bin in Habachtstellung und Abwehrhaltung, was die anderen natürlich spüren und was sie unter Umständen gerade reizt.

Aber brauche ich einen Glaubenssatz, ein Muster, um im richtigen Moment Grenzen zu setzen? Meine Erfahrung ist: Ich brauche das nicht. Ich kann total offen sein, kann die Menschen an mich heranlassen. Ich kann sehen, was sie wollen, was mit ihnen los ist. Ich kann sie auch mal schreien und poltern lassen, und wenn mir jemand wirklich zu nahe kommt, dann kann ich immer noch sagen: »Du, hör mal, in aller Liebe, das geht mir zu weit.«

Ich beobachte oft, dass Menschen mit dem Denkmuster »Ich

muss Grenzen setzen« – und wir haben das ja alle – hilflos werden, wenn ihnen wirklich jemand zu nahe tritt, denn sie haben ihr Pulver schon verschossen. Das viele Grenzen-Setzen hat sie derartig hypnotisiert, dass sie gar nicht sehen, was mit dem anderen dort wirklich los ist. Gibt es die Feinde, die wir in unserer Fantasie kreieren, wirklich? Oder sind das nur verletzte Wesen, die zu Hause irgendwelche Probleme haben? Der schreiende Chef hat vielleicht zu Hause ein behindertes Kind oder eine eifersüchtige Ehefrau.

Ich habe so einen schreienden Chef, und ich habe das Gefühl, dass die anderen dann keinen Respekt mehr vor mir haben, wenn der mich zur Minna macht.

MORITZ: Dein Chef sollte nicht schreien, tut er es manchmal? Wessen Angelegenheit ist das? Was hast du davon, dass du denkst, der darf das nicht? Wie bewegst du dich auf der Arbeit, wenn du denkst, jeden Moment könnte dein Chef schreien und du willst das nicht?

Das ist nicht schön, ich muss immer auf der Hut sein. Das Gefühl habe ich generell auf der Arbeit.

MORITZ: Bevor er schreit, musst du auf der Hut sein. Während er schreit, wie fühlt es sich da an?

Unangenehm, ich fühle mich ins Unrecht gesetzt, ich fühle mich wie ein kleines Kind, als ob ich etwas falsch gemacht hätte. Obwohl ich weiß, ich habe nichts falsch gemacht.

MORITZ: Das sind die typischen Begleiterscheinungen von solchen Denkmustern. Mach mal bitte die Augen zu, sieh deinen Chef und sieh, wie er schreit. Wie eine Kamera, ohne Glaubenssatz. Du erlaubst ihm zu tun, was er tut.

Eigentlich sehe ich da einen Menschen, der den Mund weit aufreißt.

MORITZ: Und ist das was Schlimmes? Für mich ein Zeichen von Leben, von Vitalität. Das ist jemand, der noch nicht tot

ist und demzufolge seine Gehälter noch bezahlen kann. Eigentlich etwas Schönes, das kann man wie in einem Comic sehen. – Wie fühlst du dich *mit* dem Denkmuster *nach* dem Schreien?
Niedergemacht.
MORITZ: Wie lange?
So lange, wie es mich beschäftigt.
MORITZ: Und das kann unter Umständen Jahre sein. Und der hat vielleicht nur 20 Sekunden lang geschrien. Ich habe also vorher, währenddessen und nachher Stress und der hört dann vielleicht nie wieder auf. – Was wäre, wenn du es deinem Chef großzügigerweise erlauben würdest, zu schreien?
Ich wäre frei. Ich würde mich in meiner Mitte fühlen.
MORITZ: Wenn ich mich in meiner Mitte fühle, schreit mich auch keiner mehr an. Der Chef sucht sich dann andere Opfer. Und die Umkehrung ist: **Ich** sollte nicht schreien. Denn das innere Schreien darüber, dass andere nicht schreien sollen, ist viel schlimmer als das bisschen heiße Luft. Der andere, der wirklich schreit, lässt es wenigstens raus, er ist ehrlich, er lebt seine Gefühle, aber wenn wir uns innerlich darüber aufregen, zerstören wir uns nur selbst. So – unser schreiender Chef erteilt uns eine wunderbare Lehre: Komm in deine Mitte, schreie nicht! Und eine andere Umkehrung ist: Er **sollte** schreien, denn er tut es. Das ist eine typische Eigenart von manchen Chefs, das machen die seit Millionen von Jahren. Im Tierreich jederzeit zu beobachten: Der Boss muss ab und zu schreien. Bio-logisch! Imponiergehabe.
Und dann kann man damit die Nummer Sechs machen: Jedes Mal, wenn der Chef schreit, freue ich mich, dass ich die Methode anwenden kann. Und dann kommt irgendwann der Tag, da steht man da und staunt. Man sieht plötzlich, was mit diesem Chef los ist. Man sieht vielleicht, er braucht drin-

gend Hilfe, man fragt sich, wie kann ich ihm helfen? Beim nächsten Mal begrüße ich ihn ganz anders, liebevoll. Und dann geht plötzlich etwas anderes hin und her, Pingpong der Liebe und nicht mehr Pingpong des Hasses.
Jetzt haben wir nur ein ganz banales Alltagsbeispiel untersucht, aber hieraus könnte man eine ganze Lebensphilosophie ableiten. Und was ich an der Methode THE WORK so toll finde, ist die Tatsache, dass wir das alles in uns selbst entdecken! – Wer wärst du, wenn du nie wieder denken würdest, ich muss Grenzen setzen?
Ich wäre frei. Ich würde mich locker und offen bewegen, ich könnte angemessen reagieren. Ich könnte Grenzen setzen, wenn es nötig ist.
MORITZ: Du kannst dir das Denkmuster jederzeit wieder zulegen. Aber bewusst! Im Grunde erzeugt die Methode des Hinterfragens einfach mehr Bewusstheit. Automatische Denkmuster werden überprüft auf ihre Brauchbarkeit, ihre Angemessenheit. Dann können wir sie einsetzen, wenn sie nötig sind. Wir schaden uns selbst nicht mehr, indem wir sie unbemerkt vor sich hinwerkeln lassen. – Und die Umkehrung: Ich muss **mir keine** Grenzen setzen! Ich werde grenzenlos, frei, ich dehne mich aus in die Unendlichkeit. Ich fließe frei mit dem Leben. Und mein schreiender Chef lehrte mich höchste Wahrheiten: Wir sind frei und grenzenlos.

Meine Kollegin sollte mich nicht kritisieren

GISELA: *Sie kritisiert mit drei Ausrufezeichen. Wir machen uns öfter Mitteilungen per E-Mail; über dies und jenes muss noch der Antrag gestellt werden, und wenn ich was vergessen habe, kritisiert Sie mich mit drei Ausrufezeichen. »Kein PAP-Antrag gestellt.« Drei Ausrufezeichen!!!*

MORITZ: Stimmt es, dass du keinen PAP-Antrag gestellt hast?
Ja.
MORITZ: Warum antwortest du dann nicht einfach: »Ja, danke für den Hinweis?« – Meine Kollegin sollte mich nicht kritisieren? Ist es wahr?
Nicht auf diese Art! Ein Ausrufezeichen oder keines würde genügen. Dann würde ich sagen, in Ordnung!
MORITZ: Drei Ausrufezeichen bedeuten Kritik, ist das wahr?
Ich empfinde es so.
MORITZ: Drei Ausrufezeichen bedeuten Kritik, ist das wahr? Ja oder nein?
Ja!!!
MORITZ: Kannst du das wirklich wissen? Hundertprozentig?
Von ihrer Seite bedeutet das Kritik!
MORITZ: Kannst du das hundertprozentig wissen?
Ja. Wie ich sie kenne, ja!!!
MORITZ: Du kannst in ihren Kopf schauen und das ganz genau wissen? Was hast du davon, dass du denkst, es bedeutet Kritik?
Ich rege mich auf.
MORITZ: Kämpfe dagegen, was in anderer Leute Macht steht, und du hast, was du bekommst. Wer wärst du, wenn du nie wieder denken würdest, Ausrufezeichen bedeuten Kritik? Mach mal bitte die Augen zu und sieh mal drei große Ausrufezeichen. Und du hast keinerlei Denkmuster darüber, was die bedeuten? Was siehst du dann?
Drei Striche mit Punkten darunter.
MORITZ: Das ist es! Alles andere fügst du in deinem Kopf hinzu. – Wer wärst du, wenn du nie wieder denken würdest, deine Kollegin sollte nicht drei Ausrufezeichen benutzen?
Ich wäre frei.
MORITZ: Du wärst Freude. Freude über diese wunderbaren drei

Striche auf deinem Bildschirm. Die Alternative ist der Tod.
Ärger.
MORITZ: Ärger IST Tod. Wenn du dich ärgerst, siehst du die Striche gar nicht mehr. Deine Welt verschwindet, und du kreierst dir eine Hölle, du kriechst in die Gehirnwindungen deiner Kollegin und glaubst zu wissen, was sie denkt. Und dann kommt der Rattenschwanz der damit zusammenhängenden Gedanken: Wer hat mich früher auch schon kritisiert? Mein Vater hat auch schon immer Ausrufezeichen benutzt...
Mein Mann!
MORITZ: Aha. – Gehen wir nochmals zum ursprünglichen Denkmuster – deine Kollegin soll dich nicht kritisieren? Das ist das, was wir alle tun. In wessen Macht steht, was die anderen tun? Wie fühlt es sich an, sich da hineinzubegeben? Endloser Kampf! Wer wärst du, wenn du nie wieder denken würdest, die anderen sollten dich nicht kritisieren?
Gelassener.
MORITZ: Und du musst dich nicht ändern. Wir alle glauben, was du glaubst! Jeder von uns denkt, wir sollten nicht kritisiert werden, aber wir werden dauernd kritisiert, das ist jedenfalls meine Erfahrung.
Ich selbst habe früher sehr viel Probleme mit dieser Sache gehabt. Seit ich die Methode anwende, ist das weniger und weniger geworden. Ich entdecke mehr und mehr Strategien, wie man damit umgehen kann. Wenn mich zum Beispiel vor ein paar Wochen jemand kritisierte, habe ich geantwortet: »Was erwartest du von so einem Typen wie mir?« Da bleibt manchen Leuten der Mund offen!
Oder Katie würde vorschlagen: »Danke. Du hast Recht. Ich habe den PAP-Antrag mal wieder vergessen.« Sie wird nicht müde zu wiederholen: »Man kann mir vorwerfen, was auch immer man will, ich horche drei Sekunden in mich rein... ich

kann es finden.« Ich sagte mal zu ihr: »Du hast da einen Fehler gemacht!« Ihre Antwort: »Ich bin ein ganz schwieriger Fall! Erkläre es mir!«

Jetzt lese ich bei Epiktet, hundert Jahre nach Christus: »Wenn mich jemand kritisiert, dann antworte ich: ›Wenn du mich genauer kennen würdest, würdest du noch viel mehr Sachen finden, die kritikwürdig sind!‹« – Kein Kampf mehr! – Wie ist deine Umkehrung?

Ich sollte meine Kollegin nicht kritisieren?

MORITZ: Ja, das tust du schließlich pausenlos, indem du ihr verbieten willst, Ausrufezeichen zu benutzen. Indem du ihr verbietest, frei zu sein und dich zu kritisieren, wann sie möchte. Das ist deine Kritik. Und du äußerst sie nicht mal laut – sie ist wenigstens ehrlich, sie schreibt es in jede E-Mail rein – falls es überhaupt Kritik ist. Du denkst es nur, sie sagt es laut. Und die direkte Umkehrung ist: »Meine Kollegin **sollte** mich kritisieren!« Da habe ich jemanden, der mich stets an meinen Weg erinnert, an meine Freiheit.

Sexistisches Verhalten in der Firma

THEA: *Bei einer Firmenfeier musste ich servieren, und ein Mann hat mich in der Küche geschnappt und geknutscht.*

MORITZ: Was hat er genau gemacht?

Er kam auf mich zu mit einem gewissen Blick und griff mich an den Armen und küsste mich.

MORITZ: Wohin?

Auf den Mund. Ich war völlig verdutzt und habe gesagt: »Was soll denn das?« Ich habe mich aber nicht getraut, massiv zu werden. Erstens war ich zu überrascht, zweitens hatte ich Angst.

MORITZ: Wie lange hat dieser Vorgang gedauert?

Dass der mich küsst? Zwanzig Sekunden?
MORITZ: Wie oft und lange hast du darüber nachgedacht?
Ziemlich oft und lange.
MORITZ: Wie hast du dich diesem Mann gegenüber gefühlt?
Hilflos. Unterdrückt.
MORITZ: Wie hast du ihn in Gedanken behandelt?
Wie ein Arschloch.
MORITZ: Wie fühlt es sich an, in einer Firma zu arbeiten, wo solche Arschlöcher rumlaufen?
Sehr unangenehm. Ständig auf der Hut zu sein.
MORITZ: Hast du was von dem Denkmuster gehabt: »Der darf das nicht«?
Mein Denkmuster war: Ich will das nicht. Das ist eklig.
MORITZ: Was ist der Unterschied zwischen »Der darf das nicht!« und »Ich will das nicht!«? Hat das Denkmuster etwas verhindert? Brauchst du den Glaubenssatz, um das in Zukunft zu verhindern, um dich zu wehren? Um einen Kurs in Selbstverteidigung zu machen?
Nein, das brauche ich nicht.
MORITZ: Wie ginge es dir ohne die Idee: »Der hätte das nicht machen dürfen«?
Ich wäre frei. Ohne Gedanken hätte ich wahrscheinlich spontaner reagiert. Ich hätte ihn vielleicht weggestoßen und ihn gefragt, ob er noch alle Tassen im Schrank hat.
MORITZ: Jetzt sieh die Situation noch mal, genau wie sie war. Du stehst da, der kommt auf dich zu und küsst dich. Sieh es wie durch das Objektiv einer Kamera. Was siehst du?
Zwei Personen, eine tritt auf die andere zu, schnappt sie an den Schultern und küsst sie.
MORITZ: Genau. Das ist alles. Ich sehe Natur. Wie sie schon bei Pavianen zu beobachten ist. Dient der Fortpflanzung. Ohne Glaubenssatz eigentlich nichts Schlimmes. Im Fernsehen so-

gar sehr unterhaltsam. So was sehen wir gerne im Fernsehen. Eigentlich sogar Liebe.

Vielleicht hätte ich ihn ohne dieses Denkmuster gar nicht weggestoßen. Ich hätte vielleicht gesagt: »So und was jetzt?« Aber ich konnte nicht spontan sein, weil ich so verdattert und beschämt war.

MORITZ: Und die Umkehrung?

Ich sollte niemanden in der Küche knutschen und küssen?

MORITZ: In Gedanken. In Gedanken wiederholst du diese Szene ja immer wieder. Noch eine Umkehrung?

Ich sollte jemanden in der Küche knutschen und küssen? Ja, wenn es mir Spaß macht schon!

– 9 –

Gesellschaft, Gott und heiße Themen

Ich habe jetzt schon mehrfach betont, dass Denkmuster nie objektiv wahr sind. Oft aber haben wir das Gefühl, wir stehen einer ehernen Wahrheit gegenüber, gewaltigen Fakten, die einfach nicht zu übersehen oder zu leugnen sind. Wir haben es mit der Wirklichkeit zu tun, und wir mögen sie nicht. Wenn wir uns fragen: »Was habe ich davon, wenn ich denke, das sollte anders sein?«, dann antworten wir: »Ich denke gar nicht, es sollte anders sein, ich erkenne die Fakten an, aber weh tut es mir trotzdem! Ich wäre kein Mensch, wenn das nicht so wäre!«

Dann kommt die Frage: »Wer wäre ich, wenn ich das nicht denken würde?« Daraufhin denken viele von uns, dass wir dann blind und taub sein müssten, absolut gefühllos und gleichgültig, eben kein Mensch mehr.

Ich selbst bin auf meinen Seminaren relativ oft mit diesem Problem konfrontiert, man fragt mich, was ich denn angesichts des Hungers in der Welt, der vielen Kriege, der vielen Verkehrstoten, angesichts der gequälten Kreatur empfände. Da ich ebendiesen Schmerz, den wir alle haben, auch spüre, bitte ich stets darum, die Methode anzuwenden.

Gespräche über diese Themen haben die Welt noch nie verändert. Ich sehe, dass sich viele aufreiben im Kampf gegen Hunger, Not und die Missstände dieser Welt. Selbstverständlich kann ich mich engagieren, aber meine Mittel sind begrenzt, meine Zeit ist begrenzt. Wenn ich zum Beispiel im Tierschutz engagiert bin, kann ich nicht gleichzeitig die Klimakatastrophe oder Seuchen in Afrika bekämpfen. Diese verursachen mir aber trotz meines Engagements im Tierschutz ebenfalls große Schmerzen. Was kann man tun in dieser Situation? Ich liebe es, die Methode auf solche Themen anzuwenden, und ich weiß nie im Voraus, was dabei herauskommen wird.

Penner, Betrunkene und Ausgestoßene

ANNE: *Ich schaudere vor den Ausgestoßenen dieser Gesellschaft, den Pennern, den Betrunkenen.*
MORITZ: Ist das wirklich wahr?
Jetzt nicht mehr so wahr wie heute Nachmittag, als ich es aufschrieb.
MORITZ: Versetz dich mal in die Situation von heute Nachmittag. Du schauderst. Was ist Schaudern?
Ich will es nicht wahrhaben, will damit nichts zu tun haben. Aber ich habe ja damit zu tun, immer wieder.
MORITZ: Es sollte keine Penner, Betrunkenen und Ausgestoßenen geben? Wie ist die Wirklichkeit?
Es gibt Penner, Ausgestoßene, Betrunkene.
MORITZ: Und kannst du wirklich wissen, dass das wahr ist, dass es das gibt?
Ja, das weiß ich.
MORITZ: Für mich sind das Etiketten, die man aufklebt. Für mich ist es eigentlich nicht wahr.
Wir nennen sie nur so, meinst du?
MORITZ: Was ist der Unterschied zwischen dem Helmut hier, der sein Bier zu Hause trinkt, und einem Penner, der es auf der Straße trinkt? Beide haben ihren Spaß. Der eine ist ein bisschen sauberer gewaschen, der andere ist ein bisschen

schmutziger. Das ist vielleicht gar nicht ungesund. Für mich ist ein Penner erst mal ein Mensch. Mein Herz weiß, es ist ein Mensch. Ich gehe vorbei, er sitzt auf der Straße, hat seinen Hut oder hält die Hand auf. In Wiesbaden gibt es ein paar von ihnen, die ich seit Jahren sehe. Im Grunde genommen sind es einfach meine Freunde. – Was hast du davon, dass du denkst, es gäbe Penner, Ausgestoßene und Betrunkene?

Ich grenze mich ab und verstecke mich hinter meinen eigenen Mauern. Sehr gefangen. Und wieder sehr unfähig.

MORITZ: Und wie denkst du über Gott und diese ganze Welt, wenn du dich mental in diese Hölle begibst?

Das ist so ein Punkt, wo ich meine, dass Gott wieder einen Fehler gemacht hat, und ich selber Gott spiele.

MORITZ: Und wie fühlt sich das an?

Noch einsamer.

MORITZ: Wenn ich so was denke, dann katapultiere ich mich in einen Horrorfilm. Überall Horror. Dann mag ich mich nur noch verkriechen. – Wie würdest du dich fühlen, wenn du das nicht denken würdest, es sollte keine Penner geben oder Betrunkenen geben? Fühl in dein Herz.

Weniger getrennt. Dann hätte ich dieses Annehmen von dem, was ist, das fühlt sich sehr viel menschlicher, sehr viel wärmer an. Da kommt wieder Freude.

MORITZ: Was ist der Unterschied zwischen einem, der bei McDonald's einen Hamburger isst, und einem, der am Straßenrand kniet? Die tun wenigstens nix Böses und legen keine Tretminen! Stell dir vor, du gehst durch die Stadt und ordnest nicmanden ein, du klebst niemandem ein Etikett auf: »Penner!« Da gibt es jetzt viele, die knien so schön aufrecht. Das ist ein schönes Gefühl, das zu machen. Ist das nicht göttlich? Spürst du das?

Ja, das ist Freiheit.

MORITZ: Und jedes Mal, wenn du einen siehst, wirst du an diese WORK erinnert. Die haben nämlich diese Funktion, uns ins Paradies zu bringen. Mach mal die Nummer Sechs!
Ich bin bereit, Penner, Betrunkene und Ausgestoßene zu sehen…
MORITZ:… weil ich wieder die WORK machen kann. Wenn es mir wieder wehtut, stelle ich die Fragen. Das wäre ein toller Gradmesser für deine so genannte spirituelle Entwicklung. Solange du nicht alles liebst, solange du nicht zu dem Penner gehen kannst wie Sabrina Fox und ihn umarmen kannst, ist deine Arbeit nicht getan. Die Penner, Betrunkenen und Ausgestoßenen sind hier, um uns voranzubringen. – Und die Umkehrung?
Ich schaudere vor meinem ausgestoßenen Denken, vor meinem betrunkenen und verpennten Denken.
(Lachen.)

Massenmörder

Ich kann nicht alles akzeptieren auf dieser Welt. Einen Massenmörder muss ich in die Schranken weisen!
MORITZ: Du musst einen Massenmörder in die Schranken weisen, ist das wahr?
Ja.
MORITZ: Kannst du wirklich wissen, dass es besser für dich ist, wenn du das tust?
Jawohl, das weiß ich.
MORITZ: Wie fühlt sich das an, wenn du das machen musst?
Da habe ich ein Gerechtigkeitsgefühl – ich habe für die Menschheit etwas Gutes getan.
MORITZ: Wie fühlt es sich an?
Prima. Ich fühle mich gut.

MORITZ: Wie machst du es denn genau? Wie weist du Massenmörder in die Schranken? Schnallst du sie auf den elektrischen Stuhl? Oder quälst du sie, oder sperrst du sie ein? Stell dir mal vor, was du genau machen würdest.

Einsperren.

MORITZ: Wie fühlt sich das an, wenn du einen Massenmörder einsperrst?

Eigentlich doch nicht so gut. Im Moment rege ich mich nur darüber auf!

MORITZ: Wessen Angelegenheit ist die Bestrafung von Massenmördern?

Das ist Gerichtssache.

MORITZ: Misch dich in die Angelegenheiten der Gerichtsbarkeit, schon hast du Stress. Plötzlich bist du der Gefängniswärter, der Richter, der Henker. – Wie würdest du leben, wenn du nicht denken würdest, du musst Massenmörder in die Schranken weisen?

Ich würde mich um meine Angelegenheiten kümmern.

MORITZ: Und wenn du jemanden siehst, der gerade einen Mord verübt, dann wirst du ihm in den Nacken springen. Brauchst du das Denkmuster: »Ich muss Massenmörder in die Schranken weisen«, um einzugreifen, wenn die Situation es erfordert? Wenn ich mit einem solchen Denkmuster durch die Welt laufe, dann ist das ziemlich anstrengend. Ich trage mental mindestens zwei Pistolen und einen Schlagstock mit mir rum, um MASSENMÖRDER JEDERZEIT IN DIE SCHRANKEN WEISEN zu können. Nein wenn ich einen erwische, kriegt er einfach einen Handkantenschlag und ich muss ihn nicht mal hassen, sondern ich rufe einfach die Polizei.

Eine Gegnerin von Tierversuchen schämt sich für die Menschheit

Es ist schade, dass Sie das hübsche junge Mädchen Irmela nicht sehen können, das mit leiser, fast unbewegter Stimme vorliest, was es aufgeschrieben hat. Zusammengekrümmt, irgendwie in sich selbst hineingekrochen, offensichtlich sich selbst quälend, ein fast bedauernswertes Häufchen Elend. (Meine Partnerin Marilies leitet die Sitzung.)

IRMELA: *Der gedankenlose Umgang mit der Natur ist erschreckend. Ich verstehe nicht, wie Menschen Tiere töten, quälen und essen können. Die Gefühlskälte kann einem Angst machen. Die Menschen sind zu unglaublichen Taten bereit, bei denen es einen graust, wenn man über sie liest oder Bilder anschaut. Man muss sich schämen, dass man zur Gattung Mensch gehört.*

MARILIES: Menschen sollten Tiere nicht töten, quälen und essen. Ist das wahr? Wie ist die Realität?

Meiner Ansicht nach sollen sie es nicht tun.

MARILIES: In wessen Macht steht es, was andere Menschen tun oder essen? Kannst du wirklich auf lange Sicht wissen, dass es besser wäre, wenn die Menschen das nicht täten? Was hast du davon, dass du denkst, sie sollten das nicht tun, und du siehst, dass sie sich nicht an deine Meinung halten?

Es wäre eine wunderbare Welt, wenn ich die Qual nicht anschauen müsste.

MARILIES: Wenn sie es nicht täten. Aber was hast du davon, dass du denkst, die Menschen sollten anders sein, als sie sind?

Ich kann's eh nicht ändern.

MARILIES: Wie lebst du in dieser Welt?

Das tut total weh.

MARILIES: Wie gehst du mit den Menschen um, die so etwas tun, wie behandelst du sie?
Früher bin ich immer sehr aggressiv geworden. Dann hat mein Freund mich darauf hingewiesen, dass ich früher auch mal so gedankenlos war.
MARILIES: Wie fühlt es sich an, in so einer gedankenlosen Welt zu leben?
Schlimm.
MARILIES: Hat der Gedanke dir bisher etwas gebracht? Haben sich die Menschen geändert, dadurch, dass du denkst, sie sollten Tiere nicht töten, quälen und essen? Wer könntest du sein, wenn du diesen Gedanken fallen lässt, wenn du den Menschen erlauben würdest zu leben, wie sie es für richtig halten?
Ich wäre ein freierer Mensch, und ich wäre mehr bei mir selber.
MARILIES: Und die Umkehrung? Menschen sollten Tiere töten, quälen und essen. Das ist wahrer, so ist die Wirklichkeit. Und es gibt noch eine Umkehrung.
*Ich sollte keine Tiere töten, quälen und essen. Ich sollte **mich** nicht töten, quälen und essen?*
MARILIES: Das tust du im Moment, wenn du dich innerlich mit dieser Sache beschäftigst. Du tötest deine Lebensfreude.
Das stimmt, ich mache mir selber das Leben schwer. Neulich habe ich ein Buch gesehen, das kann man echt nicht anschauen oder lesen, da werden die Qualen der Tiere beschrieben. Ich kann nicht verstehen, dass manche Leute beruflich solche Tierversuche machen, das sind doch keine Menschen mehr.
MARILIES: Wie denkst du über diese Leute?
Ich hasse sie.
MARILIES: Wie fühlt es sich an, einen Teil der Menschheit zu hassen?

Das kommt vielleicht zu mir zurück.
MARILIES: Bringt dein Denkmuster etwas? Wenn du es fallen ließest, würden dann noch viel mehr Tierversuche gemacht werden? – Wer wärst du, wenn du dir keine Gedanken über diese Sache machen würdest?
Aber man kann doch nicht über alles Schlechte hinwegdenken und alles Schlimme akzeptieren?
MARILIES: Du musst es nicht gutheißen, du kannst etwas unternehmen. Aber wie würdest du leben, wenn du dich mit diesen Gedanken nicht mehr quälen würdest?
Zufriedener, ausgeglichener.

***

Ich habe Mühe, diesen Tonbandmitschnitt abzuschreiben, so leise ist die Stimme der jungen Frau. Am Ende der Sitzung frage ich sie, ob sie sich engagiere, ob sie im Tierschutz tätig sei. Natürlich ist sie das nicht. Dieser Fall ist typisch, solche Menschen leiden so sehr mit der Kreatur, dass sie nicht einmal mehr Kraft für sich selbst haben.

Ich bin sicher, das Buch, von dem Irmela sprach, ist das Gleiche, das die berühmte Tierschützerin Barbara Rütting mir zeigte. Es enthält so grauenvolle Abbildungen und Beschreibungen, dass man Alpträume bekommen könnte. Barbara sagte mir, dass die Autorin selbst krank davon wurde und sich aus dem aktiven Tierschutz zurückziehen musste. Auch sie selbst habe immer wieder Anfälle von übermäßigem Mitleiden und wollte gerne einmal versuchen, die WORK darüber zu machen.

Barbara Rüttings Nerzmantelschmerz

MORITZ: Menschen sollten keine Tiere benutzen. Wie ist die Realität?

BARBARA: *Sie tun es.*
MORITZ: So sind sie. Wie fühlt es sich an, gegen die Realität zu kämpfen?
BARBARA: *Gut.*
MORITZ: Und nutzt es was?
BARBARA: *Ja. Das hat schon eine Menge Leute aktiviert. Allein durch die Bücher – ich habe mehr als eine Million Bücher verkauft!*
MORITZ: Dann sehe ich kein Problem. Wo ist dann der Schmerz?
BARBARA: *Wenn ich eine Frau mit einem bodenlangen Pelzmantel sehe, dann sehe ich schreiende, gequälte, leidende Tiere.*
MORITZ: Das kommt nur von diesem Denkmuster, dass Menschen Tiere nicht benutzen sollten. Nicht von dem Mantel und nicht von den Tieren und nicht von dem Schreien.
BARBARA: *Nein. Es ist nicht so, dass ich das nur denke, sondern es ist eine Tatsache, dass sie die Tiere benutzen und quälen.*
MORITZ: Aber dein Schmerz kommt nicht von der Tatsache, dass sie es tun, sondern von dem Widerstand, den du innerlich dagegen hast.
BARBARA: *Nein, nein, das ist nicht der Widerstand, sondern es ist die Tatsache, dass sie es tun. Ich weiß, wie diese Tiere in ihren Käfigen sitzen, wie deren Pfoten kaputt sind, wie sie gequält werden, wie die Zungen festfrieren an den Käfigen. Es ist nicht so, dass ich mir das nur ausdenke, sondern das ist eine Tatsache.*
MORITZ: Und ich behaupte weiterhin, der Schmerz kommt nicht davon, dass es geschieht, sondern dass du denkst, es darf nicht geschehen, dein Leiden kommt von deinem inneren Aufschrei gegen die Realität.
BARBARA: *Ich bin der Meinung, dass es die Tatsache ist und nicht mein Denkmuster. Ich bin es ja selbst. Ich bin ja selbst*

der Nerz. Ich bin einfach mit diesen Wesen verbunden. Ich bin es. Ich glaube das nicht, sondern es ist so.

MORITZ: Wer wärst du, wenn du nicht denken würdest, Tiere sollten nicht benutzt werden?

BARBARA: *Dann wäre ich nicht auf der Erde. Dann wäre ich nicht ich.*

MORITZ: Kannst du das wirklich wissen?

BARBARA: *Ja, das weiß ich.*

MORITZ: Ich habe dauernd das Gefühl, du weißt mehr als die Wirklichkeit. In der Wirklichkeit wird gequält, werden Tiere benutzt, ausgebeutet, ich sehe das überall, und du weißt haargenau, wie es anders sein soll.

BARBARA: *Ja, so ist es.*

MORITZ: Also du bist klüger als die Wirklichkeit.

BARBARA: *Ja, das denke ich.*

MORITZ: Das bedeutet, dass du eine sehr schwere Verantwortung trägst. Daher die Qual.

BARBARA: *Ja, ich bin ja ein Teil des Ganzen.*

MORITZ: Du weißt besser als Gott, wie die Welt zu funktionieren hat!

BARBARA: *Ich glaube nicht an Gott, vielleicht muss ich deshalb seinen Job machen. – Aber ich habe ja auch ein ganz strahlendes und erfülltes Leben. Es ist ja nicht so, dass ich mich ununterbrochen quäle!*

MORITZ: Wir untersuchen deshalb auch nur diese kurzen Momente, in denen du es tust.

BARBARA: *Aber das gehört zu meinem Leben dazu, das gehört zu meiner Person. Als solche bin ich hierher geschickt worden. Ich habe das Gefühl, dass ich genau hier eine Aufgabe zu erfüllen habe, und ich merke ja auch, wie es mich glücklich macht, wenn ich trotz der Schmerzen tue, was ich tue. Ich fühle mich unbehaglich, wenn ich mich drücke. Ich habe*

dann das Gefühl, ich bin nicht ich und ich habe nicht gemacht, was ich eigentlich machen müsste.
MORITZ: Wenn du meinst, du brauchst den Schmerz als Motor, dagegen ist nichts einzuwenden. Ich will ihn dir nicht nehmen.

* * *

Es gab mehrere dieser Versuche, mit Barbara Rütting die Methode anzuwenden. Sie forderte mich dazu auf, ich tat es immer wieder. Ich merkte, dass sie litt. Ich wollte nicht, dass sie litt. Also machte **ich** die WORK darüber:

Barbara soll nicht unter den Missständen auf dieser Welt leiden!
Wie ist die Wirklichkeit? Sie leidet. Was habe ich davon, wenn ich das nicht will?
Ich leide. Ich denke, sie ist unbelehrbar, engstirnig, verbohrt.
Wie fühlt sich das an, so über eine liebe Freundin zu denken?
*Schlecht. Ich fühle, dass **ich** unbelehrbar, engstirnig, verbohrt bin. Vielleicht hat sie ja recht, mit dem was sie sagt?*
Wer wäre ich, wenn ich mich um meine Angelegenheiten kümmern würde? Wenn ich sie so lassen würde, wie sie ist?
*Ich wäre Zufriedenheit, Glück, eins mit mir und allem, was existiert. **Ich** sollte nicht unter den Missständen leiden, nicht unter ihrem Leiden leiden, nicht so unbelehrbar, engstirnig, verbohrt sein, nicht so unbelehrbar, engstirnig, verbohrt **denken**. Ja, das ist wahr.*

Barbara sah mich lächelnd an, als ich den Prozess durchlief. Ich verstand: Die Methode ist für manche Menschen einfach nicht angesagt. Von Byron Katie hört man in letzter Zeit immer öfter den Satz: »Du könntest Recht haben!«, wenn Menschen ihre aufgeschriebenen Denkmuster vorlesen. Barbara könnte Recht haben. (Sie sieht Katie übrigens sehr ähnlich – die gleiche Wachheit, die gleichen strahlenden Augen. Ich habe in ihrer Gegenwart das Gefühl, ich sei mit Katie zusammen!)

Ich hasse Gott

KURT: *Ich hasse Gott, weil er es zulässt, dass pausenlos Kriege geführt, Menschen grausam zu Tode gequält, Frauen vergewaltigt und Kinder geschändet werden.*
MORITZ: Ist das wahr? Ist das wahr, dass du Gott deshalb hasst? Spür mal den Hass.
Wenn ich darüber nachdenke, kann ich eine ohnmächtige Wut kriegen.
MORITZ: Ohnmächtig, wütend. Das ist ein Effekt deines Denkmusters. Werden Kriege geführt, Menschen gequält? Geschieht das alles?
Pausenlos.
MORITZ: Kannst du wirklich wissen, dass es besser wäre, wenn das nicht geschehen würde?
Ich denke schon.
MORITZ: Kannst du das auf lange Sicht wissen? Kannst du das große Ganze so im Auge haben, dass du besser weißt als Gott, was gut ist für die Welt?
Nein, das kann ich nicht.
MORITZ: Was hast du davon, dass du das alles denkst?
Ich spüre diese Wut, diese Ohnmacht, ich fühle mich im Grunde genommen klein, als Opfer, wie eine Ameise in einem großen Ameisenhaufen. Abhängig von dem Wohl und Wehe des ganzen Drumherum. Da kann jeden Moment ein Bagger drüberfahren oder einer reintrampeln. Es gibt tausend Tiere, die einen jeden Moment fressen können. Da geht

es zu wie im Urwald, das fühlt sich hilflos an, klein, ausgeliefert.

MORITZ: Wie behandelst du diese Welt, in der du lebst, diesen Urwald?

Im Grunde wie eine Wildbahn, auf der man sich schützen muss. Ich muss aufpassen, dass ich nicht derjenige bin, der gequält wird, der in den Krieg geschickt wird. Ich sehe in jedem Menschen einen potenziellen Gegner, einen potenziellen Soldaten, sogar einen potenziellen Kinderschänder, denn ich lese in der Zeitung, dass jedes vierte Kind sexuell missbraucht wird, also bewege ich mich unter diesen Typen, wenn ich durch die Stadt gehe.

MORITZ: Wie lebst du, wenn du das alles denkst?

Eigentlich gar nicht. Ich sehe diese Sachen dauernd, entweder vor meinem geistigen Auge oder im Fernsehen, ich leide. Während ich an diese Dinge denke, sehe ich gar nichts Schönes mehr, dann leide ich nur noch.

MORITZ: Also wer führt da Krieg gegen Gott und gegen die potenziellen Kriegstreiber und Misshandler?

Ich führe Krieg.

MORITZ: Wer quält sich zu Tode?

Wenn ich diese ganzen Sachen in letzter Konsequenz zu Ende denke, könnte ich mich schon damit zu Tode quälen.

MORITZ: Wer vergewaltigt sich, wenn er sich vorstellt, wie Frauen misshandelt werden?

Das stelle ich mir ja nicht vor, aber ich vergewaltige die Vergewaltiger in meinen Gedanken. Ich stelle mir vor, dass man sie zur Strafe ebenfalls quälen müsste.

MORITZ: Wie lebst du, wenn du dir das vorstellst? Wie behandelst du dich selbst? Was bildest du in dir ab?

Ich schände mich selber, vergewaltige mich selber.

MORITZ: Wie würdest du dich in dieser Welt bewegen ohne das

Denkmuster »Ich hasse Gott, weil er alle diese Sachen zulässt«?

Ich würde ziemlich blind durch die Welt gehen.

MORITZ: Ist das wahr, dass du dann blind sein würdest? Stell dir mal vor, du gehst ohne diese Gedanken durch die Welt, was siehst du?

Na ja, ich sehe, was ich sehe. Bäume, Straßen, Menschen, den Himmel, die Sonne – ich sehe natürlich alles, was zu sehen ist.

MORITZ: Du hast gesagt, **mit** den Gedanken siehst du Gegner, Vergewaltiger, dieses Schlachtfeld und nichts Schönes und **ohne** den Gedanken siehst du alles, was zu sehen ist. – Und wenn du dann einen Missbrauch wahrnimmst, kannst du dann nicht eingreifen? Wenn du hörst, dass dein Land in einen Krieg eintreten will, kannst du dann nicht einer Organisation beitreten? Kannst du nicht Reden halten gegen den Krieg? Brauchst du die Selbstquälerei? Bringt die Selbstquälerei etwas? Hat sie bisher verhindert, dass Menschen zu Tode gequält und Kinder missbraucht wurden? Menschen tun das alles seit Tausenden von Jahren. Hat dein Glaube etwas verhindert? Du bist ja nicht der Einzige, der das denkt – hat das Denken von Vielen das verhindert?

Ich glaube schon. Es wäre vielleicht alles noch viel schlimmer, wenn nicht viele Menschen denken würden, dass das nicht sein darf.

MORITZ: Wenn wir diese Denkmuster total abschaffen würden, glaubst du, dass dann alle Menschen losrennen würden und sich gegenseitig abschlachten und vergewaltigen würden?

Nein, das glaube ich nicht. Aber ein paar mehr könnten es schon sein.

MORITZ: Kannst du das wissen? Was ich sehe, ist, dass niemand diese Sachen will, die du aufgezählt hast, dass sich fast alle damit quälen und dass es keinesfalls sicher ist, dass es ohne diese Denkmuster **mehr** wären, die so handeln würden. Ich denke, es wären **weniger**. – Drehe das mal alles um.

*Ich hasse **mich**, weil ich es zulasse, dass pausenlos Krieg geführt, Menschen grausam zu Tode gequält, Frauen vergewaltigt und Kinder geschändet werden.*

MORITZ: Stimmt auch, oder? Tust du was dagegen?

*Ich **denke** dagegen. Ich tue nichts, das stimmt.*

MORITZ: Setz dich mal überall ein.

*Ich hasse **mich**, weil ich es zulasse, dass **ich** pausenlos Krieg gegen mich führe, mich grausam zu Tode quäle, mich vergewaltige und schände.*

MORITZ: Irgendwie ist da was dran, oder? Was du zulässt, weißt du jedenfalls, aber ob Gott das alles zulässt? Kannst du wissen, ob es überhaupt einen Gott gibt?

Hm. Ich denke schon.

MORITZ: Was hast du davon, dass du denkst, es gibt einen Gott?

Ich denke, es gibt da eine große Macht außerhalb von mir, die natürlich viel mächtiger ist als ich und vor der ich mich auch vorsehen muss. Ich darf nichts falsch machen, sonst werde ich gestraft. Die Kirchen predigen zwar, dass dieser Gott mich liebt, aber ich sehe ja, was der mit manchen Leuten und mit der Welt anstellt.

MORITZ: Wie fühlst du dich, wenn du dir diese Macht außerhalb von dir vorstellst?

Wieder sehr ohnmächtig, sehr klein. Ich fühle mich getrennt, irgendwie außerhalb gestellt. Fast wie ein Gegenspieler. Da ist so ein übermächtiger Vater, der mich beobachtet, ich muss es ihm recht machen, ich darf nichts falsch machen, ich muss ihm gefallen, sonst bin ich der Nächste, der dran ist.

MORITZ: Wie fühlt sich das alles an?

Sehr unangenehm. Kindlich. Jetzt wird mir klar: Ich fühle mich wirklich wie ein Kind, nicht intelligent genug, ich kann jederzeit bestraft werden, ich muss machen, was Gott sagt, wobei es sehr schwierig ist, überhaupt rauszukriegen, was er genau will. Wenn ich nicht brav bin, kriege ich jedenfalls eines auf die Hörner.

MORITZ: Also ich sage nicht, dass es keinen Gott gibt, ich frage dich nur, wer du wärst, wenn du **nicht** denken würdest, dass es einen gäbe.

Das kann ich mir schwer vorstellen.

MORITZ: Stell's dir mal für zehn Sekunden vor.

Ich sehe da eine Grenzenlosigkeit. Vielleicht stimmt es ja, vielleicht gibt es wirklich keinen Gott. Das würde bedeuten, dass ich auch selbst die Verantwortung habe. Dass ich selbst der Gott meiner Welt bin. Ich kann dann wirklich tun, was ich will. Ich würde nichts anders machen, aber ich würde wissen, dass ich das alles für mich selbst tue. – Ich hätte nicht mehr dieses Gefühl, beobachtet zu werden. Ich müsste nicht mehr alles reflektieren, was ich mache, ich könnte sehr unbeschwert und spontan handeln. Ich müsste nichts mehr durch die innere Zensur gehen lassen.

MORITZ: Und ich bitte dich nicht, den Glauben an Gott fallen zu lassen. – Es gibt einen Gott, wie ist die Umkehrung?

Es gibt keinen Gott?

MORITZ: Das ist ebenso gut wie »es gibt einen Gott«. Man weiß beides nicht. Aber setze mal dein Denken ein.

Es gibt ein Denken über Gott?

MORITZ: Das ist auf jeden Fall wahr. Und wie wäre: Mein Denken ist mein Gott?

Ja, das stimmt auch. Ich habe mir ja einen Gott im Denken erschaffen, so, wie ich mir den vorstelle. Das darf man, jenes darf man nicht. Und wenn ich mir ausdenke, was dieser Gott machen soll und was er nicht machen soll, dann habe ich bisher auch nur auf mein Denken gehört und nicht auf etwas außerhalb von mir selbst. Da war ja noch nie eine Stimme aus den Wolken oder ein Gesicht im Fernsehen und hat gesprochen. Es war immer nur mein Denken. Beide Götter sind in meinem Kopf, der gute und der böse.

MORITZ: Und die quatschen miteinander in deinem Kopf.

Die streiten sich pausenlos. – Gott sollte seine Schöpfung noch mal überdenken und vielleicht von vorne anfangen und alles besser machen. Die Umkehrung: Ich sollte meine Schöpfung noch mal überdenken und vielleicht von vorne anfangen und alles besser machen.

MORITZ: Deine Gedankenschöpfung. Den Gott, den du dir im Kopf zurechtgebastelt hast.

Theologisch einwandfrei ist das ja nicht.

MORITZ: Theologen haben auch nur Glaubenssätze, die kann man ebenso untersuchen.

Aber es gibt doch Leute, die haben Gott wirklich erfahren.

MORITZ: Was die über ihre Erfahrung erzählen, sind auch nur Denkmuster. Die Erfahrung von anderen ist für dich wertlos. Nur du kannst ihn erfahren, und du kannst ihn nur immer JETZT erfahren.

Sei jetzt hier – eine kleine Meditation

Du bist da, wo du bist, umgeben vom ALLES. Nimmst du es wahr in diesem Moment?

Es gibt nur diesen Moment, die Wahr-heit!

Es mag sein, dass du das, was dich umgibt, mit deinen Gedanken nachbildest, dass du dir Worte machst, Vorstellungen – aber das sind eben nur Gedanken, Worte, Vorstellungen. Schemenhafte Nachbildungen der Realität in deinem Kopf. Gehirnströme oder chemische Vorgänge, stattfindend im ewigen Hier und Jetzt, ebenso wie die chemischen Vorgänge in jeder Pflanze, jedem Tier.

Das ist alles Teil des großen Ganzen, ganz gleich, was du glaubst oder wie du darüber denkst.

Du kannst mehr oder weniger wahrnehmen, wie das alles um dich herum und in dir JETZT geschieht, du kannst wahrnehmen, wie deine Gedanken der Wirklichkeit immer ein wenig voraus- oder hintereilen, du kannst wahrnehmen, wie jämmerlich schemenhaft das gedankliche Abbild der Wirklichkeit in deinem Kopf im Vergleich zur gesehenen, gefühlten, gehörten Realität wirkt, aber du kannst diese wahre Wirklichkeit nicht verlassen. Du lebst in ihr, du bist in ihr, du bist sie, egal, was du zu sein glaubst.

Versuche einmal zu lokalisieren, wo dein ICH jetzt ist? Existiert es überhaupt? Oder bist du nicht einfach das, was du gerade siehst, hörst, schmeckst, riechst, fühlst, denkst? ALLES WAS IST. Hier und jetzt. (Wo könntest du anders sein?)

Du willst nichts mehr erreichen, du brauchst nichts mehr zu tun, du schaust nur zu, während du tust, was du tust. Du siehst zu, was du denkst, was du fühlst, was dein Körper tut. Du akzeptierst alles, was geschieht, als Teil des göttlichen Plans. Welche Erleichterung. Du konzentrierst dich nur noch auf die Wahrnehmung dessen, was geschieht. Das ist endlose Lust. Das ALLES, das sich selbst wahrnimmt.

Die Vorgänge um dich herum, wie das alles atmet, erhalten wird, schwingt, ruht oder sich bewegt – Schönheit.

Mit den Augen des Ganzen schauen

Wenn ich mich so umschaue, sehe ich nur Wunder über Wunder. Was auch immer ich untersuche, es ist fein und intelligent konstruiert. Es funktioniert auf frappierende Weise. Ich entdecke immer nur mehr Schönheit, ganz gleich, wie sehr ich meinen Blickwinkel verkleinere. Jeder Teilchenphysiker wird Ihnen bestätigen, dass auch im subatomaren Bereich eine faszinierende Ordnung und Schönheit herrschen. Das Gleiche gilt für den Blick ins Weltall oder in die Geschichte des Alls. Niemand wird leugnen, dass hinter der Schöpfung eine Intelligenz steckt, die unvorstellbar groß ist und an der die menschliche Intelligenz zwar teilzuhaben versucht, die sie aber niemals wird erreichen können.

Wenn Sie diese Schöpfung nicht mit den Augen des Menschen, sondern mit den Augen des Ganzen betrachten, werden Sie feststellen, dass der Mensch ebenso Teil des Ganzen ist wie jeder Baum, jede Ameise, jede Galaxie. Und zwar in all seinen Aspekten, Handlungen, Schicksalen. Es gibt keine Verhaltensweise, die nicht ebenso zum Ganzen gehört und mit ihm einhergeht, wie das Balzen der Vögel, die Nahrungskette in der Natur oder Blitz und Donner.

Auch alles, was Ihnen – mit Menschenaugen betrachtet – verabscheuungswürdig erscheint, ist in Wirklichkeit Teil der Natur, Teil dieser Intelligenz, Teil dessen, was geschieht und was geschehen muss. Das heißt nicht, dass Sie es gutheißen oder gar fördern müssen; ich sage nur, es ist ganz offensichtlich Teil des großen Planes.

Seit Menschen denken können, haben sie versucht, die Schöpfung zu korrigieren, in sie einzugreifen – und haben gar nicht gemerkt, dass auch dies Teil der Schöpfung ist. Vieles ließ sich bewegen und verändern, ebenso zum Vorteil wie zum Nachteil, aber mit den Augen des Ganzen betrachtet, findet keine besondere Veränderung statt. Selbst wenn diese Kultur zugrunde gehen sollte, selbst wenn die Spezies Mensch aussterben sollte, selbst wenn dieser Planet früher vernichtet würde, als es nach den astronomischen Gesetzen ohnehin der Fall sein wird; mit den Augen des Ganzen betrachtet, ist kein Makel erkennbar.

Schauen Sie mit den Augen des Ganzen, und sie sehen die Welt als so vollkommen, wie sie ist. Woran merken Sie, wenn Sie diese Sichtweise verlassen? Sie haben Schmerz. Und selbst der ist Teil des Ganzen. Merken Sie, dass Sie gar keine Möglichkeit haben, das Ganze zu verlassen, selbst wenn Sie es gedanklich tun?

Manche führen an dieser Stelle Begriffe wie »göttlich« ein, aber das ist gar nicht nötig. Das Ganze ist Wunder genug, göttlich genug, intelligent genug, um als Maß aller Dinge zu dienen. Wir benötigen keine besondere Personifizierung des Göttlichen, um uns vor dem zu verbeugen, was ist. Wir müssen auch keine Bilder oder Statuen schaffen – jedes Atom ist göttlich genug, um als Symbol dienen zu können, das ich mit Ehrfurcht betrachte. Oder ist nicht schon jeder gedankliche Impuls hierfür ausreichend? Wenn man nur den winzigsten Gedankenimpuls genau untersuchen könnte, man würde auf Wunder über Wunder stoßen.

Wenn Sie alles, was geschieht, auch das Persönliche, Private, Intime mit den Augen des Ganzen betrachten, dann ist da nur Vollkommenheit, Schönheit, Göttlichkeit erkennbar. Die Alternative heißt für mich stets: Tod, Nicht-Sein. Bezeichnenderweise ist dies auch das Gefühl, das in mir herrscht, wenn ich etwas verurteile, nicht wahrhaben will. Das große Ganze hält mich natürlich in dieser Zeit immer noch an seiner breiten

Brust, nur merke ich es nicht, genieße ich es nicht, und das ist eben der Schmerz des Getrenntseins.

Bin ich hingegen gedanklich synchron mit der Realität, herrscht da Geborgenheit, bin ich im Körper (der ja immer in der Realität ist!), bin ich in der Liebe, auch wenn ich gerade Schmerzen haben sollte.

Fragen und Antworten

Kann THE WORK mir helfen, die Gründe dafür herauszufinden, warum es mir schlecht geht?

Die Methode ist nicht an Gründen interessiert. Warum wollen Sie sie wissen? Sie hatten eine schlechte Kindheit, Ihr Vater trank, Sie haben schlimmes Karma... Was nutzt es Ihnen, die Gründe herauszufinden? Sie haben dann vielleicht eine Entschuldigung für alle möglichen Unzulänglichkeiten. Nach meiner Erfahrung verschwindet alles Denken über Ihre Angelegenheiten nach und nach, und damit verschwindet auch der Schmerz. Früher oder später. Manchmal braucht es viel Zeit, manchmal geht es schnell.

Vieles bei der Methode kommt mir sehr bekannt vor, es erinnert mich an Advaita Vedanta

Fast jeder, der mit der Methode in Berührung kommt, findet seine bisher geübte oder bevorzugte Weltanschauung darin. Das ist schön, weil es den Wert sowohl des bisher Praktizierten als auch der Methode dokumentiert.

Bedenken Sie aber, dass es sich nur um einige Fragen handelt. Dies ist und bleibt so. Niemand sagt Ihnen, was Ihr Herz antworten soll.

Diese Fragen sind eigentlich gar nichts, sie haben keine Substanz, sie implizieren nichts. Jeder findet seine Wahrheit ohne Beeinflussung. Niemand muss diese Fragen beantworten.

Es kann keine Diskussion über die Methode, über ihren Wert oder Unwert, ihre Verwandtschaft zu Praktiken, Weltanschauungen, Religionen geben, weil sie eigentlich nicht existiert, außer in den Köpfen der Menschen. Jeder macht seine WORK.

Im Übrigen sind diese Fragen tatsächlich nichts Neues. Sie sind unser Denken, das sich selbst untersucht. Von daher ist es natürlich kein Wunder, dass andere Methoden teilweise die gleichen oder ähnliche Fragen stellen.

Aber THE WORK vertritt doch eine Weltanschauung, oder?

Die Methode lässt Sie absolut frei. Sie sagt nicht: Sie sollen dies oder jenes glauben oder nicht glauben. Sie stellt keinerlei Anforderungen an Sie, sie akzeptiert Sie, wie Sie sind.

Die Fragen sind keine Inhalte Ihres Geistes. Sie müssen sie nicht beantworten. Niemand muss das. Die Fragen existieren in Wirklichkeit gar nicht, insofern existiert die Methode nicht.

Ich leide, und wenn ich die WORK mache, verwandelt sich mein Leiden in Glückseligkeit. Immer wieder und wieder.

Die Fragen wissen nicht, wozu sie dienen.

Mein Gefühl, je öfter ich die Fragen stelle: unendliche Weite, nichts von heilig. Einfach Freisein!

Die Methode ist Kommunikation mit uns selbst und Kommunikation ist »Gott in action«.

Ich kann die Methode auf THE WORK selbst anwenden und sie damit in Frage stellen. Ich erkenne durch die Methode, dass alles ein Spiegel meines Geistes ist, und das ist alles.

Aber es gibt doch ganz objektiv Dinge oder Situationen, die uns wehtun!

Untersuchen Sie, was auch immer Ihnen wehtut, Sie werden

finden, dass der Schmerz auf ein Nichtakzeptieren dessen, was ist, zurückgeht, nicht auf die Tatsachen, die Ihren Schmerz zu erzeugen scheinen.

Ihre wahre Natur ist Freude, Liebe und Freiheit, und Sie kommen in den vollen Genuss Ihrer Natur, wenn Sie Ihren ständigen inneren Kampf gegen die Realität aufgeben.

Ich gehe, stehe, sitze oder liege, es gibt keine andere Möglichkeit. Ich befinde mich an einem Ort, es gibt keine andere Möglichkeit. Ich nehme mein Gehen, Sitzen, Stehen oder Liegen wahr, ich nehme den Ort wahr. Ich sehe, rieche, fühle, schmecke, höre, was da ist. Ich genieße es – Seligkeit. Ob ich im Garten sitze und die Blumen bestaune oder im Gefängnis sitze und die Graffiti an den Wänden betrachte – was ist der Unterschied?

Manche Umkehrungen klingen sehr seltsam, zum Beispiel: »Es sollte Mörder geben, es sollte Rassismus geben.« Dass es eine Sache gibt, ist doch kein Beweis dafür, dass ich denken sollte, es sollte diese Dinge geben!

Niemand sagt Ihnen, was Sie zu denken haben. **Untersuchen** Sie lediglich Ihre Gedanken. Prüfen Sie, wie Sie sich fühlen, wenn Sie die Welt nicht akzeptieren, wie sie ist, und wie Sie sich fühlen würden, wenn Sie ALLES, auch Mörder und Rassismus, akzeptieren könnten. Prüfen Sie, mit welcher Geisteshaltung Sie sich effektiver für eine bessere Welt engagieren können!

Es heißt, THE WORK könne mich mehr ins Hier und Jetzt bringen, wie soll das funktionieren?

Für mich ist jede Anwendung der Methode der Beweis, dass ich nicht im Hier und Jetzt bin, sondern mich mit Gespenstern abgebe. Jede WORK ist eine Momentaufnahme aus dem Gruselkabinett, das ich mir täglich, stündlich, minütlich bereite. Wo sind denn die Leute, über die ich mir den Kopf zerbreche? Wo sind die Umstände, Ergebnisse, Horrorszenarien, die ich mir ausmale?

Statt mir über sie Gedanken zu machen, über Absichten, Motive, Schlechtigkeiten, Unzulänglichkeiten, könnte ich wahrnehmen, was JETZT IST. Je öfter mir das klar wird, um so leichter fällt es mir, es einfach zu sehen.

Die Untersuchung meiner Vergangenheit oder möglichen Zukunft bringt zutage, dass es nur die Gegenwart geben kann. Auf ewig.

Die Untersuchung dessen, was ist, bringt zutage, dass es das Einzige ist, was es geben kann.

Die Untersuchung meiner Gedanken bringt zutage, dass es nur Gedanken sind.

Alles ist, was es ist. Wie kann es etwas darüber hinaus geben?

Sie sagen, THE WORK glaubt gar nichts, ist eigentlich gar nichts. Dennoch sprechen Sie häufig von Gott, vom Göttlichen.

Das ist richtig, aber es ist lediglich meine Definition des ALLES WAS IST. Ich habe einfach das GANZE zum Göttlichen erklärt.

Auch wenn Sie nicht an einen Schöpfer glauben, so werden Sie doch zugeben, dass das Universum, die Welt, das Leben und damit auch der Mensch nach einer Art Bauplan entstanden sein müssen. Die Intelligenz, die hinter diesem Plan steckt, muss größer sein als das, was geschaffen wurde. Mit anderen Worten, diese Welt wurde und wird geleitet vom Großen Unnennbaren Einen, von einem Weltgeist, der ziemlich genau zu wissen scheint, was er tut. Ist es nicht vermessen, besser wissen zu wollen, wie die Welt funktionieren sollte, als dieser Weltgeist selbst? Selbst wenn wir glauben, dass sich der Weltgeist inzwischen zurückgezogen und die Schöpfung sich selbst überlassen hat, muss alles, was geschieht, Teil des göttlichen Planes sein.

Des Menschen Freiheit ist Teil des Planes, sein Kampf gegen den Plan natürlich auch. Allerdings, wenn er kämpft, hat er Schmerzen. Das ist seine Freiheit.

Alles, was ich von Ihnen höre, sind Glaubenssätze und Denkmuster. Was Sie durch das Hinterfragen abschaffen wollen, predigen Sie selber.

Natürlich ist alles, was ein Mensch äußert – speziell in einem Buch – nichts anderes als das. Ich lade Sie ein, die Denkmuster zu untersuchen, die Ihnen nicht gefallen. Im Übrigen will ich nichts abschaffen, schon gar nicht die Grundlage Ihres Lebens. Ich spreche nur von meinen Erfahrungen. Es könnte sein, dass Sie andere Erfahrungen machen werden.

Sie sprechen des Öfteren davon, dass alles gut und göttlich sei, wie es ist. Für mich ist das genauso eine Wertung, als ob Sie sagen würden, alles ist schlecht oder teuflisch.

Sie haben Recht. Wenn ich allerdings die Fragetechnik auf beide Denkmuster anwende, stelle ich fest, dass ich mich sehr wohl fühle, wenn ich die Welt als göttlich ansehe, wohingegen ich Schmerzen habe, wenn ich sage: »Alles ist teuflisch.« Die Denkmuster selbst sind austauschbar, im Grunde identisch, aber das eine bringt mich in den Himmel, das andere in die Hölle – mental wohlgemerkt, denn ich bleibe ja der Mann im Sessel.

Es geht bei der Fragetechnik häufig um Wünsche und Forderungen. Diese müssen ja per Definition IMMER von der Wirklichkeit abweichen. Ich finde es demzufolge absurd, zu sagen, sie seien deshalb nicht wahr. Würde ich diese Logik auf die gesamte Schöpfung anwenden, dann hätte diese niemals entstehen dürfen, denn das Grundprinzip von Veränderung ist ja gerade der Wunsch nach Veränderung, der sich durch die gesamte Schöpfung zieht, durch alle Wesen, in denen sich das Bewusstsein des Ganzen, die Weltseele, als Wünschen bemerkbar macht.

Das Grundprinzip von Veränderung ist der Wunsch nach Veränderung? Ist das wahr? Können Sie das wissen? Muss sich der Baum Äpfel wünschen, damit er welche trägt? Muss der Fluss zum Meer **wollen**, um auch hinzugelangen? Ich sehe, dass sich im Universum alles ständig verändert, auch ohne Wünsche und Forderungen. Was haben Sie davon, dass Sie denken, ohne Wünschen gäbe es keine Veränderung? Sie behalten Ihre Wünsche. Wie fühlt es sich an, ständig die Diskrepanz zwischen Soll- und Istzustand zu spüren? Stellen Sie die Fragen! Und – Sie könnten Recht haben! Ich weiß, dass ich nichts weiß.

Wenn ich sämtliche Unzufriedenheit aus meinem Geist eliminieren würde, würde jedes Wünschen verschwinden, und ich verlöre jede klare Zielstrebigkeit. Ich würde in Hoffnungslosigkeit versinken.

Ist das wahr? Können Sie das wissen? Was haben Sie von dem Gedanken? Meine Erfahrung ist, dass ich *zielstrebiger* werde, wenn meine Gehirnzellen nicht mit meiner Unzufriedenheit und meinen Wünschen beschäftigt sind. Ich bin durch das Hinterfragen mehr ins Hier und Jetzt gekommen und habe gar keine Zeit, mich mit Hoffnungen zu beschäftigen. Ich denke mir Sachen aus, die ich verwirklichen möchte, und dann verwirkliche ich sie. Ich denke sehr zielstrebig, da ich nicht mehr unter meinen unerfüllten Wünschen leide.

Sie sagen häufig, man solle sich freuen, dass etwas wehtut, weil man dann die Methode anwenden könne. Das ist, als wollten Sie THE WORK *zum eigentlichen Lebenszweck hochstilisieren.*

Ich finde das abstoßend und fast pervers. Es ist, als wolle man krank sein, um dann Medizin schlucken zu können.

Wenn Sie einmal herausgefunden haben, dass jeder untersuchte Schmerz sie glücklicher, fröhlicher, authentischer macht, dann könnte es sein, dass Sie die »Medizin« nicht mehr als solche empfinden. Sie könnten süchtig danach werden. Demzufolge freuen Sie sich tatsächlich darauf, dass bald wieder etwas wehtut. Der Schmerz kommt doch sowieso, oder? Warum nicht einen Lebenszweck daraus machen? Wenn Sie keinen Schmerz haben, brauchen Sie die Methode nicht. Wenn Sie ihn haben, freuen Sie sich, weil Sie Spaß haben, wo vorher nur Leiden war. Probieren Sie es aus!

- Das Hinterfragen mit THE WORK erzeugt mehr Bewusstheit.
- Widersprechen Sie nicht, wenn andere Sie kritisieren. Prüfen Sie stattdessen, wo die anderen Recht haben. Bedanken Sie sich für Kritik.
- Wir können nicht die ganze Last der Welt tragen.
- Für manche Menschen ist die Methode nicht geeignet.
- Unsere Urteile und Glaubenssätze machen uns blind für die Wirklichkeit.
- Man kann das Göttliche nur selbst erfahren.
- Mit den Augen des Ganzen betrachtet, ist ALLES vollkommen.
- THE WORK fragt nicht nach Gründen.
- Alle Denkmuster sind vom Prinzip her gleich – manche sind allerdings vorteilhafter als andere.
- Wenn unser Hirn frei ist von unnützen, automatischen Gedanken, können wir *bewusst* GEMEINSAM LIEBEN. (Wir tun es bereits!)

Nachwort

Gemeinsam lieben

Ich habe die Vision eines neuen Menschen, der gemeinsam mit ALLEM WAS IST liebt, sich selbst, seine Mitmenschen, die gesamte Schöpfung. Dieser liebende neue Mensch braucht nichts zu bekämpfen, nichts zu verurteilen, nicht einmal ohne Anlass zu denken. Er lebt und handelt aus seiner Liebe heraus. Er geht, steht, sitzt oder liegt dort, wo er ist, er fühlt sich, seinen Körper, seine Umgebung. Er nimmt wahr. Er fühlt sich eingebettet, geborgen, an seinem Platz. Er weiß, was er zu tun hat. Er benötigt nicht den »Unzufriedenheitsmotor«, um etwas zu tun, sondern er schafft aus der Fülle, aus einer unbändigen Lebenslust, aus seinem SEIN. Da sein Hirn leer ist von unnützen oder gar destruktiven Gedanken, steht es seiner eingeborenen Kreativität zur Verfügung, sein Gehirn ist ein Abbild der Natur, der Evolution, die schafft, ohne zu wollen, einfach aus dem prallen Leben heraus.

Der neue liebende Mensch hat eine unwiderstehliche Anziehungskraft, eben weil er liebt. Die Menschen, die Natur, die Materie spüren, dass dieser Mensch eins ist mit ihnen, daher zieht er das Positive an, das Wachsende, das sich Entwickelnde, das Kreative. Nichts und niemand wird sich diesem Menschen entgegenstellen können, da er mit dem Strom fließt und selbst keinen Widerstand leistet. Er verkündet oder predigt nichts, sondern er lebt Liebe und Toleranz vor, daher erfährt er auch diese Werte.

Wenn er denkt, nimmt er seine Gedanken als Teil der Schöpfung wahr, er ist ihnen nicht ausgeliefert. Er muss nichts verwirklichen, er muss keinem Gedanken folgen. Er braucht keinen Gedanken zu verurteilen, er nimmt seine Gedanken ebenso liebend wahr wie alles, was in ihm ist oder was ihn umgibt.

Seine Gedanken verschmelzen mit ihm und seiner Umgebung zu einer Einheit von Leben, das sich selbst in seiner Vollkommenheit wahrnimmt.

Der neue liebende Mensch hat seinen Platz im Universum gefunden, er akzeptiert seinen Platz mit ganzer Seele, mit ganzem Herzen. Er stellt sich dem Ganzen nicht entgegen, sondern er dient dem Ganzen durch sein gesamtes Dasein. An diesem seinem Platz entfaltet er sein gesamtes Potenzial. Dies geschieht nicht auf Kosten anderer – es geschieht einfach. Kein Wanken und Schwanken, keine Unsicherheit.

Der neue liebende Mensch akzeptiert sein Leben und seine Welt total; er kommt, wenn er kommt; und er geht, wenn er geht. Er ist eins mit dem, was geschieht. Je nachdem, wie es die Situation erfordert, kann er mit gewaltigen Schritten voranschreiten und handeln und die Welt nach seinem Willen und seinen Möglichkeiten formen, er kann sich aber auch still verhalten, ohne zu leiden. Manchmal wartet er ab, manchmal entfaltet er ungeheure Aktivitäten. Er fließt mit dem Tao.

Anhang

Umkehrungsfinder

2 2. Person oder Sache

3 Ich (mich, mit mir)

4 Mein Denken

Person oder Sache, z. B. mein Mann, die Welt, Gott etc.

1 (Ich)

Tätigkeit

A

sollte
muss
hat getan
hätte sollen

sollte nicht
muss nicht
hat nicht getan
hätte nicht sollen
etc.

Gegenteilige Tätigkeit

B

sollte nicht
muss nicht
hat nicht getan
hätte nicht sollen
etc.

sollte
muss
hat getan
hätte sollen
etc.

Der Umkehrungsfinder

1. Legen Sie einen Papierstreifen mit dem Namen der Person oder Sache, über die Sie den Glaubenssatz haben, in das Feld 1. Falls das Denkmuster Sie selbst betrifft, lassen Sie diesen Schritt weg.
2. Legen Sie ein Stück Papier mit dem Tätigkeitswort in das Feld A.
3. Legen Sie ein Stück Papier mit dem Gegenteil hiervon in das Feld B.
4. Falls zutreffend, legen Sie ein Stück Papier mit dem Namen der Person oder Sache, die ebenfalls involviert ist, in das Feld 2.

Lesen Sie alle möglichen Kombinationen und prüfen Sie, ob Ihr Denkmuster jeweils wahrer wird. Beginnen Sie mit 1 – A – 2, 1 – B – 2, 3 – A – 1 und 3 – B – 1.

Was passiert bei der Kombination 4 – A?

Probieren Sie weiter alles durch. Nehmen Sie nun den Zettel im Feld 1 weg (darunter kommt »Ich« zum Vorschein) und prüfen Sie, ob Sie weitere relevante Kombinationsmöglichkeiten in beiden Lesrichtungen entdecken.

Sie werden feststellen, dass es bis zu 32 Kombinationsmöglichkeiten gibt, von denen mit ein wenig Fantasie manchmal erstaunlich viele zu interessanten Ergebnissen führen.

Erst wenn Sie alles durchprobiert haben, können Sie sich mit Ihren Umkehrungen auch grammatikalisch und semantisch von Ihrer ursprünglichen Aussage entfernen und intuitiv weitere Möglichkeiten erkunden.

Beispiel 1: *Horst sollte mich nicht kritisieren.*

Ein Zettel mit dem Namen *Horst* kommt ins Feld 1, ein Zettel mit *sollte nicht kritisieren* ins Feld A, ein Zettel mit *sollte kri-*

tisieren ins Feld B. Das Feld 2 bleibt in diesem Beispiel unberücksichtigt.

1–A–3 ist also mein ursprüngliches Denkmuster.

1–B–3 ist die erste Umkehrung in Form der Wirklichkeit: *Er sollte mich kritisieren*, denn er tut es.

3–A–1: *Ich sollte Horst nicht kritisieren*, denn das tue ich, wenn ich ihn dafür kritisiere, dass er mich kritisiert.

4–A–1: *Mein Denken sollte Horst nicht kritisieren.*

4–B–1: ergibt für mich im Moment keinen Sinn.

Jetzt nehme ich den Zettel im Feld 1 weg und lese:

1–A–3: *Ich sollte mich nicht kritisieren.* Mit dieser Umkehrung kann ich sehr viel anfangen, denn ich tue es innerlich sehr oft.

1–B–3: *Ich sollte mich kritisieren.* Ja, das stimmt auch manchmal. In gewissen Dingen könnte ich kritischer sein.

1–A–4: *Ich sollte mein Denken nicht kritisieren.* Das stimmt oft, denn ich denke oft etwas und verurteile mich dafür.

1–B–4: *Ich sollte mein Denken kritisieren.* Das stimmt irgendwie auch, in dem Sinn, dass ich nämlich oft unkritisch übernehme, was mein Denken mir einflüstert.

4–B–1: *Mein Denken sollte mich nicht kritisieren.* Ja, das ist eine wichtige Umkehrung für mich, denn mein Denken spielt sich dauernd als innerer Zensor meiner Handlungen auf.

Beispiel 2: *Klaus sollte seine Frau liebevoller behandeln.*

Zettel *Klaus* ins Feld 1; Zettel *Frau* ins Feld 2; Zettel *liebevoller behandeln* ins Feld A; Zettel *nicht liebevoller behandeln* ins Feld B.

1–A–2: ist mein zu untersuchendes Denkmuster.

1–B–2: ist die Wirklichkeit.

3–A–1: *Ich sollte Klaus liebevoll behandeln.* Das tue ich bisher nicht, indem ich schlecht von ihm denke.

4–A–2 und 4–A–1: *Mein Denken sollte Klaus und seine Frau liebevoll behandeln*, indem es ihre Interaktion akzeptiert. Es wird einen Grund haben, dass diese so ist, wie sie ist.

Jetzt nehme ich wieder den Zettel im Feld 1 weg.

1–A–3: *Ich sollte mich liebevoll behandeln*, indem ich mich um mich selbst kümmere, anstatt in fremden Angelegenheiten zu sein.

1–A–2: *Ich sollte Klaus' Frau liebevoll behandeln,* indem ich sie nicht als armes Opfer von Klaus ansehe.

1–A–4: *Ich sollte mein Denken liebevoll behandeln*, auch wenn es gewohnheitsmäßig andere verurteilt.

1–B–4: *Ich sollte mein Denken nicht liebevoll behandeln*, und zwar indem ich es verhätschele und ihm erlaube, jeden Unsinn zu jeder Zeit ungeprüft zu denken. Ich werde zumindest stets die Untersuchung machen, wenn ich einen schmerzhaften Gedanken habe.

Die anderen Kombinationsmöglichkeiten ergeben für mich im Augenblick keinen besonderen Sinn, daher berücksichtige ich sie nicht.

Spielen Sie mit dem »Umkehrungsfinder« wie ein Kind. Sie werden merken, dass es Spaß macht, sich mögliche Bedeutungen für die verschiedenen Kombinationen auszudenken.

Glossar

Denkmuster
Hierunter verstehen wir in diesem Buch einen »vorgefertigten« Glaubenssatz wie »Alle Männer sind schlecht«, »Meine Frau sollte mich nicht betrügen« etc. Es handelt sich hierbei um Ideen, Gedanken, Urteile, Aussagen, Meinungen, Behauptungen (alle diese Begriffe verwende ich gelegentlich für »Denkmuster«), die wir meist gar nicht auf ihren Wahrheitsgehalt überprüft haben, sondern die wir von unseren Vorfahren, der Gesellschaft, unserer Erziehung etc. übernommen haben. Manchmal nenne ich sie »fixe Ideen«, was den Sachverhalt gut trifft. Sie tauchen automatisch auf, sind in unserem Hirn fixiert und werden mit der Methode THE WORK untersucht.

Ein Denkmuster zieht meist weitere Denkmuster nach sich: der Rattenschwanz. Katie nennt ein ganzes Set von Denkmustern Story, die Geschichte, die wir daraus spinnen. Geschichten entstehen oft nach dem Schneeballsystem – ein Denkmuster zeugt gleich mehrere neue Denkmuster.

Denken
Wenn in diesem Buch vom Denken die Rede ist oder wenn wir die Umkehrung mit »mein Denken« formen, so meinen wir stets das automatische Denken, das uns die erwähnten vorgefertigten Denkmuster serviert.

Es hat wenig zu tun mit dem bewussten Formen von Gedanken, um zu analysieren und zu planen.

Lüge
Ich benutze diesen von Katie übernommenen Ausdruck des Öfteren – bewusst provozierend –, um ganz klar ein unwahres

Denkmuster, einen Gedanken, der nicht mit der Wirklichkeit übereinstimmt, zu bezeichnen. Unwahre Denkmuster sind Träume von einer besseren Welt, Illusionen. Diese Anschauung ist einer Philosophie, die nur das Unwandelbare, Ewige als wahr erkennt, diametral entgegengesetzt. Unwahre Denkmuster, Ideen, Forderungen, Gebote sind nämlich gerade deshalb unwandelbar und ewig, weil sie sich nicht der Wirklichkeit stellen müssen. Die Wirklichkeit hingegen wandelt sich ständig.

Wahrheit
Der Begriff »Wahrheit« wird hier nicht im Sinne philosophischer Definitionen verwendet, sondern bezeichnet einfach die Übereinstimmung eines Satzes mit den Tatsachen.

Wirklichkeit
Objektive Realität. Alles, was nicht nur als Schein, Gedanke oder Möglichkeit gegeben ist. Physische Realität, über die wir mit anderen Menschen übereinstimmen. Ich benutze das Wort synonym mit Realität. Wirklichkeit ist in diesem Buch (und im Sinne der Methode THE WORK) das Kriterium für Wahrheit.

Danksagung

Mein Dank gebührt zuallererst Byron Katie, von der ich die in diesem Buch vorgestellte geniale Methode lernen durfte. Ich tat das, indem ich Hunderte von Mitschnitten ihrer Interviews mit Klienten zum Teil Dutzende von Malen abhörte und analysierte. Von unschätzbarem Wert für mich war auch der intensive persönliche Kontakt mit ihr selbst, ihrem geschiedenen Mann, ihrer Mutter, Tochter, ihren engsten Mitarbeitern (besonders Cees, Ellen, Joanna, Thomas, Marc, Melony, Nahid und Ron!) sowie den vielen Teilnehmern ihrer Seminare, die ich persönlich kennen lernen durfte.

Albert Ellis, Maxie Maultsby, Harlich A. Stavemann und andere RET-Therapeuten haben mein Verständnis für die Methode erheblich vertieft.

Marilies Mayrhofer, meine wunderbare Lebensgefährtin, hat dieses Buch praktisch mit mir zusammen geschrieben; sie hat mich auf meinen Seminaren begleitet und unterstützt, mit mir die Methode angewendet, war eine ständige kompetente Gesprächs- und WORKpartnerin und hat mich außerdem seelisch, mental und körperlich gleichermaßen verwöhnt.

Zusammen mit der Autorin Bärbel Mohr (»Bestellungen beim Universum«) durfte ich ein Seminar gestalten, auf dem ich zwei so wunderbare Kinder wie Anna Lena und Rebecca kennen lernte. Als Bärbel mir erzählte, wie sie mit bestimmten Situationen in ihrem Leben umging, verstand ich plötzlich, dass THE WORK wirklich ein natürlicher, in uns eingebauter Mechanismus ist, denn sie hatte sich selbst genau die Fragen gestellt, aus denen die Methode besteht und danach gehandelt, ohne theoretisch etwas darüber zu wissen. Mit Bärbel verbindet mich ein magisches Erlebnis: Obwohl wir uns gegenseitig nicht kannten, mailten wir uns zur genau gleichen Zeit an, weil wir mit dem jeweils anderen Kontakt aufzunehmen wünschten.

Mit Sabrina Fox verbindet mich eine besondere Beziehung, ich habe sie geliebt vom ersten Moment, da wir uns sahen. Unsere gemeinsamen Seminare sind mir unvergesslich, durch sie entstanden etliche wertvolle Transkripte. Sabrinas neues Buch »Auf der Suche nach Wahrheit« spiegelt sehr gut, welche Bereicherung die Methode auch für sie darstellte. Außerdem hat sie auf engelhafte Weise dafür gesorgt, dass ich zwei liebe alte Freunde wieder traf, die ich vor zwanzig Jahren aus den Augen verloren hatte und die inzwischen den herrlichen und kraftvollen Platz geschaffen haben, an dem unsere Intensiv Seminare stattfinden: das Gesundheitshotel Stellshagen inmitten blühender Landschaft.

Eigentlich wollte ich Barbara Rütting auf der Buchmesse nur eben mein Buch schenken, als mir die große physische Ähnlichkeit mit Byron Katie auffiel. Auch ihr gab dies zu denken. Sehr schnell verband uns eine herzliche Freundschaft. Ich bin ihr besonders dankbar für die Erlaubnis, den kleinen Ausschnitt aus unseren sehr intensiven Interviews für dieses Buch zu verwenden.

Mein Verleger Gerhard Riemann vom Goldmann Verlag erteilte mir den Auftrag zum Buch nur aufgrund des Titels und eines Zettels mit Stichworten. Ein solches Vertrauen erzeugt eine große geistige Kraft! Nach und nach stellte ich fest, dass viele von ihm betreute Bücher mich schon seit vielen Jahren begleiten. Die zauberhafte Goldmann Vertriebsleiterin Elke Horn gab mir schon bei »Byron Katies THE WORK« das Gefühl, in besonders guten Händen zu sein.

Besonderer Dank geht auch an die Familie Selbach, besonders Karl-Heinrich und Ursula, in deren Häusern einige Interviews entstanden. Mani Littmann ließ mich in ihrer Traumwohnung schreiben und unterstützte mich auch mental. Sie ist zusammen mit Irene Neumann auch dafür verantwortlich, dass ich Byron Katie überhaupt kennen lernte.

Käthchen Plönske hat wahrscheinlich mehr für mich getan, als ich je ermessen und zurückgeben kann. Christine Hornung begleitete mich über lange Zeit mit der Methode, ihr verdanke ich eines der ersten Interviews für dieses Buch. Helge rief mich im richtigen Moment an und gab wertvolle Anregungen. Den wunderbaren Paaren Petra und Gerd, Brigitte und Herbert, Jamila und Helmut sowie Chris und Siegmar verdanke ich die wichtigsten Anregungen und Interviews in diesem Buch. Damati, schon lange ein Engel in meinem Leben, brachte mich mit Naandi zusammen und veranstaltete ein bemerkenswertes Seminar; Christiane, eine erstaunliche Frau, telefonierte mit mir im richtigen Moment; Christa hat die meisten Interviews beigesteuert, ihre Verwandlung von der Raupe zum Schmetterling kam genau im richtigen Moment.

Ralph Conway, Robert Curtis, Diethelm Jost, Gino Kopp, Frank Müller und Jutta Winkelmann stellten sich mir selbstlos und großzügig immer wieder als »Versuchskaninchen« zur Verfügung. Shiven B. Bennung brachte mich immer wieder zum Nachdenken und Schmunzeln.

Für die Zeit mit meiner Tochter Maja und ihrer Mutter Sonja bin ich sehr dankbar. Anil hat eines der schönsten Interviews beigesteuert.

Jan Müller verdanke ich etliche Hinweise, Streichungen, Verschlankungen und Erläuterungen zur Methode selbst. Viele seiner Vorschläge haben das Buch auch sprachlich erheblich verbessert.

Ich liebe Karin und ihre tiefgehende Ehrlichkeit, Eva-Maria und ihren Wissensdurst, Martin und seine mutige Authentizität, Elke und ihre Ernsthaftigkeit, mit der sie die Wahrheit wirklich wissen wollte.

Ohne Christa aus Mecklenburg wäre die Idee zum Buch vielleicht gar nicht entstanden. Ingeborg hat immer wieder auf ihre einmalige und herzerfrischende Art mit mir geworkt.

Anke sandte mir nicht nur einen wertvollen Beitrag, sondern gab auch kostbare Tips.

Barbara aus Hamburg schickte mir eine schöne E-Mail und erteilt – wie viele andere – liebevoll Rat auf meiner Website und im Forum.

Edeltraut, Marietta, Carmen, Karl und Angelika rührten mich mit ihren tiefen Empfindungen. Drei weitere Barbaras haben in anrührenden Untersuchungen ihr Innerstes nach außen gekehrt.

Susanne (ihre WORKS bereichern das Buch in erheblichem Maße) und Doris haben mir die richtigen Fragen zur richtigen Zeit gestellt. Zeenat, Loretta, Barbara und Hans-Peter haben weitere wichtige Beiträge geliefert.

Ohne die liebevolle Organisation meiner Seminare und die vielen helfenden und die Methode unterstützenden Menschen wie Susanne Adlmüller, Pushpa Angelika Becker, Marga Elisa Borst, Gertrud Cordes, Brita Dahlberg, Sylvia Ehrengard, Marianne Engels, Eva-Maria Faller, Jirka Friedl, Alois Gastager, Beate Heissenberg, Wolfgang Hesse, Anna Jedrych, David Luczyn, Volker Masuhr, Silence Meiners, Jamila Peiter, Dagmar Persch, Jochen Raacke, Roland Rocke, Diana Rose, Anke Schmitz, Sugata Schneider, Brigitte Seeger, Richard Weigerstorfer, Theresia Wels und Mayo Weth hätte ich das Material für dieses Buch niemals zusammentragen können. Regula Pfeiffer und Doris Schroeder-Smith standen immer wieder für gute »Fachgespräche« zur Verfügung. Auch den vielen Buchhändlern, die geholfen haben, THE WORK durch Veranstaltungen und persönliche Hinweise zu fördern, sei Dank: besonders Kai Fuhr, Vardhan Mayer-Hajek, Martin Jenny, Hildegard Krieg, Oliver May, Helene Peters, Peter Seiffert und Heide Wernecke.

All jenen, die ich hier nicht nennen konnte, danke ich ebenfalls herzlich – und ganz besonders jenen, die mir Anlass gaben, mit mir selbst die Untersuchung zu machen; sie waren auf jeden Fall meine allerbesten Lehrmeister.

Die Beschäftigung mit der Methode zeigt mir immer wieder, dass wir alle eins sind – die absolut reibungslose, oft magisch anmutende Entstehungsgeschichte dieses Buches ist ein weiterer Beweis für diese Tatsache. Insofern danke ich dem ALLES, das wir sind und dessen Teil ich sein darf.

Index im Buch vorkommender Denkmuster

Ich habe keinen Partner

Ich brauche einen Mann. 105

Ich brauche eine Partnerin. 109

Mein Mann sollte nicht tot sein. 246

Es macht mich traurig, dass ich im Moment keine glückliche, erfüllende Beziehung habe. 248

Ich brauche jemanden, der mich liebt, jemanden, der mir Anerkennung als Frau gibt. 251

Ich will nicht noch fünf Jahre in so einem Grauschleier leben, ohne Intimität, Romantik und Zärtlichkeit. 253

Ich bin es nicht wert, einen tollen Mann zu kriegen. 254

Denkmuster über meine Partnerschaft

Ich möchte, dass mein Partner auch meine Seite sieht und versteht, dass ich mich um Besserung unserer Beziehung bemühe. 123

Ich bin traurig, weil ich für meinen Partner nicht mehr so wichtig bin. 153

Ich bin traurig über unsere Beziehung, weil ich sie jetzt so hohl und bedeutungslos empfinde wie einen Luftballon, der jederzeit platzen könnte. 155

Mein Mann macht mir immer Vorwürfe über Dinge, die er selber falsch macht. 188

Ich könnte meinen Partner verlieren. 190

Mein Mann hat mich sehr enttäuscht, weil er mich hintergangen und belogen hat. 228

Mein Mann hat mich enttäuscht und gedemütigt. 230

Mein Partner sollte anders sein

Mein Partner ist ein verlogener Typ. Er hat für alles eine Erklärung und schiebt jegliche Verantwortung letztlich immer auf mich. 34

Mein Partner sollte ehrlich sein und auch leben, was er sagt. Wenn er sagt, dass er mich liebt, sollte er auch danach handeln. 37

Mein Partner sollte sich für mich entscheiden und klar dazu stehen und es auch nach außen zeigen. 38

Mein Partner sollte mich und die Kinder nicht so oft anschreien. 53

Ich brauche von meinem Partner den ersten Platz und dass er mir zeigt, dass ich ihm wichtig bin. 61

Mein Partner ist feige und kann sich nicht entscheiden. 64

Mein Ex-Mann sollte sich an seine Versprechungen halten. 82

Mein Partner sollte sich den Problemen nicht entziehen. 116

Mein Partner sollte sich nicht sofort angegriffen fühlen. 117

Mein Partner sollte mehr auf mich eingehen. 117

Mein Partner sollte andere durch seinen Alkoholkonsum nicht gefährden. 118

Mein Partner sollte im Alltag mehr arbeiten. 119

Mein Partner sollte sich in Bezug auf Alkohol helfen lassen. 120

Mein Partner sollte meine Gefühle ernst nehmen. 121

Mein Partner sollte auch meine Seite sehen. 123

Ich mag meine Partnerin nicht, weil sie mich immer kritisiert. 129

Ich mag meine Partnerin nicht, weil alles so laufen muss, wie sie es will. 130

Meine Partnerin sollte mich mehr respektieren. 132

Meine Partnerin sollte akzeptieren, dass ich nicht ihr Traumprinz bin. 135

Ich brauche von meiner Partnerin, dass sie mehr inneren Frieden ausstrahlt. 137

Mein Partner sollte nicht immer so viel von anderen Frauen reden. 156

Mein Partner sollte seine Aufmerksamkeit und Energie nicht anderen Menschen, sondern mir zuwenden. 157

Ich mag meine Partnerin nicht, weil sie nicht die WORK mit mir macht. 177

Ich mag das Verhalten meiner Partnerin nicht; sie ruft mich nicht an, sie schaltet ihr Handy nicht ein. Sie sollte mich anrufen. 179

Meine Partnerin sollte über eine Entscheidung oder unseren Kompromiss nachdenken und mich anrufen. 182

Meine Partnerin sollte meine Worte besser verstehen. 184

Mein Mann sollte nicht sagen: »Das ist nicht okay.« 188

Mein Mann sollte mich immer vergöttern. 201

Mein Mann sollte mir beichten. 232

Meine ehemalige Partnerin sollte mich nicht in ihre Lebensängste und in ihre Hoffnungslosigkeit hineinziehen. 240

Sexualität

Unsere Beziehung zueinander soll wieder liebevoller, erotischer sein! 159

Mein Partner sollte mich sexuell begehren. 164

Mein Partner möchte immer sofort Sex, anstatt nur zu schmusen. 205

Mein Partner sollte mit mir schmusen, wenn ich keine Lust auf Sex habe und zu müde bin. 207

Mein Penis ist zu klein. 208

Meine Partnerin sollte nicht immer erst mal Nein sagen, wenn ich erotische Fotos von ihr machen möchte. 211

Wenn meine Partnerin Nein sagt, ist das nicht erotisch. 214

Ich bin nicht schön genug, um nackt fotografiert zu werden. 216

Mein Mann sollte mich nicht immer wieder damit nerven, dass er mich nackt fotografieren will. 216

Ich mag nicht beobachtet werden, wenn ich geil bin. 219

Ich bin sexuell nichts wert. 220

Ich ekle mich vor Sperma. 220

Männer sind nur auf Sex aus. 223

Familie

Mein Partner sollte mich und die Kinder nicht so oft anschreien. 53

Mein Sohn sollte mich nicht nur eine Stunde »zu sich bestellen«. 94

Meine geschiedene Frau sollte mir jederzeit einen kleinen Gefallen tun. 95

Meine geschiedene Frau und mein Sohn sollten jederzeit bereit sein, mir Hallo zu sagen. 96

Meine geschiedene Frau und unser Sohn sollten mich lieben und sich freuen, wenn ich vorbeikomme, egal wann. 98

Meine geschiedene Frau sollte mir erlauben, die Dinge auf meine Weise zu tun. 100

Meine geschiedene Frau sollte mich nicht ablehnen. 101

Ich möchte zusammen mit meinem Mann alt werden. 200

Hausfrau sein bedeutet nichts wert zu sein. 265

Meine Kinder sollten nicht Scheiße sagen und Arschloch. 266

Meine Kinder sollten nicht so viel fernsehen. 269

Ich bin eine schlechte Mutter. 271

Mein Vater soll nicht ausziehen. 274

Meiner Mutter geht es schlecht, weil mein Vater eine neue Freundin hat. 274

Beruf

Ich bin Lehrer und mag die Schüler nicht, weil sie zu wenig Respekt haben. 290

Meine Schüler sollten mir zuhören. 291

Meine Schüler sind sehr schwierig. 293

Ich muss Geld verdienen. 299

Ich mag nicht, dass ich den Versicherungsjob immer noch mache. 304

Ich will, dass ich einen Job finde, der mich mehr erfüllt. 306

Ich sollte wissen, wo mein wirklicher Platz ist. 307

Meine permanente Jagd nach Geld macht mir Stress, Kummer und schmerzt mich. 309

Geld sollte einfach kommen, fließen, herbeieilen. 312

Ich muss Grenzen setzen, um bestimmte Dinge nicht mehr mit mir machen zu lassen. 315

Mein Chef sollte nicht schreien. 317

Meine Kollegin sollte mich nicht kritisieren. 319

Mein Kollege hätte mich nicht knutschen sollen und nicht auf den Mund küssen sollen. 322

Allgemeine Denkmuster über andere

Niemand sollte mich erziehen wollen. 264

Ich schaudere vor den Ausgestoßenen dieser Gesellschaft, den Pennern, den Betrunkenen. 326

Ich muss Massenmörder in die Schranken weisen. 328

Menschen sollten Tiere nicht töten, quälen und essen. 330

Menschen sollten keine Tiere benutzen. 332

Allgemeine Denkmuster über mich selbst

Man darf nicht egoistisch sein. 124

Ich bin etwas Besonderes. 148

Ich will immer etwas Besonderes sein. 154
Die Gefühle sollten nicht mit mir durchbrennen. Ich sollte immer sofort vernünftig sein und die WORK machen! 161
Ich sollte schöner, schicker, schlanker sein. 162
Ich bin aggressiv. 197
Ich stehe unter Spannung. 198
Ich bin sehr verletzt worden. 224
Ich sollte mehr Kontakte haben. 260
Ich sollte mehr Selbstwertgefühl haben. 262
Ich sollte jetzt nicht traurig sein. 275
Ich mag Verkehrsstaus nicht. 285
Meine Freundin ist nicht ehrlich zu mir. 286
Meine Freundin sollte offener mit mir umgehen. 288
Meine Freundin sollte nicht nur Andeutungen machen. 289
Ich brauche von mir mehr Kreativität. 308

Denkmuster über Gott

Ich hasse Gott, weil er es zulässt, dass pausenlos Kriege geführt, Menschen grausam zu Tode gequält, Frauen vergewaltigt und Kinder geschändet werden. 336
Es gibt einen Gott. 339

Moritz Boerner kommt auf Einladung zu Vorträgen und Workshops. Informationen hierüber sowie über Intensivseminare, Videos, weitere Bücher, CDs und Audiokassetten (u. a. Aufzeichnungen und Mitschnitte von THE WORK-Sitzungen, Trance, Computerprogramme) sind erhältlich unter

Tel.: 07 00-62 63 76 37* (Buchstabenwahl:
07700-MBOERNER)
Fax: 0 67 24-60 11 89
E-Mail: BoernerMedia@t-online.de

Auf der Website www.moritzboerner.de finden Sie u. a. den Veranstaltungskalender und ein Diskussionsforum, in dem Sie Kontakt mit dem Autor, Work-Gruppen und in THE WORK ausgebildeten Menschen aufnehmen können, sowie viele aktuelle Informationen über THE WORK und Byron Katie.

Informationen über Aktivitäten der The Work Foundation Inc. und Byron Katie International Inc. in Deutschland erhalten Sie auf der Website
www.thework.de oder
Tel. und Fax: 0 70 00-8 43 96 75* (Buchstabenwahl:
07000-THE WORK)
Byron Katies internationale Website: www.thework.com

* 12 Cent pro Minute in der Hauptzeit: Mo. bis Fr. 9 bis 18 Uhr;
6 Cent pro Minute in der Nebenzeit.
(Stand: Juni 2001)

The Work,
der geniale Schlüssel zu Selbsterkenntnis und Wahrheit

Byron Katie
mit Stephen Mitchell
Lieben was ist
ISBN 3-442-33650-3

Byron Katie berichtet, wie ihr Leben im Alter von 44 Jahren auf der Kippe stand und welche Erkenntnisse sie aus einem Erleuchtungserlebnis gewann, das ihr zuteil wurde.
Hier stellt sie erstmals ihr gleichermaßen einfaches wie effektives Selbstfindungssystem dar. Ein grundlegendes Buch für alle, frei sein wollen.

Ganzheitlich Heilen
GOLDMANN

Die eigene Geschichte annehmen

Bertold Ulsamer
Ohne Wurzeln keine Flügel   14166

Bertold Ulsamer
Das Handwerk des Familien-Stellens
14197

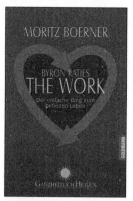

Moritz Boerner
Byron Katies The Work   14175

Moritz Boerner
Gemeinsam lieben   14215

Goldmann • Der Taschenbuch-Verlag

Der Nr.1-Bestseller in den USA zur Schattenarbeit:

Debbie Ford, Die dunkle Seite der Lichtjäger.
Kreativität und positive Energie durch die
Arbeit am eigenen Schatten   14167

Neben den lichtvollen Seiten gehört zu unserer Persönlichkeit auch der »Schatten« - Charakterzüge, die wir nicht wahrhaben wollen und daher verdrängen. Erst wenn wir die Schattenseiten unseres Wesens anerkennen und heilen, können wir Zufriedenheit, innere Ausgeglichenheit und tiefes Wohlbefinden erlangen. Debbie Ford ermutigt jeden, sich den Abgründen und Ängsten der eigenen Psyche zu stellen.

Ganzheitlich Heilen
GOLDMANN

Den ganzen Menschen heilen

Kim Da Silva,
Der inneren Uhr folgen   14199

James F. Balch,
Die 10 Heiler   14192

Diane von Weltzien (Hrsg.),
Das Große Buch vom
ganzheitlichen Heilen   14137

Andrew Weil, Das 8-Wochen-
Programm zur Aktivierung
der inneren Heilkräfte   14185

Goldmann • Der Taschenbuch-Verlag

ARKANA
GOLDMANN

Worum es im Leben geht

Marc Gafni
Seelenmuster   21606

Dietmar Bittrich/Christian Salvesen
Die Erleuchteten kommen   21612

Klaus Füsser/Inga Hölzer
Das schlaue Buch   21614

Sabrina Fox, Auf der Suche nach
Wahrheit   21616

Goldmann • Der Taschenbuch-Verlag

GANZHEITLICH HEILEN
GOLDMANN

Die Kunst des Wohnens

Meyer/Sator,
Besser leben mit Feng Shui 14193

Jane Alexander, Der Geist
des harmonischen Hauses 14154

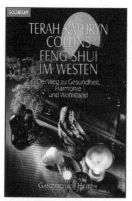

Terah Kathryn Collins,
Feng Shui im Westen 14152

Terah Kathryn Collins, Feng Shui
Raum für Raum 14212

Goldmann • Der Taschenbuch-Verlag

GANZHEITLICH HEILEN
GOLDMANN

Homöopathie-Ratgeber von Carola und Ravi Roy

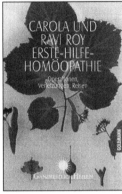

Erste-Hilfe-Homöopathie   14165

Das Immunsystem stärken durch
Homöopathie   14194

Homöopathie für Mutter
und Kind   14164

Goldmann • Der Taschenbuch-Verlag

GANZHEITLICH HEILEN
GOLDMANN

Erfolgsautorin Barbara Simonsohn - Gesunde Alternativen

Die Heilkraft der Afa-Alge 14189

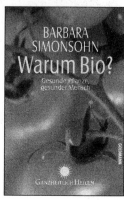

Warum Bio? 14224

Hyperaktivtät – Warum Ritalin keine Lösung ist 14204

Das authentische Reiki 14210

Goldmann • Der Taschenbuch-Verlag

ARKANA
GOLDMANN

Osho - Medidation & Energie

Meditationsführer   21609

Was kann ich tun?   21561

Liebe, Freiheit, Alleinsein   21599

Meditation   21521

Goldmann • Der Taschenbuch-Verlag

GOLDMANN

*Das Gesamtverzeichnis aller lieferbaren Titel erhalten Sie
im Buchhandel oder direkt beim Verlag.
Nähere Informationen über unser Programm erhalten Sie auch im Internet unter:*
www.goldmann-verlag.de

★

Taschenbuch-Bestseller zu Taschenbuchpreisen
– Monat für Monat interessante und fesselnde Titel –

★

Literatur deutschsprachiger und internationaler Autoren

★

Unterhaltung, Kriminalromane, Thriller
und Historische Romane

★

Aktuelle Sachbücher, Ratgeber, Handbücher und
Nachschlagewerke

★

Bücher zu Politik, Gesellschaft, Naturwissenschaft und Umwelt

★

Das Neueste aus den Bereichen
Esoterik, Persönliches Wachstum und Ganzheitliches Heilen

★

Klassiker mit Anmerkungen, Anthologien und Lesebücher

★

Kalender und Popbiographien

★

Die ganze Welt des Taschenbuchs

★

Goldmann Verlag • Neumarkter Str. 18 • 81673 München

Bitte senden Sie mir das neue kostenlose Gesamtverzeichnis

Name: _____

Straße: _____

PLZ / Ort: _____